ROBERTA ALLEN
Literatur in 5 Minuten
Ein Schnellkurs

ROBERTA ALLEN

Literatur in 5 Minuten

Ein Schnellkurs

Aus dem Amerikanischen
von Xenia Osthelder

Zweitausendeins

Deutsche Erstausgabe.
1. Auflage, Juni 2002.
Die amerikanische Originalausgabe ist 1997 unter dem Titel
»*Fast Fiction*. *Creating Fiction in Five Minutes*«
bei Story Press, Cincinnati, Ohio, erschienen.
Copyright © 1997 by Roberta Allen.
Alle Rechte für die deutsche Ausgabe und Übersetzung
Copyright © 2002 by Zweitausendeins, Postfach, D-60381 Frankfurt am Main.
www.zweitausendeins.de

Redaktion: Gabriele Schönig, Hamburg.
Lektorat: Klaus Gabbert (Büro W, Wiesbaden).
Register der deutschen Ausgabe: Ekkehard Kunze.
Korrektur: Ursula Maria Ott, Frankfurt.
Umschlaggestaltung: Sabine Kauf.
Satz: AM Design, Bernd Leberfinger, Nördlingen.
Herstellung: Dieter Kohler GmbH, Nördlingen.
Druck: Gutmann + Co GmbH, Talheim.
Einband: G. Lachenmaier, Reutlingen.
Printed in Germany.

Das Papier dieses Buches besteht zu 50 % aus Altpapier.

Dieses Buch gibt es nur bei Zweitausendeins im Versand,
Postfach, D-60381 Frankfurt am Main, Telefon 069-420 8000,
Fax 069-415 003. Internet www.Zweitausendeins.de,
E-Mail info@Zweitausendeins.de. Oder in den Zweitausendeins-Läden
in Berlin, Düsseldorf, Essen, Frankfurt am Main, Freiburg,
2 x in Hamburg, in Hannover, Köln, Mannheim, München,
Nürnberg, Saarbrücken, Stuttgart.
In der Schweiz über buch 2000, Postfach 89, CH-8910 Affoltern a. A.

ISBN 3-86150-440-5

Allen meinen Schülern

Dank

All meine Schüler spielten – direkt oder indirekt – eine Rolle bei der Entstehung dieses Buchs. Besonderer Dank gilt den Teilnehmern meiner privaten Kurse am Montag- und Mittwochabend, deren Begeisterung für dieses Projekt mich bei der Stange hielt, und den Schülern meiner Extra-Intensiv-Kurse am Sonntag, in denen die Methoden ausprobiert wurden, auf die ich im Abschnitt über längere Texte eingehe. Ich möchte auch meinen Studenten von der New York School, der New York University sowie The Writer's Voice danken, von denen einige ebenso viel zu diesem Buch beitrugen wie meine privaten Schüler.

Inhalt

Teil I
Die Kürzestgeschichte

1
Einführung

An den Augenblick, als die Entscheidung fiel, die mein ganzes Leben umkrempelte, kann ich mich noch genau erinnern. Es war 1981 in einer Kunstgalerie in Rom bei der Vernissage meiner 19. Einzelausstellung. Ich räume gern ein, dass der Zeitpunkt vielleicht etwas ungewöhnlich war, doch wie ich da inmitten meiner Bilder stand, wurde mir klar, dass ich, statt Bilder zu malen, viel lieber Geschichten schreiben würde. In meinem künstlerischen Schaffen gehen Wort und Bild eine Verbindung ein, insofern war meine Entscheidung nicht ganz so weit hergeholt, wie es auf den ersten Blick scheinen mag. Außerdem habe ich die bildende Kunst nicht ganz aufgegeben, die Schriftstellerei nimmt nur seit jenem Tag in meinem Leben den ersten Platz ein.

Schon ein oder zwei Jahre vor der Ausstellung in Rom hatte ich begonnen, Geschichten zu schreiben. Ganz zu Anfang waren sie einfach irgendwie da, wie aus heiterem Himmel; und sie waren nur ein oder zwei Seiten lang, einige sogar noch kürzer. Ich hatte immer ein Heft bei mir, um sie schnell notieren zu können. Zum Beispiel wenn ich eine Straße entlangging und plötzlich eine Erinnerung ausgelöst wurde – wodurch, kann ich nicht sagen –, dann konnte es sein, dass mich plötzlich dieser Drang zu schreiben überkam. Es war wie ein Druck. Ein sehr heftiger Druck. Er lastete auf mir, bis ich die Wörter herausließ.

Von Kürzestgeschichten hatte ich nie etwas gehört, ich schien aber welche zu schreiben, oder, um genauer zu sein, sie schienen sich selbst zu schreiben. Ich hielt nur den Stift. Konnte das Schreiben wirklich so einfach sein?, fragte ich mich. Doch es war tatsächlich so, dass die eigentliche Arbeit, die Überarbeitung, erst begann, nachdem die Geschichten den Weg auf das Papier gefunden hatten. Und diese Arbeit machte erheblich mehr Spaß als alles, was ich bisher unter dem Begriff »Arbeit« kennen gelernt hatte. Ich scheute mich nicht, mit den Geschichten zu spielen und zu experimentieren, da sie so kurz waren. Ihr geringer Umfang verhinderte, dass sie mich einschüchterten. Jederzeit konnte ich entweder alles überschauen oder mich auf einen Teil konzentrieren. Beim Überarbeiten lernte ich etwas über das Handwerk des Schreibens und die Disziplin, die dazugehört. Das soll nicht heißen, dass das Überarbeiten mich keinerlei Anstrengung kostete, auch wenn es manchmal wirklich ein Kinderspiel war. Bei einigen Geschichten brauchte ich nur ein paar Wörter zu ändern. Andere musste ich hingegen immer wieder umschreiben. Doch selbst wenn eine Geschichte eine umfangreiche Überarbeitung nötig machte, fühlte ich mich selten überfordert, wie es bei längeren Texten durchaus der Fall hätte sein können.

Später, nachdem mein erster Band mit Kürzestgeschichten erschienen war und sich mir die Gelegenheit bot, meinen ersten Creative-Writing-Kurs in der Parson's School of Design zu geben, fragte ich mich, wie ich anderen Menschen die Quelle ihres Unterbewusstseins erschließen und sie gleichzeitig die Grundlagen des Schreibens lehren konnte. Ich war Künstlerin und hatte im Alter von drei Jahren mit dem Zeichnen begonnen, war also daran gewöhnt, mir Zugang zu meinem Unterbewusstsein zu verschaffen. Meine Zeichnungen ereigneten sich. Ich dachte nicht darüber nach. Ich plante sie nicht. Die ersten Entwürfe meiner Geschichten schienen sich auf dieselbe Weise zu ereignen. Ich fragte mich, ob ich diesen Prozess auch bei anderen auslösen konnte.

Meine ersten Schüler von der Parson's School waren Kunststudenten ohne Erfahrung im Schreiben. Wie die meisten Menschen, die noch nie einen literarischen Text verfasst haben, hatten sie bestimmte Erwartungen, Vorstellungen und Ängste. Meine erste Aufgabe sah ich darin, ihnen den Kopf frei zu machen, sie in das Nullstadium, wie ich es nenne, zu versetzen. Das erreichte ich mit Hilfe von Fotos, die ich auf eine Leinwand projizierte. Auf die Auswahl der Bilder verwandte ich große Sorgfalt. Sie ließen eine Geschichte mehr ahnen, als dass sie sie erzählten. Anders ausgedrückt, sie gaben dem Betrachter genug Freiraum für seine Träume, Fantasien, Gedanken und Gefühle. Die Schüler waren überrascht, dass sie in fünfminütigen Übungen Entwürfe für Kürzestgeschichten schreiben konnten, die durch die Fotos ausgelöst worden waren. Sie hatten sogar Spaß an der Überarbeitung, als sie feststellten, dass sie dabei ihren Spieltrieb befriedigen konnten und gleichzeitig etwas lernten.

Ihres individuellen Schreibprozesses wurden sich die Kursteilnehmer später bei der häuslichen Überarbeitung ihrer Texte bewusst. Das war wichtig, weil es da große Unterschiede gibt. Wenn ich von Schreibprozess spreche, so verstehe ich darunter alles, was mit dem Schreiben zusammenhängt, also sowohl den Ort, wo meine Schüler am liebsten arbeiten, als auch die Tageszeit, die sie bevorzugen, ob sie sich für die elektronische Textverarbeitung entscheiden oder mit der Hand schreiben und wie viel Zeit sie sich pro Sitzung nehmen. Ich werde später noch einmal darauf eingehen. An dieser Stelle erwähne ich den Schreibprozess nur deshalb, weil mein Kurs in der Parson's School mir die Augen dafür öffnete, wie groß die Unterschiede zwischen den einzelnen Menschen auf diesem Gebiet sind.

Nach dieser Lehrerfahrung erweiterte ich mein auf visuelle Stimuli beschränktes Übungsrepertoire durch verbale Anweisungen wie: »Schreiben Sie eine Geschichte über eine Lüge.« Ich war gespannt, wie diese Methode bei Leuten funktionierte, die keine Künstler waren und somit auch keine Übung darin hatten, sich auf ihr Unterbewusstsein einzustellen. Eine Antwort auf diese Frage erhielt ich, als ich den Auftrag für einen Kurs über das Schreiben von Kürzestgeschichten von The Writer's Voice erhielt, einem alternativen Literaturforum im YMCA auf der Westside in New York. Ein Projektor stand uns dort nicht zur Verfügung, ich verzichtete also ganz auf visuelle Stimuli. Die verbal angeregten Fünf-Minuten-Übungen führten bei den Juristen, Wirtschaftsberatern, Installateuren, Großmüttern, Journalisten, Sekretärinnen und pensionierten Polizeibeamten genauso zum Ziel wie bei den Kunststudenten. Die Kursteilnehmer waren sogar mehr als glücklich, den Teil ihres Gehirns einmal abschalten zu dürfen, der für ein ausgeglichenes Bankkonto sorgt, die Fahrten zur Reinigung plant und sich mit den Banalitäten des Alltags abgibt.

Als ich ein Jahr später meine Lehrtätigkeit an der New School for Social Research und an der New York University aufnahm, setzte ich sowohl Bilder als auch verbale Stimuli ein. Inzwischen hatte ich etwas dazugelernt: Schreiben ist Energie, psychische Energie, besonders wenn der Drang zu schreiben wirklich stark ist. Die Fünf-Minuten-Übungen schienen diese Kraft zu bündeln, die – so meine Erfahrung – zu Anfang viel wichtiger ist als jede technische Gewandtheit im Schreiben. Das Handwerkliche ist erlernbar, aber die aus dem Schaffensdrang geborene Energie sind der »Geist« und das »Feuer« der Literatur. Ohne sie ist das Geschriebene leblos.

In der Zeit zwischen meinen ersten Versuchen mit Kürzestgeschichten und der Veröffentlichung meines ersten Buches, *The Traveling Woman*, las ich zahlreiche sehr kurze literarische Texte verschiedenster Autoren, angefangen bei den großen Schriftstellern Franz Kafka und Robert Walser bis hin zu Ernest Hemingway und Joyce Carol Oates und der südamerikanischen Schriftstellerin Luisa Valenzuela.

Hier ist eine von Kafkas kurzen Geschichten. Noch knapper geht es kaum.

EINE KLEINE FABEL
von Franz Kafka

»Ach«, sagte die Maus, »die Welt wird enger mit jedem Tag. Zuerst war sie so breit, dass ich Angst hatte, ich lief weiter und war glücklich, dass ich endlich rechts und links in der Ferne Mauern sah, aber diese langen Mauern eilen so schnell aufeinander zu, dass ich schon im letzten Zimmer bin, und dort im Winkel steht die Falle, in die ich laufe.«»Du musst nur die Laufrichtung ändern«, sagte die Katze und fraß sie.

Ich stellte fest, dass es nur wenige Autoren gibt, die sich ausschließlich auf Kürzestgeschichten beschränken, dass es jedoch viele gibt, die von Zeit zu Zeit eine schreiben. Ich las noch einmal *Die unsichtbaren Städte* des experimentierfreudigen Italo Calvino, einen Roman, der aus Geschichten besteht, die ein oder zwei Seiten lang sind. Ich entdeckte *Und immer wieder die Zeit* von dem Physiker und Autor Alan Lightman, einen etwas jüngeren Roman aus Kürzestgeschichten, von denen jede nur wenige Seiten lang ist. Ich fand auch andere Romane, die auf die sehr kurze Form zurückgreifen, wie etwa *Das Haus in der Mango Straße* von Sandra Cisneros. In der Zwischenzeit hatte ich *The Daughter* geschrieben, eine aus Kürzestgeschichten bestehende Novelle, sowie mehrere längere literarische Texte, alle aus Kürzestgeschichten zusammengesetzt. Als mein Blick erst einmal geschärft war, stieß ich auf weitere Romane mit Kapiteln von fünf Seiten oder weniger. Die stilistische Qualität schwankte, und die Kapitel entsprechen nicht immer meiner Vorstellung von Kürzestgeschichten – nämlich Bestandteil einer größeren Einheit und in sich geschlossen zu sein –, trotzdem sah ich eine neue Möglichkeit: Indem man Kürzestgeschichten miteinander verband, ließ sich eine neue literarische Form schaffen. Auch wenn diese spezielle Form nicht für jeden die richtige war, fragte ich mich, ob die Fünf-Minuten-Übungen wohl für die Abfassung umfangreicherer Texte als Kürzestgeschichten hilfreich sein konnten.

Ich stellte mir eine Reihe von Fragen. Wie konnte aus einer Übung eine nächste entstehen? Wie konnten sie alle gemeinsam Teil eines umfassenden Plans werden? Welche Möglichkeiten gab es, sie zu verbinden? Mir fielen mehrere Antworten ein. Man konnte beispielsweise zu einem einzigen Thema viele verschiedene Übungen machen oder man konnte dasselbe aus mehreren Perspektiven erzählen. Immer mehr Varianten taten sich auf. Eine von ihnen führte zu diesem Buch, das Ihnen mit den Fünf-Minuten-Übungen eine wenig zeitaufwändige, einfache Methode vorstellt, literarische Texte zu verfassen.

Was können Sie erwarten?

Vielleicht sind Sie ja glücklich und zufrieden, wenn Sie mit diesem Buch »nur« lernen, wie man Kürzestgeschichten schreibt. Dagegen ist nichts einzuwenden. Schreiben Sie, solange Sie wollen, die Kürzestgeschichte auf Ihre Fahnen und kümmern Sie sich nicht um andere literarische Formen. Niemand drängt Sie. Zur Entdeckung des eigenen Schreibprozesses gehört auch, das eigene Tempo zu finden.

Ich kann Ihnen schon verraten, dass Sie Ihre Zeit und Energie nicht mit langen Überlegungen verbringen werden, was Sie schreiben wollen und wie. Diese Sorge lassen die Fünf-Minuten-Übungen gar nicht erst aufkommen. Die Wörter fließen schneller, als Sie es sich vorstellen können. In Ihrem Kopf haben sich bereits mehr Geschichten angesammelt, als Sie je verwenden können. Ihre Geschichten werden Sie überraschen, denn sie sind ganz anders als die, die Sie schreiben wollten. Sie wurzeln in einem tieferen Bereich ihres Verstandes – in Ihrem Unterbewusstsein. Wie ein Ölarbeiter bohren Sie tief und fördern Reichtümer zutage. Nur dass der Ölarbeiter erheblich schwerer arbeiten muss als Sie. Nicht Anstrengung bringt die Geschichten aus dem Unterbewusstsein ans Tageslicht, sondern dass Sie ihnen gestatten herauszukommen. Sie müssen Ihren Verstand ausschalten und dem anderen Teil Ihres Geistes erlauben, schöpferisch tätig zu werden. Diese tiefere Schicht des Gehirns ist nicht durch Regeln gebunden. Sie ist frei und kreativ. Wenn Sie fragen, wie man die Ratio ausschalten kann, halten Sie noch daran fest. Zum Glück haben Sie gar keine Gelegenheit, diese Frage (und auch keine andere Frage) zu stellen, während Sie die Übungen machen. Man hat einfach keine Zeit dazu, wenn nur fünf Minuten zur Verfügung stehen. Man kann nur schreiben.

Bis Sie sich bereit fühlen, längere literarische Texte oder einen Roman anzugehen, wird Ihnen das Schreiben von Fünf-Minuten-Übungen zur zweiten Natur geworden sein. Sie werden dann ohne weiteres auf Ihr Unterbewusstsein zurückgreifen können und durch die gründliche Überarbeitung Ihrer Übungstexte auch ein bestimmtes Niveau technischer Fähigkeiten sowie Disziplin entwickelt haben. Viele der beim Schreiben von längeren Texten auftauchenden Probleme, etwa funktionslose Wiederholungen, Spannungsabfall oder unlogische Ereignissequenzen, werden Ihnen bereits vertraut sein. Diese Schwierigkeiten sind Ihnen bei den Überarbeitungen der Kürzestgeschichten sozusagen schon im Kleinen begegnet. Und denken Sie daran, auch längere Texte werden Sie Stück für Stück schreiben. Wenn man sich jederzeit irgendein Teilstück vornehmen kann, fühlt man sich einfach nicht so leicht überfordert. Selbst wenn Sie bei einem mal eine Weile stecken bleiben, muss Sie das nicht verunsichern. Wenden Sie sich einfach einer anderen Stelle zu. Sich von kurzen Texten einschüchtern zu lassen ist fast unmöglich, sogar dann, wenn Sie in der Vergangenheit schlechte Erfahrungen mit dem Schreiben gemacht haben sollten.

Wer ist ein Anfänger?

Ganz so dumm, wie sie vielleicht klingt, ist die Frage nicht. Für die Lektüre dieses Buches ist es wichtig, dass Sie sich selbst als Anfänger sehen, als auf dem Nullpunkt befindlich, auch wenn Sie mit dem Schreiben Erfahrung haben. Wenn Sie andere Texte produzieren, beispielsweise journalistische, müssen Sie eine innere Kehrtwendung vollziehen, zumindest am Anfang. Doch mögen Sie nun Journalist oder Investmentbanker sein, Sie bringen wahrscheinlich bestimmte Erwartungen mit und haben vielleicht Angst, sich auf etwas Neues einzulassen.

Etwas Neues zu beginnen ist aufregend. Es ist aber auch unheimlich. Angst zu haben ist völlig in Ordnung. Je mehr Angst Sie haben, umso besser. In der Angst steckt eine Menge Energie, und Sie brauchen so viel Energie wie möglich. Sie soll von Ihren Fingern durch Ihren Federhalter, Bleistift oder Ihre Tastatur fließen. Sie soll den Leser aus der Buchseite anspringen. Er soll an diese Energie anknüpfen können. Sehen Sie Ihre Angst also als einen Ausgangspunkt.

Vielleicht ist dies für Sie gar kein wirklicher Beginn. Möglicherweise haben Sie sich bereits früher an literarischen Texten versucht oder Sie haben schon die eine oder andere Geschichte verfasst, dann aber aus irgendeinem Grund mit dem Schreiben aufgehört und wollen Ihren Weg zurück zum Schreiben finden.

Vielleicht haben Sie auch schon viele Schreibversuche hinter sich. Eine Weile lief alles ganz gut und dann haben Sie aufgegeben. Sie hatten einen Punkt erreicht, an dem Sie nicht wussten, wie Sie weitermachen sollten. Sie hatten die Orientierung verloren, waren vielleicht blockiert. Vielleicht haben Sie sich aber auch einschüchtern lassen, als Sie feststellten, wie anstrengend die Schriftstellerei sein kann. »Warum mache ich das eigentlich?«, haben Sie sich gefragt und konnten keinen hinreichenden »Grund« zum Fortfahren finden. Also haben Sie Ihr angefangenes Werk in einem Ordner abgelegt.

Möglicherweise sind Sie sich gar nicht bewusst, dass es noch einen anderen Ordner gibt, einen Ordner, den Sie in Ihrem Kopf mit sich herumtragen und der ständig Gedanken, Gefühle, Träume, Fantasien, Erinnerungen und Wünsche sammelt. Dort sind flüchtige Blicke, Sonnenauf- und -untergänge, kurz, die bunte Vielfalt und Farbe gelebter Erfahrung gespeichert. Dieser Ordner ist nur für Sie bestimmt. Betrachten Sie dieses Buch als Ihren persönlichen Schlüssel zu diesem Ordner, wenn Sie erneut den Drang verspüren zu schreiben.

Vielleicht liegt da das Problem: Gleichgültig, wie oft Sie fest entschlossen waren, sich nie wieder an einem literarischen Text zu versuchen, der Drang dazu kommt immer wieder. Er mag so wenig willkommen sein wie eine Krankheit, aber ignorieren können Sie ihn nicht. Er zwingt Sie zum Handeln. Er mag Sie beispielsweise dazu gebracht haben, dieses Buch zu kaufen. Ihr Verstand mag Ihnen sagen, dass es sich nicht lohnt, Literatur zu produzieren, aber intuitiv wissen Sie es besser und sind wieder einmal bereit, sich auf einen Versuch einzulassen.

Man muss aber nicht unbedingt Schwierigkeiten mit dem Schreiben haben, um die von mir hier vorgestellte Methode anzuwenden. Es reicht auch, einfach nur neugierig zu sein. Vielleicht wollen Sie einmal etwas anderes ausprobieren, suchen einen leichteren oder schnelleren Weg, um zu sich selbst durchzudringen und die eigenen Geschichten zu Papier zu bringen. Möglicherweise haben Sie auch bereits einen gewissen Erfolg gehabt und etwas veröffentlicht.

Es kann natürlich auch sein, dass Sie schon immer etwas Literarisches schreiben wollten, aber nie die Zeit dafür fanden. Oder Sie fangen immer wieder an und werden nie fertig, weil in Ihrem Leben stets und ständig etwas auftaucht, das Sie vom Schreiben abhält.

Seien wir ehrlich! Das Leben wird sich dem Schreiben immer in den Weg stellen. Wenn Sie im Lotto gewinnen, vergessen Sie wahrscheinlich für eine ganze Weile, dass Sie eigentlich schreiben wollten – Sie sind einfach viel zu beschäftigt, das ganze Geld durchzubringen. Oder Sie verlieben sich. Wenn man Schreiben mit dem wirklichen Leben vergleicht, kann es einem manchmal ganz schön stumpfsinnig vorkommen.

Vielleicht wirkt sich die Tatsache, dass Sie keine Zeit haben, sogar positiv auf Ihre Produktivität aus. Wenn Sie sich trotz großer Lust zum Schreiben nicht dazu durchringen können, baut sich Energie in Ihnen auf. Ich habe festgestellt, dass es hilfreich sein kann zu warten, bis der Drang wirklich sehr stark ist. Wenn Sie das nächste Mal frustriert sind, weil Sie keine Zeit zum Schreiben finden, denken Sie an den Energieaufbau. Andererseits fühlen Sie sich vielleicht weniger frustriert, wenn Sie sich gestatten, diese Energie in Ausbrüchen von fünf Minuten freizusetzen. Fünf Minuten, die Sie sonst damit verbringen, eine Zeitschrift durchzublättern oder aus dem Fenster zu sehen. Möglicherweise können Sie fünf- oder sechsmal am Tag fünf Minuten aus Ihrem voll gepackten Terminplan herauslösen. Wenn Sie seit langem darauf warten, mit dem Schreiben zu beginnen, werden die Wörter wahrscheinlich nur so fließen, sofern Sie es zulassen.

Sie sind Anfänger, wenn Sie sich gestatten, es zu sein. Es ist ganz gleichgültig, wie viele Anläufe Sie in der Vergangenheit gemacht haben. Was Sie zum Anfänger macht, sind weder Ihre mangelnde Erfahrung noch Ihre mangelnde Sachkenntnis noch das, was Sie vielleicht als Ihre Misserfolge betrachten. Es ist Ihre Bereitschaft einen Neubeginn zu wagen.

Im Idealfall beginnt der Anfänger so zu schreiben, wie ihm der Schnabel gewachsen ist. Je mehr ihm das gelingt, desto besser. Chris, einer meiner Schüler, versuchte sich einmal an einem Roman, ohne diese Regel zu beherzigen. Irgendwie, so stellte er später fest, hatte er versucht, seiner Mutter zu imponieren. Dabei hatte die keine Ahnung, dass er einen Roman schrieb, noch hegte er die Absicht, sie einzuweihen. In seinem Kopf spukte die Vorstellung herum, er müsse ihr zeigen, wie klug er sei. Er bediente sich einer Sprache, die er normalerweise gar nicht verwendete. Die Wörter klangen unecht, und der Ton stimmte nicht. (Ich werde später noch darauf eingehen.) Doch als er sich erlaubte, so zu schreiben, »wie ihm der Schnabel gewachsen war«, konnte Chris aus seinem Unterbewusstsein schöpfen und kümmerte sich nicht um seinen Schreibprozess.

Der eine oder andere von Ihnen hat vielleicht Schwierigkeiten, mit einem völlig leeren Kopf zu beginnen. Auch das macht gar nichts. Einer meiner Schüler erzählte mir, dass er während der Übungen eine Stimme in seinem Kopf vernimmt, die zu ihm sagt: »Was für ein Kitsch« oder »Warum schreibst du diesen Blödsinn?«. Er gestattet dieser Stimme jedoch nicht, ihn davon abzuhalten, seine Geschichte zu Papier zu bringen. Auch Sie sind vielleicht nicht in der Lage, das Stimmengewirr in Ihrem Kopf zum Schweigen zu bringen, aber Sie können lernen, nicht darauf zu hören.

Was Sie wissen müssen, bevor Sie anfangen

Denken Sie bitte einmal an einen Roman, der Sie bewegt hat. Woher wussten Sie, dass Sie bewegt waren? Doch aufgrund der bei Ihnen ausgelösten Gefühle. Wie hat der Autor das bewerkstelligt? Er schuf eine Welt, die Ihnen zugänglich war. Er öffnete eine Tür und ließ Sie eintreten.

Auch die Erkenntnis, dass Sie schreiben wollen, verdanken Sie einem Gefühl. Für Schriftsteller ist es wichtig, auf ihr Gefühl zu achten. Vor allem am Anfang kann es passieren, dass Ihnen die Überarbeitung ihrer Übungen Schwierigkeiten macht, weil Sie noch kein Vertrauen zu Ihrem Gefühl haben. Es kann sogar sein, dass einige von Ihnen gar nicht wissen, was Sie fühlen. Sie sind sich nur ihrer Unsicherheit oder Angst bewusst. Mit Ihrer Geschichte mögen diese Empfindungen wenig zu tun haben, es ist aber wichtig, sie zu erkennen und Abstand von ihnen zu gewinnen, wenn sie Ihnen im Weg stehen.

Ich verrate Ihnen schon gleich hier ein Spiel, das Ihnen dabei helfen wird. Fragen Sie sich: Was ist an dem, was ich hier schreibe, eigentlich so wichtig? Auch wenn ich es weder heute, nächste Woche noch sonst jemals hinkriege – was steht dabei schon groß auf dem Spiel? Ist es denn nicht nur ein Text von vielen, den ich schreiben werde? Schließen Sie die Augen und stellen Sie sich tausend Blatt Papier vor, und auf jedem steht eine Erzählung. Oder stellen Sie sich vor, Sie sitzen in einem Flugzeug und schauen auf Ihr Leben herab. Was sehen Sie? Sehen Sie die Stadt, in der Sie wohnen? Sehen Sie ihr Haus? Gibt's da unten Freunde und Familie? Was sehen Sie noch? Wo steht ihre Geschichte im Verhältnis zu all dem, was Sie sehen? Jetzt fragen Sie sich: Welche Veränderungen würden Sie an Ihrer Geschichte vornehmen, wenn Sie nicht verunsichert oder besorgt oder durcheinander wären?

Der Überarbeitungsvorgang kann Spaß machen, wenn Sie darin eine Gelegenheit zum Spielen sehen. Dieses Buch verrät Ihnen eine ganze Anzahl von Spielen, an denen Sie sich erfreuen können, während Sie das Handwerk des Schreibens erlernen. Doch Sie müssen sich darauf einlassen.

Achten Sie auf Ihr Gefühl und Ihre Energie

Je mehr Sie schreiben, desto mehr werden Sie lernen, Ihrem Gefühl zu trauen. Am Anfang ist es zweitrangig, ob Ihre Entscheidungen die Geschichte verbessern oder nicht. Es kommt vor allem darauf an, dass Sie sie fällen, auch wenn Sie sich nicht sicher sind. Manche der von Ihnen vorgenommenen Veränderungen können völlig abwegig sein. Und doch brauchen Sie nicht überrascht zu sein, wenn Sie feststellen, dass Ihre besten Überarbeitungen ihren Ursprung in Fehlurteilen haben. Sie müssen sich gestatten, vom Weg abzukommen. Sie müssen sich erlauben, Ihre Geschichte zu »ruinieren«, was natürlich unmöglich ist, denn beim Schreiben kann man jede Änderung rückgängig machen. Wie kann man wissen, dass eine Korrektur nicht die gewünschte Wirkung hat? Durch die Emotionen, die sie in Ihnen auslöst. Sie wissen bereits, wie Sie sich fühlen, wenn eine Geschichte Sie bewegt. Das sollte Ihr Vorbild sein. Wenn Sie sich nicht sicher sind, legen Sie Ihre Geschichte zur Seite und kehren Sie später mit frischem Kopf zurück. In der Zwischenzeit können Sie den nächsten Text überarbeiten. Je mehr Sie überarbeiten, desto stärker werden Sie die Nadelstiche des Gefühls, wie ich sie getauft habe, wahrnehmen. Darunter verstehe ich subtile Empfindungen, die Ihre Aufmerksamkeit auf ganz bestimmte Stellen in Ihren Geschichten lenken, an denen Sie arbeiten müssen. Sie können sich diese Empfindungen als Ihr ureigenes Radar vorstellen, das Ihnen sagt, wo ein Stück leblos ist, wo die Wortwahl besser sein könnte oder sogar, wo ein unangebrachtes Komma steht.

Besonders zu Beginn ist es wichtig, daran zu denken, dass den Wörtern in einer Übung weniger Bedeutung zukommt als der Energie hinter den Wörtern. Wo Energie vorhanden ist, haben Sie die Saat einer Erzählung oder eines Romans, und sei es auch nur eine Wendung, die Sie in Erregung versetzt.

Versuchen Sie beim Überarbeiten Ihrer Übungen die ursprüngliche Energie zu erhalten, aus der die Übungen entstanden sind. Trotz all Ihrer Bemühungen kann es vorkommen, dass dieser Funke erlischt. Das ist keine Katastrophe. Es heißt nur, dass Sie sich verlaufen haben und wieder zum Ausgangspunkt zurückkehren müssen, um einen neuen Versuch zu unternehmen. Es ist sehr wichtig, dass Sie Ihre Fehlentscheidungen nicht als verschwendete Liebesmüh betrachten. Jedes Risiko, das Sie eingehen, wird Ihnen die eine oder andere brauchbare Information bescheren, auch wenn Sie das manchmal nicht sofort erkennen. Ihr Verstand nimmt mehr auf, als Sie ahnen.

Es ist wichtig, sich an die vorgeschriebene Zeit zu halten, damit Sie sich allein auf das Schreiben konzentrieren. So haben Sie keine Gelegenheit, Selbstzensur zu üben oder sich durch Urteile und Vorurteile stören zu lassen. Ihre Gedanken wandern, wohin sie wollen, wenn Sie Ihrem Unterbewusstsein erlauben, das Heft in die Hand zu nehmen. Die Übungen lassen sich wieder und wieder verwenden. Zur Übung »Schreiben Sie eine Geschichte über einen Stuhl« können Sie wahrscheinlich wenigstens zehn Entwürfe anfertigen. Im Buch finden Sie Anregungen, wie Sie eine Übung auswählen können, sowie verschiedene Spiele, die Sie damit machen können. Es geht darum, dass Sie Freude dabei haben, dass Sie diesen Vorgang für sich selbst so aufregend wie möglich gestalten.

Die Übungen sollten keine lästige Pflicht sein. Wenn Sie das von Zeit zu Zeit so empfinden, mag das zu Ihrer persönlichen Vorgehensweise gehören oder es braucht auch gar nichts mit Ihrem Schreiben zu tun haben. Möglicherweise lasten irgendwelche Probleme auf Ihnen. Doch statt diesen zu gestatten, Sie zu erdrücken, lassen Sie sie doch lieber in Ihre Übungen einfließen! Räumen Sie ihnen die Hauptrolle ein und lassen Sie sie nicht länger dazwischenfunken. Jetzt kommen wahre Energien ins Spiel! Ihr seelisches und körperliches Befinden hat nämlich Einfluss auf Ihr Schreiben. In diesem Buch geht es zwar nicht darum, wie man das Schreiben als Therapie einsetzen kann, es geht aber sehr wohl darum, wie man alles, was sich anbietet, ausschöpft. Und wenn Sie Ihre Probleme ins Schreiben einfließen lassen, kann es auch zu einer Katharsis kommen.

Wenn Sie sich jetzt noch immer fragen, wie aus den Übungen fertige Geschichten werden können, hilft es vielleicht, wenn Sie sich jede Übung als ein Aschenputtel vorstellen. Aschenputtel ist eine wahre Schönheit, doch erst auf dem Ball gibt sie sich als solche zu erkennen. Genauso ist es mit Ihren Texten. Die fertigen Erzählungen stecken in Ihren Übungen. Es kann aber etwas Zeit und Herumprobieren kosten, bis Sie sie an die Oberfläche gelockt haben. Sie müssen genau dann Ihren Verstand einsetzen, wenn Sie sich daran gewöhnt haben, sich Ihrem Unterbewusstsein anzuvertrauen. Sie müssen eben – je nach Bedarf – auf beide Seiten ihres Geistes zurückgreifen können.

Mir kommen die Fünf-Minuten-Übungen wie Blöcke aus Holz oder Stein vor, die nur darauf warten, behauen zu werden. Das mag daran liegen, dass ich von der bildenden Kunst komme. Der angehende Autor hat jedoch einen Vorteil im Vergleich zum Bildhauer. Das Stück Holz oder Stein, das der Bildhauer einmal entfernt hat, ist für immer weg. Als Schriftsteller kann man gelöschte Wörter wieder zurückholen.

Ich möchte an dieser Stelle darauf hinweisen, dass die Lösungen, die ich für die Standardprobleme vorschlage, keineswegs die einzig möglichen sind. Ich will Sie sogar dazu ermutigen, auf verschiedene Methoden zurückzugreifen, sodass Sie erkennen lernen, welches Verfahren für Sie das beste ist.

Auf den folgenden Seiten stelle ich Ihnen verschiedene Definitionen der Kürzestgeschichte vor. Ich hätte Ihnen eine noch größere Zahl anbieten können. Fast jeder Autor von Kürzestgeschichten definiert diese Gattung anders. Es kann durchaus sein, dass nicht alle Autoren meiner Definition zustimmen, dass die Kürze, das Überraschungsmoment und die Intensität die unverwechselbaren Eigenschaften der Kürzestgeschichte sind. Und das ist gut so. Begriffsbestimmungen können eine einengende Wirkung haben. Der Terminus Kürzestgeschichte ist hingegen noch offen. Sehen Sie sich als Entdecker, wenn Sie dem Pfad folgen, den ich für Sie getrampelt habe. Ihre Reise soll Ihnen Spaß machen.

Vorbilder

Ich habe in dieses Buch mehrere Kürzestgeschichten aufgenommen. Die von verschiedenen Autoren verfassten Erzählungen geben Ihnen einen Einblick in die enorme Vielfalt dieser literarischen Form. Ich stelle Ihnen bereits geschriebene Geschichten vor, damit Sie an dem Gefühl, dass auf dem engen Raum, den eine Kürzestgeschichte bietet, so gut wie alles machbar ist, teilhaben können.

Sie sind vielleicht schon selbst auf Erzählungen gestoßen, die nicht so richtig in die üblichen Kategorien passen. »Richtige« Kategorien gibt es nämlich gar nicht. Kategorien sind nichts weiter als eine Methode, Ähnlichkeiten und Unterschiede herauszustellen.

Das Spiel mit den Möglichkeiten

Sie haben inzwischen bestimmt schon gemerkt, dass es in diesem Buch darum geht, mit Möglichkeiten zu spielen, sodass Sie schließlich die richtige Wahl für sich treffen können, bei der das »Gefühl« stimmt. Energie, Gefühl und Schreibprozess sind die Schlüsselbegriffe auf diesen Seiten. Wenn Sie lernen, Ihren Gefühlen zu folgen und dorthin zu gehen, wo Ihre Energie ist, werden Sie einiges über Ihren Schreibprozess lernen. Je größer Ihre Selbsterkenntnis, desto mehr bringen Sie von sich in Ihre Texte ein.

Die wichtigste Strategie, die ich in diesem Buch darlege, lässt sich mit meinem Vorgehen vergleichen, wenn ich mexikanische Pyramiden oder peruanische Berge hinabsteige. Ich leide unter Höhenangst, liebe aber die Aussicht und das Gefühl der Spiritualität, das mich überkommt, wenn ich die unverfälschte Natur betrachte. Was mir Angst einflößt, ist das Hinabsteigen. Wenn ich sehe, wie weit ich laufen muss, um das Tal zu erreichen, sage ich zu mir: »Das kann ich nicht.« Doch ich habe etwas entdeckt: Wenn ich zu Beginn des Abstiegs meinen Blick nur auf den nächsten Schritt hefte, habe ich weniger Angst. Indem ich meine Aufmerksamkeit immer nur auf einen Schritt richte, bin ich unten, bevor ich richtig nachdenken konnte.

Einen Roman oder einen längeren Text zu schreiben, kann für Sie ähnlich erschreckend sein wie für mich, einen Berg hinabzusteigen. Wenn Sie Ihren Roman hingegen als eine Abfolge von kurzen Teilen sehen, ist es weniger wahrscheinlich, dass er Angstgefühle auslöst, besonders wenn Sie sich nur auf jeweils einen konzentrieren. Der französische Philosoph Gaston Bachelard sagte:»Je geschickter ich darin bin, die Welt zu verkleinern, desto mehr besitze ich sie.«

Ich habe erlebt, wie sich Leute mit großem Schwung daran machten, einen Roman zu schreiben, doch dann verpuffte der Elan, lange bevor das Buch fertig war. Man kann sich nicht darauf verlassen, dass man auf Anhieb durch einen langen Text kommt. Romane und die meisten anderen längeren Werke entstehen nach und nach, man kann sie nicht forcieren.

Eine Kürzestgeschichte zu schreiben ist eine völlig andere Erfahrung als einen Roman zu verfassen, obwohl der Roman die Praxis des Schreibens einer Kürzestgeschichte enthält. Bei einem Roman muss man Dinge berücksichtigen, die bei Kürzestgeschichten keine Rolle spielen. Wie sorgt man für so viel Spannung, dass der Leser bei der Stange bleibt? Wie schafft man es, dass eine Handlung, die aus kurzen Sequenzen besteht, vorankommt? Was hält die Geschichten zusammen? Wie entwickelt man die Romanfiguren? Wie kann man das Ganze im Auge behalten, wenn man einen Teil nach dem anderen schreibt?

Sie erhalten Lösungsbeispiele und eine Anzahl von Vorschlägen, die Sie selbst ausprobieren können. Indem Sie verschiedene Methoden versuchen, lernen Sie mehr über Ihren persönlichen Schreibprozess.

Einige wenige Worte über Regeln

»Richtige« Regeln für das Verfassen von Kürzestgeschichten gibt es nicht, genauso wenig wie es »richtige« Regeln für das Verfassen längerer literarischer Texte gibt. Was es gibt, sind Methoden, die Ihnen helfen, Ihren Weg zu finden. Ihr Weg ist Ihre ureigene Angelegenheit. Finden Sie heraus, was für Sie das Richtige ist.

Entdecken Sie Ihren persönlichen Schreibprozess und nehmen Sie ihn wichtig! Der Schreibprozess ist nichts Festes, er lebt und bewegt sich in Ihnen.

Diese Einsichten halten mich jedoch nicht davon ab, darauf hinzuweisen, dass die meisten erfolgreichen Kürzestgeschichten spezielle Eigenschaften aufweisen, auf die ich in diesem Buch eingehe. Ohne diese Attribute geht es wahrscheinlich nicht. Ich sage wahrscheinlich, weil auch ich eine Überraschung erleben könnte. Ein wesentliches Merkmal der kurzen Kurzgeschichte ist die Überraschung.

Wenn ich sage, es gibt keine »richtigen« Regeln, meine ich damit, dass sie nicht unabänderlich sind. Ich meine, dass Regeln dazu da sind, gebrochen zu werden – aber erst wenn man sie beherrscht. Regeln haben ihren Grund. Sie schärfen den Verstand. Die in diesem Buch vorgestellten Methoden können Sie leicht befolgen, leicht erlernen, und sie funktionieren, wenn Sie sie anwenden. Es ist leichter, sich gegen etwas aufzulehnen, das man kennt. Mein Rat wäre demnach, lernen Sie erst einmal so viel wie möglich. Und dann auf die Barrikaden! Letztlich kommt es allein darauf an, ob Ihre Erzählung oder Ihr Roman »funktioniert«. Wie Sie es angestellt haben, interessiert niemanden. Was sich genau abgespielt hat, kann durchaus immer unbekannt bleiben. Es kann passieren, dass Sie ihren eigenen Weg nicht zweimal beschreiten können. So ist das halt manchmal bei Erzählungen und Romanen. Obgleich sie aus Wörtern bestehen, gehört dennoch ein klein wenig Magie dazu.

2
Die Kürzestgeschichte – eine vielfältige Gattung

In den vergangenen zehn Jahren ist die Kürzestgeschichte immer beliebter geworden. Man findet sie in Literaturzeitschriften ebenso wie in den neuen Magazinen, die Werke junger Autoren veröffentlichen. Auch etliche Anthologien sind ihnen gewidmet. Sogar der *The New Yorker* und *Vanity Fair* drucken sie. Und doch ist es keine zwanzig Jahre her, dass dort, wo heute ein wahrer Wald steht, die reinste Ödnis war. Literarische Texte von weniger als fünf Seiten musste man mit der Lupe suchen. Dabei waren diese kurzen Geschichtchen in Magazinen vor fünfzig Jahren nichts Ungewöhnliches. Was war in der Zeit dazwischen los? Hatten die Autoren aufgehört, Kürzestgeschichten zu schreiben? Oder hatten die Verleger sie nicht mehr veröffentlicht?

Eine Antwort auf diese Fragen gibt es nicht. Es ist jedoch nicht schwierig nachzuvollziehen, warum die Gattung heutzutage wieder beliebt ist. In unserer schnelllebigen Zeit, in der die Konzentrationsfähigkeit immer geringer wird, und die Leute kaum noch Muße haben, ist die Kürzestgeschichte geradezu perfekt. Einige Geschichten sind sogar so kurz, dass sie nicht mehr Zeit in Anspruch nehmen als ein Werbespot im Fernsehen. Nehmen Sie beispielsweise den folgenden fantastischen kleinen Text des zeitgenössischen Autors Greg Boyd. Er ist nicht nur sehr kurz, sondern auch sehr pointiert und überraschend. Mit weniger als hundert Worten erschafft der Autor eine ganze Welt.

BIENENZUCHT

von Greg Boyd

Eine Riesenbiene kommt durch mein Schlafzimmerfenster geflogen, landet auf meiner Brust und erbricht eine eklig süße Flüssigkeit in meinen Mund. Kaum ist die Biene wieder weg, stelle ich fest, dass sie mein Bett zu Wachs verwandelt hat. Mit Mühe zappele ich mich aus steifen Laken frei, stelle mich auf meine Füße und entfliehe in eine Welt von Sonnenschein und Blumen.

Selbst vor fünfzig Jahren war die Kürzestgeschichte keineswegs eine neue Form. Fabeln, Legenden, Parabeln und Prosagedichte sind ihre Vorläufer.

Ich habe die Auswahl in diesem Kapitel nicht auf zeitgenössische Beispiele beschränkt, sondern auch auf ältere Texte zurückgegriffen wie auf Anton Tschechows *Eine grausame Lektion* (1883) und Robert Walsers *Gar nichts* (1917), die beide zeitgenössisch anmuten. Die übrigen Geschichten – alle keine tausend Wörter lang – stammen aus der Feder noch lebender Autoren.

Die zitierten Beispiele lassen die Vielfalt der Kürzestgeschichte nur *ahnen*. Ich vermute, es brauchte Hunderte von Seiten, um ein genaues Bild von der Variabilität dieser Gattung zu geben. Statt das Unmögliche zu versuchen, habe ich Geschichten ausgewählt, die mich persönlich ansprechen. Auf den folgenden Seiten werde ich darauf eingehen, warum das so ist.

Es könnte sein, dass nicht alle Beispiele Sie ansprechen; vielleicht stellen Sie aber auch fest, dass Sie zu unterschiedlichen Zeiten von unterschiedlichen Geschichten beeindruckt sind. Das macht gar nichts. Es kommt vor allem darauf an, dass Sie sich darüber im Klaren sind, wie Sie sich bei einer bestimmten Kürzestgeschichte *fühlen*. Wenn Sie bewegt sind, fragen Sie sich, was Sie bewegt. Suchen Sie danach und hören Sie darauf! Betrachten Sie dieses Kapitel als einen Teil des Prozesses, sich darin zu üben, Ihren Gefühlen die nötige Aufmerksamkeit zu schenken.

GAR NICHTS
von Robert Walser

Eine Frau, die eben nur ein wenig wunderlich war, ging in die Stadt, um für sich und ihren Mann etwas Gutes zum Nachtessen einzukaufen. Schon manche Frau hat Einkäufe gemacht und ist dabei nur eben ein wenig zerstreut gewesen. Neu ist also die Geschichte keineswegs; trotzdem fahre ich fort und erzähle, dass die Frau, die für sich und ihren Mann etwas Gutes zum Nachtessen einkaufen wollte und zu diesem Zweck in die Stadt ging, mit dem Kopf nicht recht bei der Sache war. Hin und her studierte sie, was sie wohl für sich und ihren Mann Apartes und Feines einkaufen könnte, da sie aber, wie gesagt, nicht recht bei der Sache war und ein wenig zerstreut war, so kam sie zu keinem Entschluss, und es schien, dass sie nicht recht wusste, was sie eigentlich wollte. »Es muss etwas sein, das rasch zubereitet ist, denn es ist schon spät, die Zeit ist knapp«, dachte sie. Gott! Sie war halt nur eben ein wenig wunderlich und hatte den Kopf nicht recht bei der Sache. Sachlichkeit und Gegenständlichkeit sind ja recht schön. Die Frau hier war aber nicht sonderlich sachlich, sondern eher ein wenig zerstreut und wunderlich. Hin und her studierte sie, kam jedoch, wie gesagt, zu keinem Entschluss. Die Fähigkeit, einen Entschluss zu fassen, ist recht schön. Die Frau hier aber besaß die Fähigkeit nicht. Etwas recht Gutes und Schönes wollte sie für sich und ihren Mann zum Essen kaufen. Zu diesem netten Zweck ging sie ja in die Stadt; aber es glückte ihr einfach nicht, gelang ihr einfach nicht. Hin und her studierte sie. An gutem Willen fehlte es ihr nicht, an guten Absichten fehlte es ihr sicherlich nicht, nur war sie eben ein wenig wunderlich, hatte den Kopf nicht bei der Sache, und daher glückte es ihr nicht. Es ist nicht gut, wenn Köpfe nicht bei der Sache sind, und kurz und gut, zuletzt verleidete es der Frau, und sie ging mit gar nichts nach Hause.

»Was hast Du Schönes und Gutes, Apartes und Feines, Vernünftiges und Gescheites zum Abendessen eingekauft?«, fragte der Mann, als er seine hübsche, nette, kleine Frau nach Hause kommen sah.

Sie erwiderte:»Gar nichts habe ich eingekauft.«

»Wie ist das zu verstehen?«, fragte der Mann.

Sie sagte:»Hin und her studierte ich, kam aber zu keinem Entschluss, weil mir die Wahl schwer war. Auch war es schon spät, und die Zeit war knapp. An gutem Willen wie an den allerbesten Absichten fehlte es mir nicht, aber ich war mit dem Kopf nicht recht bei der Sache. Glaube mir, lieber Mann, es ist recht schlimm, wenn Köpfe nicht recht bei der Sache sind. Es scheint, dass ich eben nur ein wenig wunderlich war, und daher glückte es mir nicht. In die Stadt ging ich, und etwas recht Schönes und Gutes für mich und dich einkaufen wollte ich, an gutem Willen fehlte es mir nicht, hin und her studierte ich, aber die Wahl war schwer, und der Kopf war nicht bei der Sache, und daher gelang es mir nicht, und daher kaufte ich gar nicht ein. Wir begnügen uns heute einmal mit gar nichts, nicht wahr? Gar nichts ist am raschesten zubereitet und macht jedenfalls keine Magenbeschwerden. Solltest Du mir deswegen böse sein? Ich kann das nicht glauben.« So aßen sie denn ausnahmsweise oder abwechslungsweise einmal gar nichts zur Nacht, und der gute brave Mann war auch keineswegs böse, dazu war er zu ritterlich, zu manierlich, zu artig. Ein verdrießliches Gesicht würde er niemals gewagt haben zu machen, dazu war er viel zu gut erzogen. Ein braver Ehemann tut so etwas nicht. So aßen sie denn gar nichts und waren beide sehr zufrieden, denn es mundete ihnen ausnahmsweise ausgezeichnet. Die Idee seiner Frau, einmal mit gar nichts vorlieb zu nehmen, fand der brave Gatte ganz reizend, und indem er überzeugt zu sein behauptete, dass sie einen entzückenden Einfall gehabt habe, heuchelte er die größte Freude, wobei er freilich verschwieg, wie sehr ihm ein nahrhaftes, rechtschaffenes Nachtessen, wie z.B. ein tüchtiger, tapferer Apfelbrei willkommen gewesen wäre.

Noch manches andere würde ihm wahrscheinlich besser geschmeckt haben als gar nichts.

Diese Kürzestgeschichte handelt von einer Frau, die sich nicht entscheiden kann, was sie für ihren Mann zum Abendessen einkaufen will, und zu guter Letzt gar nichts einkauft. Das, was geschieht – oder in diesem Fall nicht geschieht –, ist bei weitem weniger interessant als die Stimme, die darüber berichtet. Spöttisch und verschmitzt ist sie, diese Stimme, aber obwohl sich der Erzähler über die Unentschlossenheit der Frau und das »ritterliche« Verhalten ihres Mannes lustig macht, empfindet er Sympathie für die beiden. Walser bedient sich der rhetorischen Figur der Wiederholung, um die Gemütsverfassung der Frau, ihren schmerzhaften Zustand der Unentschlossenheit darzustellen. Sätze wie »hin und her studierte sie« bewirken, dass sich die Geschichte im Kreis dreht und zu keinem Schluss kommt. Am Ende haben wir nicht das Bild bestimmter Menschen vor Augen, sondern das eines Gemütszustands. Die beiden Gestalten sind nicht realistisch dargestellt. Zwar verkörpern Mann und Frau konventionelle Werte, Walser führt sie jedoch auf unkonventionelle Weise vor. Er verspottet diese Werte, indem er sich so abgedroschener Begriffe und Wendungen bedient wie »guter Wille« und »gute Absichten«, »der gute brave Mann« oder »seine hübsche, nette kleine Frau« und dabei gleichzeitig die Angst der Frau und die Enttäuschung des Mannes verrät. Gestalten und Erzähler haben dieselbe Stimme (achten Sie darauf, wie die Frau ihren Mann anspricht, und auf die wenigen Worte, die der Mann an seine Frau richtet), statt verschiedene Stimmen zu haben, wie es in realistischen Geschichten üblich ist. Die beiden Eheleute sind keine Individuen und doch sind wir in der Lage, in ihr Inneres zu sehen und sie zu verstehen, weil sie eine Gemütsverfassung darstellen, die alle Menschen kennen.

EINE GRAUSAME LEKTION

von Anton Tschechow

Neulich bat ich die Gouvernante meiner Kinder zu mir ins Arbeitszimmer, um mit ihr abzurechnen.

»Setzen Sie sich, Julja Wassiljewna«, sagte ich zu ihr. »Wir wollen abrechnen. Sie brauchen bestimmt Geld, aber Sie genieren sich so, dass Sie selbst nicht danach fragen. Na ja ... Wir hatten dreißig Rubel im Monat vereinbart ...«

»Vierzig ...«

»Nein, dreißig ... Ich habe es mir aufgeschrieben ... Ich habe den Gouvernanten immer dreißig bezahlt ... Nun, Sie haben zwei Monate hier gelebt ...«

»Zwei Monate und fünf Tage ...«

»Genau zwei Monate ... So habe ich es mir aufgeschrieben. Es stehen Ihnen also sechzig Rubel zu ... Davon gehen neun Sonntage ab, denn Sie haben doch Kolja sonntags nicht unterrichtet, sondern sind spazierengegangen ... und drei Feiertage ...«

Julja Wassiljewna wurde rot und zupfte an ihrem Ärmel, aber – sie sagte kein Wort!

»Drei Feiertage ... Folglich gehen zwölf Rubel ab ... Vier Tage war Kolja krank und ohne Unterricht ... Sie haben nur Warja unterrichtet ... Drei Tage lang hatten Sie Zahnschmerzen, und meine Frau erlaubte Ihnen, den Unterricht nach dem Mittagessen ausfallen zu lassen ... Zwölf und sieben macht neunzehn. Subtrahiert, bleiben ... hm ... einundvierzig Rubel. Stimmt's?«

Das linke Auge von Julja Wassiljewna rötete sich und füllte sich mit Tränen. Ihr Kinn begann zu zittern. Sie hüstelte nervös und schneuzte sich, aber – sagte kein Wort!

»Zu Neujahr zerschlugen Sie eine Teetasse nebst Untertasse. Gehen zwei Rubel ab ... Die Tasse kostet mehr, sie ist ein Familienstück, aber ... meinetwegen. Ist schließlich auch nicht so schlimm. Dann kletterte Kolja, weil Sie nicht aufpaßten, auf einen Baum und zerriß sich den Rock ... Zehn weniger ... Das Stubenmädchen hat, ebenfalls durch Ihre Unachtsamkeit, Warja die Schuhe gestohlen. Sie müssen auf alles aufpassen. Sie bekommen dafür Gehalt. Also gehen nochmal fünf ab ... Am 10. Januar haben Sie sich von mir zehn Rubel geliehen ...«

»Ich habe mir nichts geliehen«, flüsterte Julja Wassiljewna.

»Aber ich habe es mir doch aufgeschrieben.«

»Nun, dann ... gut.«

»Einundvierzig weniger siebenundzwanzig – bleiben vierzehn ...«

Beide Augen hatten sich mit Tränen gefüllt ... Auf das lange, hübsche Näschen trat der Schweiß. Armes Mädchen!

»Ich habe mir nur einmal etwas geliehen«, sagte sie mit bebender Stimme. »Ich habe mir bei Ihrer Gattin drei Rubel geliehen ... mehr nicht ...«

»Ja? Sieh mal an, und das habe ich nicht mal aufgeschrieben. Gehen wir von vierzehn aus, drei ab, bleiben elf ... Hier ist Ihr Geld, meine Liebe. Drei, drei, drei und ein ... Nehmen Sie!«

Und ich gab ihr elf Rubel ... Sie nahm sie und steckte sie mit zitternden Fingern in ihre Tasche.

»Merci«, flüsterte sie.

Ich sprang auf und lief durchs Zimmer. Mich packte die Wut.

»Wofür denn merci?« fragte ich.

»Für das Geld ...«

»Aber ich habe Sie doch betrogen, zum Teufel, ausgeplündert habe ich Sie! Ich habe Sie doch bestohlen! Wofür denn merci?«

»In den anderen Stellungen hat man mir überhaupt nichts gegeben ...«

»Nichts gegeben? Kein Wunder! Ich habe mit Ihnen gescherzt, eine grausame Lektion habe ich Ihnen erteilt ... Ich werde Ihnen die ganzen achtzig geben! Sie liegen da im Kuvert für Sie bereit. Aber kann man denn so ein Duckmäuser sein? Weshalb protestieren Sie nicht? Weshalb schweigen Sie? Auf dieser Welt muss man Haare auf den Zähnen haben. Kann man denn solch ein Waschlappen sein?«

Sie lächelte sauer, und ich las auf ihrem Gesicht: Man kann! Ich bat sie wegen der grausamen Lektion um Verzeihung und gab ihr, zu ihrer großen Verwunderung, die ganzen achtzig Rubel. Sie bedankte sich schüchtern und ging hinaus … Ich sah ihr nach und dachte: Es ist leicht, auf dieser Welt mächtig zu sein!

Ein Mann gibt vor, seine Gouvernante zu übervorteilen, weil er ihr eine Lektion erteilen will. Er will sie provozieren, indem er ihr Gehalt immer weiter kürzt, Rubel um Rubel, bis fast nichts mehr übrig bleibt. Dennoch protestiert sie nicht. Vergleichen Sie den distanzierten Erzähler in der dritten Person in Walsers Geschichte mit der Unmittelbarkeit des Ich-Erzählers in *Eine grausame Lektion*. Bei Tschechow werden die Figuren fast ausschließlich mit Hilfe des Dialogs charakterisiert. Es wird wenig geschildert, doch wenn Tschechow schreibt:»Das linke Auge von Julja Wassiljewna rötete sich und füllte sich mit Tränen. Ihr Kinn begann zu zittern. Sie hüstelte nervös…«, zeichnet er mit wenigen Worten ein präzises Bild der Frau in jenem Augenblick. Da die Geschichte aus der Perspektive ihres Arbeitgebers erzählt wird, sehen wir sie nur durch seine Augen, unsere Kenntnis der Gouvernante ist also beschränkt. Wir können nicht in ihren Kopf blicken. Im Gegensatz zu Walsers Figuren sind der Erzähler und die Gouvernante realistisch dargestellt, der Dialog vermittelt uns das Gefühl, als würden echte Menschen sprechen. Wir würden beispielsweise nie die Stimme der Gouvernante mit der des Erzählers verwechseln, auch wenn wir nichts weiter über die Gouvernante wissen, als dass sie bei dem Erzähler angestellt ist. (Aus dem Vorfall zwischen ihr und ihrem Herrn erschließen sich uns allerdings einige ihrer Wesenszüge.)

Alles, was wir über die Gouvernante erfahren, bezieht sich ausschließlich auf ihre Ohnmacht, denn diese ist das zentrale Thema.

DER COLONEL
von Carolyn Forché

Was Sie gehört haben, stimmt. Ich war bei ihm zu Hause. Seine Frau brachte ein Tablett mit Kaffee und Zucker herein. Seine Tochter feilte sich die Nägel, sein Sohn wollte gerade ausgehen. Tageszeitungen lagen herum und Schoßhunde; neben ihm auf dem Kissen eine Pistole. Der Mond pendelte kahl an seiner schwarzen Schnur über dem Haus. Im Fernsehen lief ein Krimi, auf Englisch. Die Mauern um das Haus herum waren mit Glasscherben besetzt; sie sollten die Kniescheiben vom Bein schaben oder die Hände in Streifen schneiden. Die Fenster waren vergittert wie bei einem Schnapsladen. Wir nahmen das Abendessen ein, Lammrippe mit einem guten Wein. Auf dem Tisch stand eine goldene Glocke, um dem Dienstmädchen zu läuten. Das Dienstmädchen brachte grüne Mangos, Salz, eine Art Brot. Man fragte mich, wie es mir im Land gefalle. Ein kurzer Werbespot auf Spanisch. Seine Frau räumte alles ab. Dann sprach er darüber, wie schwierig das Regieren geworden sei. Der Papagei auf der Terrasse sagte: Hallo. Der Colonel befahl ihm, die Klappe zu halten, und schob sich vom Tisch weg. Mein Freund bedeutete mir mit den Augen: Sag nichts. Der Colonel kam mit einem Beutel zurück, wie man ihn zum Einkaufen benutzt. Er schüttete einen Haufen Menschenohren auf den Tisch. Getrocknete Pfirsichhälften. Anders kann man es nicht beschreiben. Er nahm eins davon in die Hand, fuchtelte damit vor unserm Gesicht herum und ließ es in ein Wasserglas fallen. Dort wurde es lebendig. Er sei es leid, gute Miene zum bösen Spiel zu machen. Und was die Rechte irgendwelcher Leute anbelangt, sagen Sie Ihren Landsleuten, sie können mich am Arsch lecken. Er fegte die Ohren mit dem Arm auf den Boden und hielt den Rest seines Weins hoch. Das ist doch was für die Dichterin, oder?, sagte er. Einige Ohren auf dem Boden fingen diesen Fetzen seiner Stimme auf. Einige Ohren da unten waren an den Boden gepreßt.

Bei einem Besuch im Haus des Colonels sieht die Erzählerin, sie ist Dichterin, mit eigenen Augen den Beweis für dessen Brutalität, als er einen Beutel voller Ohren auf dem Esstisch ausleert. Der beunruhigende Besuch wird mit einer einfachen, präzisen und poetischen Sprache beschrieben. Das Stakkato der kurzen Sätze bewirkt einen prägnanten Rhythmus. Die Spannung steigert sich, als die Erzählerin Banales und Grauenvolles im gleichen Ton vorbringt. Wie bei Tschechow wird die Geschichte von einem Ich-Erzähler vorgetragen, doch abweichend von Tschechows Erzähler, der uns genau berichtet, wie er sich fühlt, wenn er etwa sagt:»Ich sprang auf und lief durchs Zimmer. Mich packte die Wut«, behält Forchés Erzählerin die Kontrolle über ihre Gefühle und schafft eine Atmosphäre der Bedrohung, indem sie einfach kommentarlos beschreibt, was sie sieht. Nehmen Sie zum Beispiel den folgenden Satz:»Die Mauern um das Haus herum waren mit Glasscherben besetzt; sie sollten die Kniescheiben vom Beim schaben oder die Hände in Streifen schneiden.« Sie fungiert nur als Berichterstatterin, als Mensch ist sie so gut wie verschwunden, und dennoch ist sie keine neutrale Beobachterin. Auch wenn sie auf Distanz bleibt, indem sie ihre Gedanken und Gefühle nicht direkt zu erkennen gibt, besteht kein Zweifel an der Dringlichkeit ihrer Worte. Wir spüren ihre Gefühle. Die Atmosphäre der Bedrohung wird durch den Kontrast zwischen dem aufwühlenden Inhalt und den minimalistischen erzählerischen Mitteln noch gesteigert. Die Herausforderung des Colonels:»Das ist doch was für die Dichterin, oder?« erwidert sie mit Sympathie für seine Opfer und erweckt sie mit den letzten poetischen Bildern wieder zum Leben.

BLICK AUS DEM AUGENWINKEL
von Luisa Valenzuela

Es stimmt, dass er seine Hand auf meinen Hintern legte und ich gerade zetermordio schreien wollte, als der Bus an einer Kirche vorbeifuhr und er sich bekreuzigte. Er hat das

Herz doch auf dem rechten Fleck, sagte ich zu mir. Vielleicht hat er es ja nicht absichtlich getan oder vielleicht wusste seine rechte Hand nicht, was die linke tut. Ich versuchte, mich etwas weiter weg zu schieben im Bus – nach Erklärungen zu suchen ist eine Sache, sich betatschen zu lassen eine andere –, aber es stiegen noch mehr Fahrgäste ein, und ich schaffte es einfach nicht. Wie ich mich so wand, um aus seiner Reichweite zu kommen, stand ich noch günstiger für ihn, und er konnte mich sogar streicheln. Nervös rückte ich schließlich weiter. Er rückte nach. Wieder kamen wir an einer Kirche vorbei, doch er bemerkte sie nicht, und als er die Hand zum Gesicht hob, war es, um sich den Schweiß von der Stirn zu wischen. Ich beobachtete ihn aus dem Augenwinkel und tat so, als wäre nichts im Gange, oder zumindest sorgte ich dafür, dass bei ihm nicht der Gedanke aufkam, es könne mir Spaß machen. Es war unmöglich, noch einen weiteren Schritt nach vorn zu tun, und er begann mich zu befummeln. Ich beschloss gleichzuziehen und legte meine Hand auf seinen Hintern. Ein paar Straßenzüge weiter wurde ich von ihm getrennt. Dann schoben mich die aussteigenden Fahrgäste weiter, und nun tut es mir Leid, dass ich ihn so jäh verloren habe, denn in seiner Brieftasche waren nur 7400 Pesos, und ich hätte mehr aus ihm herausgeholt, wenn wir allein gewesen wären. Er machte einen liebevollen Eindruck. Und einen sehr großzügigen.

Eine Frau wird im Bus sexuell belästigt und rächt sich, indem sie dem Mann Geld stiehlt. Wie die Geschichte von Forché ist auch diese in der ersten Person Singular erzählt und dreht sich um einen einzigen Vorfall, der einfach und präzise beschrieben wird. Im Gegensatz zu Forché spricht Valenzuelas Erzählerin den Leser jedoch mit der Unmittelbarkeit des Hausherrn von *Eine grausame Lektion* an. Sie klingt so, als würde sie dem Leser nichts vorenthalten, in Wirklichkeit verblüfft sie ihn jedoch mit jeder Wendung, die die Geschichte nimmt. Sie setzt sich über Konventionen und Weiblichkeitsclichés hinweg und schafft eine weibliche

Hauptfigur, die in einer kompromittierenden Situation ihren
Sinn für Humor behält und weder passiv noch ohnmächtig ist
wie die Gouvernante bei Tschechow. Valenzuela gibt ihrer Geschichte gleich mehrere überraschende Wendungen. Die erste ereignet sich, nachdem die Frau befingert wurde. Beim Vorbeifahren an einer Kirche sieht sie, wie sich der Mann bekreuzigt, was
sie zu der Überlegung veranlasst, dass er das Herz doch auf dem
rechten Fleck habe. Wenig später, als er anfängt, sie zu befummeln, gibt die Autorin der Handlung wieder eine überraschende
Wendung: Die Ich-Erzählerin zieht gleich, indem sie ihre Hand
auf den Hintern des Mannes legt. Jede Wendung bringt den Leser
aus dem Gleichgewicht, weil sich die Richtung der Erzählung ändert, zum Beispiel wenn er erfährt, dass die Frau dem Mann das
Geld abgenommen hat. Die wirklich letzte Wendung für den Leser ist ihre Überzeugung, dass sie ihn richtig hätte ausnehmen
können. Der Belästiger wird nur durch seine Handlungen dargestellt. Sonst weiß der Leser nichts über ihn. Er ist mehr ein Symbol oder eine Chiffre als eine wirkliche Person. Die Erzählerin
wird durch ihre deutliche Stimme zu einem Individuum, von
ihrem Leben sieht der Leser jedoch nur den kleinen Ausschnitt
von der Fahrt im Bus, was für die Geschichte ausreicht. Unsere
Frage, wer denn diese Frau ist, bleibt unbeantwortet.

BLINDLINGS
von Don Shea

Mit einem lieblichen Gemisch von Klängen erhob sich
am fernen Ende des U-Bahn-Wagens leise klagend Volksmusik. Mittleren Alters war er, der kleine blasse Mann mit
schütterem Haar, der dann in Sichtweite kam und sich
schlurfend seinen Weg durch die Fahrgäste bahnte, einen
Hund neben sich und einen Beutel auf dem Rücken, in
dem er ein Radio oder einen Kassettenrecorder trug, aus
dem seltsam sanfte Volksmusik erklang – eine Stimme,
eine Gitarre und eine Fiedel –, und er begleitete sie, sang
mit, sang sanft in einem näselnden Tenor so klar wie Quell-

wasser, und du erkanntest das Lied von Heim und Hof und
Abendbrot auf dem Herd, eine von John Denvers unglaub-
lich sentimentalen Balladen, die zu mögen du dich schon
immer geschämt hast, und du musterst den gebeugten
Kopf nach verräterischen Zeichen – ganz so leicht lässt du
hart gesottener New Yorker dich nicht über den Tisch ziehen –, suchst noch die Augen, als du bereits nach dem
Kleingeld tastest, und im selben Augenblick ist das bleiche
Männchen auf deiner Höhe, wirft den Kopf in den Nacken
und mit milchigkaputtem, verdrehtem Blick schmilzt sein
Gesicht in Ekstase, und ein Klang so rein wie Kristall entströmt seiner Kehle und trifft etwas in dir – das sich löst;
und viel würdest du geben, könntest du sehen, was er sah,
jenseits aller Peinlichkeit.

Ergriffen lauscht der Erzähler dem Lied eines Bettlers in der
U-Bahn. Shea verwendet die zweite Person Singular, du, eine
ungewöhnliche Erzählperspektive. In dieser Geschichte bezieht
sich das Du auf den Erzähler, der über sich selbst spricht und
seine Reaktionen auf den Bettler beobachtet, indem er etwa
schreibt:»und du musterst den gebeugten Kopf nach verräterischen Zeichen«. Gleichzeitig hat das Du die Wirkung, dass der
Leser sich einbezogen fühlt, dass er teilhaben kann, wenn es den
Erzähler wie eine Offenbarung trifft, dass das Lied des Bettlers etwas in ihm löst. Das Du bewirkt, dass wir das Gefühl haben, dabei zu sein. Wir identifizieren uns mit dem Erzähler, der sehen
will, was der Bettler sieht, aber nicht in den Kopf des Mannes
hineinschlüpfen kann. Der Erzähler kann nur beschreiben, was
er selbst sieht, und das tut er mit einer Sprache, die präzise und
sparsam ist:»…wirft den Kopf in den Nacken und mit milchigkaputtem, verdrehtem Blick schmilzt sein Gesicht in Ekstase, und
ein Klang so rein wie Kristall entströmt seiner Kehle…«. Im Gegensatz zu den Geschichten, die wir bisher gehört haben, besteht
diese nur aus zwei Sätzen. Mit dem längeren, der den Großteil
der Geschichte enthält, baut Shea mit weit ausholender Geste
den Höhepunkt am Ende auf. Über den Erzähler erfahren wir

sehr wenig, nur, dass er ein New Yorker ist, der sich nicht so leicht an der Nase herumführen lässt. Den blinden Bettler erleben wir als einen Menschen, der beim Singen von seinen Gefühlen überwältigt wird. In den letzten Zeilen erahnen wir die Sehnsucht des Erzählers, sich wie der Bettler von seinen Emotionen tragen zu lassen. Mehr wissen wir nicht über diese beiden Personen, dennoch haben wir das Gefühl, tief in ihr Inneres zu sehen, als hätten wir einen Blick in ihre Seele getan.

DER ABSTAND
von Mark Strand

Eine wunderschöne Frau stand an der Dachkante eines hohen Mietshauses in der Stadtmitte von New York. Sie setzte gerade zum Sprung an, da sah sie ein Mann, der zum Sonnenbaden auf das Dach kam. Überrascht trat die Frau von der Kante zurück. Der Mann war etwa dreißig oder fünfunddreißig und blond. Er war schlank, hatte einen langen Oberkörper und kurze, dünne Beine. Seine schwarze Badehose glänzte in der Sonne wie Satin. Er war nicht mehr als zehn Schritte von der Frau entfernt. Sie sah ihn reglos an. Der Wind blies ihr Strähnen des langen dunklen Haares über das Gesicht. Sie strich sie zurück und hielt sie mit einer Hand fest. Ihre weiße Bluse und ihr blassblauer Rock flatterten im Wind, aber darauf achtete sie nicht. Er sah, dass sie barfuß war und neben ihr auf dem Kies zwei hochhackige Schuhe standen. Sie wandte sich von ihm ab. Der Wind drückte ihren Rock von vorn gegen ihre langen Oberschenkel. Am liebsten hätte er die Arme nach ihr ausgestreckt und sie an sich gezogen. Der Luftstrom sprang um und zog ihren Rock straff über ihr kleines, rundes Gesäß; die Umrisse ihrer Bikini-Hose waren zu sehen. »Ich lade Sie zum Essen ein«, schrie er. Die Frau drehte sich um und sah ihn noch einmal an. Ihr Blick war völlig leer. Die Zähne hatte sie zusammengebissen. Der Mann sah auf ihre Hände, die sie nun vor sich gekreuzt hatte, um den Rock festzuhalten. Sie trug keinen Ehering.

»Lassen Sie uns irgendwo hingehen und reden«, sagte er. Sie holte tief Luft und wandte sich ab. Sie hob die Arme, als wollte sie sich zum Tauchen vorbereiten. »Hören Sie«, sagte er, »falls Sie sich meinetwegen Sorgen machen, von mir haben Sie nichts zu befürchten.« Er nahm das Handtuch, das er über der Schulter trug, und machte daraus einen Sarong. »Ich weiß, dass es deprimierend ist«, sagte er. Er war sich nicht sicher, was er damit sagen wollte. Er fragte sich, ob die Frau überhaupt etwas empfand. Der Bogen vom Rücken zum Gesäß gefiel ihm. Er fand ihn einfach und ausdrucksstark; er schien Lust auf Sex oder die Möglichkeit von Sex anzudeuten. Er wünschte, er könnte sie berühren. Wie um ihm Hoffnung zu machen, ließ die Frau die Arme zur Seite sinken und verlagerte ihr Gewicht. »Wissen Sie was«, sagte der Mann, »ich heirate Sie.« Der Wind zog den Rock der Frau wieder straff über ihren Hintern. »Wir machen es gleich jetzt und fahren anschließend nach Italien. Wir fahren nach Bologna und essen dort herrliche Sachen. Tagsüber gehen wir herum und abends trinken wir Grappa. Wir beobachten alle Welt und lesen die Bücher, für die wir nie Zeit hatten.« Die Frau hatte sich nicht umgewandt und war auch nicht von der Kante zurückgetreten. Vor ihr lagen die Industriebauten von Long Island City, die endlosen Häuserreihen von Queens. In der Ferne zogen ein paar Wolken vorbei. Der Mann schloss die Augen und dachte darüber nach, mit welchen anderen Mitteln er die Frau zu einem Sinneswandel bewegen könnte. Als er die Augen öffnete, sah er, dass zwischen ihren Füßen und der Kante ein Abstand war, ein Abstand, der nun für immer zwischen ihr und der Welt liegen würde. In dem langen Augenblick, als sie zum letzten Mal vor seinen Augen existierte, dachte er: Wie schön! Dann war sie weg.

Mark Strands Geschichte beschreibt den erfolglosen Versuch eines Fremden, den Freitod einer Frau zu verhindern. Die Geschichte scheint mit dem Ende zu beginnen. Wir werden Zeuge der letzten Augenblicke der Frau, wissen aber weder, wer sie ist, noch warum sie sich das Leben nehmen will oder was ihr durch den Sinn geht, als sie auf dem Dach steht. Unsere Fragen bleiben unbeantwortet. Die Frau bleibt ein Rätsel. Die Geschichte wird fast ausschließlich aus der Perspektive des Fremden erzählt, des jungen Mannes, der plötzlich auf dem Dach auftaucht, der sie retten und gleichzeitig verführen will. Der allwissende Erzähler, der es sich gestattet, in den Kopf des Mannes zu blicken, verrät dennoch wenig über ihn, abgesehen von dem, was für die Situation wichtig ist. Strand verrät uns des jungen Mannes Gedanken und Gefühle durch Beschreibung und Dialog, zeigt die Frau hingegen nur durch Beschreibung. Wir sehen beispielsweise die Wirkung des Windes, der ihren Rock von vorn gegen ihre langen Schenkel presst. Wir sehen ihren Gesichtsausdruck: »Sie hatte die Zähne zusammengebissen.« Wir sehen ihre Bewegungen: »Sie hob die Arme...« Diese Einzelheiten dienen dem Spannungsaufbau. Der Sekundenbruchteil vor dem Sprung der jungen Frau erstarrt im eindringlich paradoxen Bild vom Abstand zwischen ihren Füßen und der Dachkante. Auch wenn die Frau in den Tod geht, sagt der allwissende Erzähler, bleibt dieser Abstand für »immer« im Kopf des Mannes: Das Bild wird ihn nie wieder loslassen.

DAS UNGETÜM IM LEUCHTTURM
von William Peden

Wir sitzen auf dem Stamm einer umgefallenen Zwergpalme, Miss Peaches und ich, und warten auf den Sonnenuntergang. Ganz hinten in der Ferne, wo der geschwungene Strand und der Himmel verschmelzen, erahnen wir Savannah als schwachen blaurosa Schmutzfleck. Im Sand unterhalb von uns liegen noch ein paar Nachzügler, aber in Richtung Osten ist die Küste verlassen; es ist fast Zeit, zum Abendessen nach Hause zu gehen. Der Mond ist noch nicht aufgegangen, das Wasser steigt mit der Flut. Da kommt ein Junge aus dem Nichts auf uns zugerannt, er ist weder blass wie ein Städter noch braun wie ein Wattläufer; er könnte zwischen sechs und sieben Jahre alt sein. Ein paar Meter vor uns wird er langsamer, zögert und bleibt schließlich vor Miss Peaches stehen.

»Hi«, sagt sie lächelnd; und auch ich grüße den Jungen.

»Hallo«, erwidert er ein wenig förmlich, ein Stadtjunge, vielleicht aus Savannah, vielleicht auch aus Beaufort. Gut sieht er aus, schön gebaut, mit klaren blauen Augen.

»Schwimmen gewesen?« Eine dumme Frage, denn sein Haar ist nass, triefend nass. »Wie war das Wasser?«

»Ja«, erwidert er und kratzt mit den Zehen im Sand herum. »Es war gut.«

Miss Peaches nickt zustimmend. »Wir waren heute zweimal drin. Die Brandung war wundervoll. Genau richtig.«

Der Junge hebt an, etwas zu sagen, hält inne und weist über die glänzende See hinüber zum Festland. »*Da* war ich auch!«, verkündet er. »Seid ihr da schon mal gewesen?«

Wir nicken, der Junge zieht die Augen zusammen und streckt wieder den Arm aus. »Könnt ihr *ihn* sehen?«

»Was sollen wir denn sehen?«, frage ich und kneife meinerseits die Augen zusammen.

»Den Leuchtturm.« Seine Stimme klingt etwas herablassend. »Ganz da hinten. Der Leuchtturm.«

»Da steht doch gar kein Leuchtturm«, will ich sagen, aber Miss Peaches fällt mir ins Wort.

»Ja«, sagt sie zu dem Jungen. »Wir können ihn sehen.«

»Seid ihr denn schon einmal *dort* gewesen?«

»Nein«, sage ich. »Nein, dort gewesen sind wir noch nie.«

»Aber ich.« Seine Stimme ist fest, sie duldet keinen Widerspruch. »Meine Mutter und mein Vater sind mit mir hingefahren.«

»Wirklich?«, fragt Miss Peaches. »Das hat dir bestimmt Spaß gemacht. Wie sieht der Leuchtturm denn aus?«

Er zögert. »Er ist groß«, sagt er nach einer Pause. »Er ist sehr groß.«

»Stimmt«, sage ich. »Wie groß?«

Er schaut durch mich hindurch und über mich hinaus, seine Augen werden zu Schlitzen, während er den Horizont absucht. »Er ist groß genug für ihn.«

»Für ihn?« Miss Peaches und ich sprechen gleichzeitig, als hätten wir die Szene geprobt.

»Das Ungetüm.« Seine Stimme klingt ganz ernst. »Ein riesiges Ungetüm.«

»Das Ungetüm?«, sage ich. »Ich wusste gar nicht ... ich meine, wie sieht es denn aus, das Ungetüm?«

Die klaren blauen Augen des Jungen schweifen ab, er sieht etwas, das ich nicht sehen kann. »Es ist riesig.« Er gestikuliert mit beiden Händen. »Es ist ... es ist so groß wie *Gargantua*.«

»Was du nicht sagst!« Ich unterdrücke ein Lächeln, schüttele den Kopf und blicke verstohlen zu Miss Peaches hinüber.

Der Junge nickt heftig mit dem Kopf. »Da draußen sind auch Seepferde.« Er breitet die Arme aus und umarmt den ganzen Landstrich und das sich langsam verdunkelnde Meer. »Seepferde so groß wie Männer.«

»Ja«, sagt Miss Peaches. »*Die* haben wir gesehen. Aber das Ungetüm haben wir noch nie gesehen. Was macht das denn da draußen? Und wie sieht es eigentlich aus?«

Wieder kratzt der Junge mit den Zehen im Sand. »Es ist sehr hässlich«, sagt er nach reiflicher Überlegung. »Es ist so hässlich wie die *Sünde*.« Er hält inne, während ich mir auf die Lippen beiße, um ein Lächeln zu unterdrücken. »Aber es ist sehr ... sehr freundlich.«

»Freundlich?«, sage ich. »Das ist gut zu wissen. Ich bin froh, dass es freundlich ist. Aber warum ... warum nennst du es das Ungetüm?«

Er schaut mich mit zunehmender Ungeduld an. »Weil es das ist. Jeder...« Er schüttelt langsam den Kopf, als könnte er nicht glauben, was er gehört hatte. »*Fast* jeder weiß das.«

In Richtung Savannah hat der blaurosa Schmutzfleck die Farbe von Rauch angenommen, aber im Osten erhellt ein schwacher Schimmer das Wasser; bald steigt der Mond auf, eine leise Brise weht vom Land aufs Meer hinaus, aber es könnten Mücken kommen, es ist Zeit für uns, nach Hause zu gehen. Ich halte dem Jungen meine Hand hin.

»Das ist alles sehr interessant. Vielleicht sehen wir uns ja morgen wieder, und dann kannst du uns mehr darüber erzählen. Wir würden gern mehr über dieses Ungetüm hören ... und auch über die Seepferde.« Er gibt mir die Hand, meine Dummheit scheint ihn nicht mehr zu stören. »Ich komme wieder«, sagt er. »Ich komme morgen früh wieder.«

»Ja, mach das«, sagt Miss Peaches. »Wir wollen noch mehr darüber hören.«

Sie beugt sich vor und fährt leicht mit der Hand durch sein feuchtes Haar. Er lächelt und stürmt los, zum harten Sand am Rand des Wassers, dreht sich um und winkt uns zu; wir winken zurück.

»Meine Mama«, schreit er hell und klar, »meine Mama ist tot ... Sie ist gestern gestorben.«

Wir verlieren kein Wort, als er sich wieder umwendet und davonrennt, gut koordiniert, leichtfüßig. Er wird ein guter Mittelstreckenläufer werden. Miss Peaches und ich sehen ihm nach, wortlos, bis er nur noch ein Fleck in der Ferne ist. Ich glaube, er hält noch einmal an, um zu winken, aber ohne Brille kann ich das bei der Entfernung nicht mit Sicherheit sagen.

Ein kleiner Junge offenbart sich ganz unerwartet, als sei es ihm noch nachträglich eingefallen, zwei Fremden, die er gerade am Strand kennen lernte. Wie Tschechows Geschichte ist auch diese hauptsächlich im Dialog erzählt, aber man hat Schwierigkeiten bei der Vorstellung, dass der Ich-Erzähler wie der in *Eine grausame Lektion* von heftigen Gefühlen gepackt werden könnte. Pedens zurückhaltender Stil ähnelt dem von Carolyn Forché in *Der Colonel*. Seine Geschichte beginnt im Gegensatz zu den anderen Beispielen, die wir bisher hatten, sozusagen vor dem Anfang, weil wir vor der Begegnung des Ich-Erzählers mit dem Jungen in die Welt der Erzählung eintreten. Schauplatz und Stimmung werden von Peden eingesetzt, um den Leser in die Geschichte hineinzuziehen, beispielsweise wenn er von dem

»blassen blaurosa Schmutzfleck in der Ferne« spricht, der Savannah sei. Wir sehen deutlich, wo und wann die Geschichte spielt, aber über sich selbst und Miss Peaches berichtet uns der Erzähler wenig. Er nimmt am Dialog teil, hält uns Leser aber auf Distanz und übernimmt meist die Funktion des Berichterstatters, während sich die Handlung entfaltet. Selten haben wir Einblick in seine Gedanken. Gegen Ende bekommt man eine ganz schöne Gänsehaut, als der Junge so nebenbei den Tod seiner Mutter erwähnt und das Paar daraufhin schweigt. Doch die Untertreibung, die auch bei Carolyn Forché zu spüren war, erhöht nur den Schock. Die banale Bemerkung des Erzählers, der Junge werde eines Tages ein guter Mittelstreckenläufer sein, verhindert die Fragen, die wir zum Jungen, seiner Mutter und zur Wirkung seiner Worte auf das Paar haben. Wir bleiben Zuschauer bei einem geheimnisvollen Ereignis, einem Ereignis, das wir nicht ganz verstehen.

CANTON, OHIO, 1956
von Katherine Arnoldi

Der Schuppen steht neben dem Haus, zu dem ich gehen soll. Es ist das Haus, wo eine Frau sitzt, das Taschentuch vor der Nase, wo eine Erwachsene mit angewinkelten Knien in dem Bett neben dem meinen liegt, wo ein Junge im Bett bei mir schläft. Wir sind gerade in dieses Haus gekommen, von einem Ort, an den ich mich nicht mehr erinnere. Nachts sitze ich auf dem Boden, krümele Kekse in eine Schüssel und lecke sie mit der Zunge aus. Der Junge, der mit mir im Bett schläft, legt seinen Kopf auf den Boden und gegen die Wand, dann drückt er seine Beine hoch und wackelt dort hin und her, hängt an den Fersen mitten auf der Tapete. Die Erwachsene schlägt die Fliegentür gegen das Haus und steigt ins Auto. Der Stuhl, auf dem die Frau saß und ein Taschentuch öffnete, wieder schloss, zusammenfaltete und zerriß, ist leer. Ich will meine Eier ansehen, nur einen Blick drauf werfen.

Da liegen drei Eier. Wenn ich eines in die Hand nehme, wird meine Hand auf der Innenfläche ganz sandig, wird zu einer besonderen Hand.

Hinter dem Haus, zu dem ich gehen soll, ist eine Gasse, und dort spielen Kinder. Sie halten eine Decke an den Zipfeln, dann schwenken sie die Decke auf und ab, bis jemand hineinspringt. Sie wickeln Puppen in Tücher und legen sie in Kartons. Der Junge, der mit mir im selben Bett schläft, vertreibt Jungen, die Stöcke als Gewehre haben, Baseball-Bälle und Schläger.

Abends sehe ich, wie die Eier vom Dach herunterfallen.

Die Frau, die mit dem Taschentuch vor der Nase im Sessel sitzt, ist nicht meine Mutter.

Die Eier liegen in einer Schale aus Zweigen und Federn und Kaugummipapierchen, und ein Finger des Dachs windet sich braun darum herum.

Als mich die Mädchen auf der Gasse bemerken, gurren sie wie die Tauben, streicheln mir über den Kopf und legen dann die Finger auf ihre Zöpfe.

Die Erwachsene führt mich hinaus auf die hintere Veranda und setzt mich zwischen ihre Beine auf die Stufe vor ihr. Sie reibt meinen Kopf mit Öl ein und verrät mir ihr Geheimnis.

Der Himmel ist weiß.

Ich klettere die Leiter hinauf, lehne meinen Bauch gegen die oberste Sprosse und streichele die Eier. Mit zwei Fingern hebe ich sie hoch, lass sie in meine Tasche gleiten und gehe hüpfend ins Haus, um sie allen zu zeigen. Aber jemand reißt die Tasche auf, schaut hinein, hebt meine Arme hoch, zieht mir das Kleid aus, wirft es in den Zuber, stellt das Wasser an. Das Kleid, im Wasser blau, wirft Blasen. Ich lese die Schalenstückchen mit meinem Finger heraus, stecke sie in den Mund und schlucke sie alle hinunter.

Katherine Arnoldi lässt die Welt eines kleinen Mädchens vor uns erstehen. Das Geschehen ist ganz alltäglich, aber die Welt, die sie erschafft, ist merkwürdig und geheimnisvoll. Verwandtschaftsverhältnisse werden angedeutet und nicht erklärt. Es gibt aber auch Details, die völlig klar sind, wie etwa:»Nachts sitze ich auf dem Boden, krümele Kekse in eine Schüssel und lecke sie dann mit der Zunge aus.« Aber die Details bilden kein Ganzes; alles bleibt rudimentär. Es tauchen wiederholt dieselben Figuren auf – der Junge, der mit dem kleinen Mädchen in einem Bett schläft, die Frau mit dem Taschentuch und die Erwachsene –, aber wir erfahren über sie sogar noch weniger als über die Charaktere in der vorherigen Geschichte. Zum Beispiel:»Die Frau, die mit dem Taschentuch vor der Nase im Sessel sitzt, ist nicht meine Mutter.« Arnoldi zeigt, was die Leute tun, sie sagt nicht, wer sie sind. Sie teilt nur Gesten, Handlungen mit:»Die Erwachsene schlägt die Fliegentür gegen das Haus und steigt ins Auto.« Nichts wird erklärt, was im Übrigen auch für William Pedens Geschichte gilt. Wir finden nie heraus, *warum* der Junge erzählt, dass seine Mutter gestorben ist. Bei Katherine Arnoldi wissen wir noch nicht einmal, was die erwähnten Handlungen und Ereignisse bedeuten. Die Autorin verbindet die einzelnen Teile ihrer Geschichte nicht wie in einer herkömmlichen Erzählung mit Anfang, Mitte und Schluss. Stattdessen erzählt sie sie aus der Perspektive des Kindes. Was wir vor uns haben, könnten die Bruchstücke einer verlorenen oder halb vergessenen Wirklichkeit sein, Erinnerungen eines Erwachsenen an sich selbst als Kind.

ABENDESSEN
von Russell Edson

Ein alter Mann saß am Tisch und wartete darauf, dass seine Frau das Abendessen auftrug. Er hörte, wie sie auf einen Topf einschlug, der sie verbrannt hatte. Er hasste den Klang von Töpfen, die geschlagen werden, denn sie verkünden ihren Schmerz so lautstark, dass es ansteckend ist. Und so begann er, sich selbst ins Gesicht zu schlagen, seine Fingerknöchel wurden rot. Dabei hasste er rote Fingerknöchel, was für eine schreiende Farbe, sie spielte sich mehr auf als die Wunde.

Er hörte, wie seine Frau mit einem Fluch das ganze Abendessen auf den Küchenboden fallen ließ. Denn als sie es hereinbringen wollte, hatte es ihren Daumen verbrannt. Er hörte die Gabeln und Löffel, die Tassen und Platten alle auf einmal aufheulen, als sie auf dem Küchenboden landeten. Wie er ein Abendessen hasste, das, einmal zubereitet, einen zu Tode verbrannte, und das dann auch noch, als ob es nicht bereits genug wäre, kreischte und schrie, wenn es auf dem Boden landete, wo es sowieso hingehörte.

Er versetzte sich einen weiteren Schlag und fiel zu Boden. Als er wieder zu sich kam, war er ziemlich wütend, und so versetzte er sich noch einen Schlag und fühlte sich schwindelig. Der Schwindel machte ihn zornig, und er rammte den Kopf gegen die Wand und sagte, nun kannst du richtig schwindelig werden, wenn du willst. Er plumpste zu Boden.

Ach ja, ihr Beine wollt nicht mehr, was? … Er begann auf seine Beine einzuschlagen. Er hatte seinem Kopf eine Lektion erteilt und nun würde er seinen Beinen eine Lektion erteilen.

Zwischenzeitlich hörte er, wie seine Frau das restliche Geschirr zertrümmerte und wie das Geschirr brüllte und kreischte.

Er sah sein Abbild im Spiegel an der Wand. O, verspotte mich doch. Und so zerschmetterte er den Spiegel mit einem Stuhl, der dabei in Stücke ging. Ach so, du willst kein Stuhl mehr sein, bist dir zu gut, dass man sich auf dich setzt, was? Und er hieb auf die Stuhlteile ein.

Er hörte, wie seine Frau mit einer Axt auf den Ofen eindrosch. Er schrie: Wann gibt's Essen? und stopfte sich eine Kerze in den Mund.

Wenn ich so weit bin, kreischte sie.

Soll ich dir einen Tritt verpassen?, kreischte er. Wenn du mir zu nahe kommst, tret ich dir ein Auge aus.

Ich schneid dir die Ohren ab.

Ich hau dir eine in die Visage.

Ich tret dir in den Brotkorb.
Ich brech dich in zwei Teile.
Der alte Mann fraß schließlich eine seiner Hände auf. Die
alte Frau sagte, du verdammter Narr, warum hast du sie
nicht vorher gekocht? Du führst dich auf wie ein wildes
Tier – du weißt doch, dass ich die Küche allabendlich in
Schach halten muss, sonst kocht sie mich und serviert
mich den Mäusen auf meinem besten Porzellan. Und du
weißt doch selbst, wie wenig die Mäuse essen; als Nächstes
hätten wir die Fliegen, und wie ich Fliegen in meiner
Küche verabscheue.
Der alte Mann verschluckte einen Löffel. Macht nichts,
sagte die alte Frau, nun fehlt uns halt ein Löffel.
Der alte Mann wurde langsam wütend und verschluckte
sich selbst.
Macht nichts, sagte die alte Frau. Nun hast du's geschafft.

Eine so banale Angelegenheit wie ein Abendessen wird bei Russell
Edson zu einem außergewöhnlichen Ereignis. Das Fantastische
erwächst aus dem Alltäglichen. Das Unmögliche scheint möglich.
Wir erheben keine Einwände, weil die Stimme des Autors auf-
richtig klingt, auch wenn wir wissen, dass sich in jedem anderen
Kontext unbelebte Gegenstände nicht wie Menschen verhalten
können. Gabeln und Löffel, Tassen und Platten können nicht los-
schreien, und ein alter Mann kann sich nicht selbst verschlucken,
auch wenn er durchaus in der Lage ist, sich auf die beschriebene
Art und Weise zu verletzen. Er kann sich ins Gesicht boxen, er und
seine Frau können sich gewalttätig gegenüber Gegenständen verhalten, aber in einer realistischen Geschichte würden die Gegenstände keine Reaktion zeigen. Die Einzelheiten sind bei Edson so
präzise wie in einer lebensnahen Erzählung, nur dass die Gewalt-
tätigkeit durch Komik gedämpft ist. Die alte Frau jammert ihrem
Mann vor, dass sie jeden Abend die Küche in Schach halten müsse,
sonst würde die Küche sie kochen und den Mäusen auf ihrem
besten Porzellan servieren. Und ihr Mann wisse doch, wie wenig
Mäuse essen; als Nächstes würden die Fliegen kommen und sie

verabscheue Fliegen in ihrer Küche. Die sorgfältig beobachteten Einzelheiten sind der Beweis dafür, dass die Welt, die Edson darstellt, existiert oder zumindest möglich ist. So *würde* sich die Geschichte abspielen, wenn sie sich ereignen *könnte*, denn in diesem Punkt ist sie logisch. Edson hat das Fantastische in einer Welt angesiedelt, die wir erkennen, in einer Welt, die uns bei aller Verkehrtheit vertraut ist.

WARTEN

von Josephine Foo

»Ich weiß nicht, was du meinst«, sagte Catherine. »Mit dir würde ich überall auf der Welt hingehen, sogar nach Istanbul.«

Ned warf ihr einen glasigen Blick zu. »Paris ist weit genug«, hauchte er. Er lag auf dem Bauch, auf Catherines purpurfarbenen Laken, während Catherines Kopf in seinem Gesichtsfeld auftauchte und verschwand. Catherine stand auf und ging in die Küche, um sich Wein nachzuschenken. Schwankend kam sie zurück und blieb in der Tür stehen.

»Wie schön du bist, Ned. Wie schön!«

Ned blickte sie an und dachte an all die anderen Male, die Catherine betrunken und schwankend und mit verrutschtem Kleid im Türrahmen gestanden hatte, das Gesicht verschmiert und bekümmert.

Er streckte die Arme aus, und Catherine ließ sich aufseufzend hineinfallen. »Küss mich«, flüsterte sie. Er drückte seine Lippen auf Catherines Stirn, Schläfen und Ohrmuscheln. Er ließ seine kühlen Finger gelangweilt durch ihr dunkles, zerzaustes Haar streifen und fühlte auf seinen flachen Handgelenken die Steine ihrer Ohrgehänge. »Küss mich«, sagte Catherine und Schweißperlen bildeten sich auf ihrem Gesicht. »Meine Lippen, Ned. Lippen.«

Ned schob sie weg, drehte sich zur Seite und blickte durch das Fenster auf den East River und einen Schlepper, der gerade in Sichtweite kam. Das Schiff zog einen Würfel

Pressschrott den Fluss hinab nach Staten Island. Die rot-
beringten Industrieschornsteine von Queens stießen weißen Qualm aus. Graue Wolken zogen am Himmel entlang.
Ned fragte sich, wie es wohl wäre, so als Wolke um die
Welt zu ziehen. Natürlich würde sie sich auflösen, zu Regen werden und auf Erde oder Beton fallen. Aber dann er-
neuerte sie sich, machte weiter, bestand weiter und trat
niemandem auf die Füße. Ein Bild aus der Vergangenheit
kam ihm in den Sinn, von einem Jungen, der dem Vater
die Schnürsenkel band, weil dieser zu dick war, um sich
vornüber zu beugen. Ned erinnerte sich an Catherines
große Füße, die sich in einem feurigen Flamenco zum tra-
gischen Klang einer zwölfsaitigen Gitarre bewegten, ihre
Füße stampften laut auf den gefliesten Boden, ihr rot an-
gestrahltes Gesicht war der Menschenmenge mit einer so
hungrigen Leidenschaft dargeboten, dass sie alle zwang, sie
zu verzehren. Die Fransen an ihrem vielstufigen Rock wirbelten um ihre kreisende Figur wie ein Bumerang, der die
Begrenzung eines Feldes abfliegt. Die üppigen Arme nach
oben geworfen, die gespreizten Finger eine Andeutung
von Blumen. Er, damals noch Kellner, hatte im Schatten
gestanden und zugeschaut, ganz unauffällig an der Seite.
Mit dem Tablett in der Hand würde er bald darauf die
Runde machen und die Tische säubern.
Eifersüchtig beugte er sich vor, aus Angst verschüttete er
nichts, während Catherine alle in ihren Bann zog.
»Catherine«, sagte Ned, streckte die Hand nach ihrem wei-
chen Leib aus und zog sie an sich. Der Duft ihrer zerfließenden warmen Körper vermischte sich. Sie rollten,
Nähe suchend, durch das große Bett, bis sie schweigend
dicht beieinander ruhten.
Schon bald hob Catherine ihren schweren Leib. Das Geplät-
scher von Duschwasser war zu hören. Catherine duschte
gern sehr lange und sehr heiß. Ned nahm eine Zeitschrift
und begann zu lesen.
Er schloss die Augen und saß da. Er wartete. Auf das Wir-
beln von Fransen. Da er geduldig war, las er seine Zeitschrift langsam und sorgfältig.

Catherine tauchte aus der Dusche auf, vom heißen Dampf wieder nüchtern. Sie ging hinüber zur Bar und schenkte sich ein Glas ein. Dann lachte sie leise und zynisch und zog sich in ihr Schlafzimmer zurück.

»Was ist denn los?«, fragte Ned verwundert. »Warum trinkst du denn so viel?«

Er ging zu Catherine und half ihr den Reißverschluss ihres Kleides zu schließen.

»Warum kann ich dir nicht helfen? Warum können wir nicht einfach glücklich sein?«

Catherine legte die Hand auf seine Wange und flüsterte zärtlich: »Du lieber, simpler Kerl.« Ned wich zurück, als hätte sie ihn geschlagen. Er ging zur Tür und sagte: »Ich mache einen Spaziergang.«

»Bleib!«, sagte Catherine.

Mit einem Schulterzucken schloss Ned die Tür hinter sich. Catherine nahm eine Zigarette aus einem alten goldenen Zigarettenetui. Nun, da der Raum von Neds Gegenwart befreit war, kehrte Frieden ein. Mit ruhiger Hand rauchte sie schweigend, auf einen Fuß gelehnt, einen Arm an den Körper gedrückt. Kaum dass sie fertig war, suchten ihre Finger, wieder frei, nach einer weiteren Zigarette. Sie sah durchs Fenster auf die Wolkentürme und den Tidefluss, dessen Wellen auf die Uferböschung klatschten, und wunderte sich über ihre übergroße Ängstlichkeit, wenn es um die Wahrheit ging.

Seit Wochen fand sie Neds Lippen abstoßend. Anstatt es ihm zu sagen, hatte sie sie noch mehr gebraucht. Anstatt Ned zu erklären, dass sie ihn nicht länger liebte, hatte sie sich in lauter Panik an ihn gehängt. Catherine nahm noch ein weiteres Glas Wein und versenkte ihre Seele darin.

Wo Ned nur blieb? Als die Flüssigkeit den Grund ihres Magens erreichte, hatte sie das Gefühl, dass die Warterei sie umbringen würde.

In dieser Kürzestgeschichte geht es um eine Frau, die Angst hat, ihren Geliebten loszulassen, obwohl ihre Gefühle für ihn erloschen sind. Einer meiner Schüler zeigte sich erstaunt über diese

Kürzestgeschichte, weil der Leser so viel über die Figuren erfahre. Der Schwerpunkt der Erzählung ist zwar ein Augenblick in der Beziehung zwischen Ned und Catherine, da deren Beschreibung aber so ausführlich erfolgt und Vergangenheit und Gegenwart mit einschließt, kommen sie uns weiter entwickelt vor als andere Charaktere in Kürzestgeschichten. So erinnert sich Ned etwa daran, wie Catherine Flamenco tanzt: »Die Fransen an ihrem vielstufigen Rock wirbelten um ihre kreisende Figur wie ein Bumerang, der die Begrenzung eines Feldes abfliegt.« Der allwissende Erzähler beschreibt Ned als Kellner, der Tische säubert. »Eifersüchtig beugte er sich vor, aus Angst verschüttete er nichts, während Catherine alle in ihren Bann zog.« Nehmen Sie etwa diese Schilderung des Geschlechtsakts: »Der Duft ihrer zerfließenden warmen Körper vermischte sich. Sie rollten, Nähe suchend, durch das große Bett…« Der allwissende Erzähler schlüpft mit relativer Leichtigkeit in die Figuren hinein und wieder heraus. Das ist keine geringe Leistung in einer Kürzestgeschichte, wo ein Wechsel in der Erzählperspektive verwirrend oder unzusammenhängend wirken kann. Zuerst sehen wir Catherine durch Neds Augen. Als er geht, verlagert sich die Erzählperspektive zu Catherine, und wir erfahren, dass das, was sie erschreckt, die Tatsache ist, dass sie Ned *nicht* mehr will. Schriftsteller werden häufig dazu angehalten, die Dinge zu *zeigen* und nicht zu *erzählen*, aber in dieser Geschichte leitet die Erklärung von Catherines Notlage das Ende ein und enthält die Pointe.

MEINE SCHWESTER UND
DIE KÖNIGIN VON ENGLAND
von Lydia Davis

Fünfzig Jahre lang nichts als Meckermeckermecker und Motzmotzmotz. Meine Schwester konnte sich ein Bein ausreißen, doch weder meine Mutter noch mein Vater waren zufrieden. Meine Schwester ging nach England, um von daheim wegzukommen, und heiratete einen Engländer, und als er starb, heiratete sie einen anderen Engländer, aber das war noch immer nicht genug. Dann bekam meine Schwester einen Orden. Meine Eltern flogen zur Verleihung nach England und sahen zu, wie meine Schwester durch den Ballsaal schritt und mit der Königin von England sprach, und sie waren beeindruckt. Meine Mutter schrieb mir, dass keiner, der an jenem Tag geehrt wurde, so lange mit der Königin gesprochen habe wie meine Schwester. Mich wunderte das nicht, denn meine Schwester hat schon immer viel geredet, gleichgültig, bei welchem Anlass. Aber als ich meine Mutter später fragte, was meine Schwester denn angehabt habe, konnte sie sich nicht recht erinnern – so eine Art Zelt, meinte sie. Und sie sagte, meine Schwester habe den ganzen Morgen damit verbracht, irgendwo weiße Handschuhe herzukriegen. Aber dann sagte sie, meine Schwester sei allgemein beliebt und jeder sei des Lobes voll von ihr. Vier Lords hätten sie in ihrer Antrittsrede erwähnt, wegen all der Dinge, die sie für die Behinderten getan habe, und sie behandle die Behinderten wie alle anderen Menschen auch, und sie spreche mit den Chauffeuren wie mit den Lords und den Behinderten, und niemand störe sich daran, wie es bei ihr zu Hause aussehe, obwohl es dort schlimmer sei denn je. Sie sagte, das Haus sehe schlimmer aus denn je, und meine Schwester ließe sich noch immer gehen, was ihre Figur anbelange, sie rede wie ein Wasserfall und würde noch immer viel zu viel trinken und trinke, wo niemand es sehen könne, aber sie hätten das Gefühl, sie müssten den Mund halten, denn wer seien sie, jetzt, um etwas gegen meine Schwester sagen zu können, die doch so viel Gutes getan habe und so bewundert werde. Deshalb bin ich stolz auf meine Schwester und freue mich für sie wegen ihrer Auszeichnung, aber ich freue mich auch, dass meine Mutter und mein Vater endlich eine Weile den Mund halten müssen, wenngleich ich nicht glaube, dass es lange vorhält, und es tut mir Leid, dass es der Königin von England bedurfte, um das zu erreichen.

Es bedarf der Verleihung eines Ordens, um die Eltern der Erzählerin davon abzuhalten, an ihrer Schwester herumzumäkeln, zumindest für eine Weile. Im Gegensatz zu Foos üppiger, lebendiger Bildersprache in *Warten* ist Lydia Davis' Stil sparsam. Achten Sie auf die komprimierte Sprache, wenn sie zusammenfasst, wie die Eltern der Erzählerin die Schwester behandeln: »Fünfzig Jahre lang nichts als Meckermeckermecker und Motzmotzmotz.« Vom Hauptereignis erfahren wir, anders als in den bisherigen Beispielen, über Dritte, denn die Erzählerin ist selbst nicht dabei. Wir erleben den Festakt der Ordensverleihung mit seinen vielen Einzelheiten aus der Ferne. In Wahrheit geht es um die Erzählerin. Ihr Ärger treibt die Geschichte an, selbst wenn ihre Einstellung die einer Reporterin ist und sie den Bericht ihrer Mutter über ihre Schwester und den Festakt *ohne eigenen Kommentar* wiedergibt. Achten Sie darauf, wie die Erzählerin den Kommentar der Mutter über den Haushalt der Schwester »schlimmer denn je« wiederholt. Damit unterstreicht die Tochter ihre Missbilligung. Die Geschichte sagt weniger über die Schwester in England aus, über die die Erzählerin im Nachhinein berichtet, als über die Erzählerin selbst, deren Interpretation der Schlüssel ist.

3
Ein Vergleich mit längeren Erzählungen

Dieses Kapitel soll Sie in die Gattung der Kürzestgeschichte einführen. Auf den folgenden Seiten zeige ich Ihnen, was die Kürzestgeschichte von längeren Erzählungen unterscheidet und welche Eigenschaften beiden gemeinsam sind. Ich werde versuchen, die Grenzen abzustecken. Vollständig gelingen wird mir das wahrscheinlich nicht, aber Sie werden ein Gefühl für die Gattung bekommen. In diesem Kapitel geht es nicht darum, wie Sie Kürzestgeschichten *schreiben*. Das ist Thema des vierten und fünften Kapitels. Hier möchte ich Grundsätzliches verdeutlichen.

Was ist eine Geschichte?

Die folgende Definition ist für Geschichten mit mehreren tausend Wörtern ebenso gültig wie für solche mit mehreren hundert oder weniger Wörtern. Eine Geschichte ist ein Gefäß für eine Veränderung. Sie ist ein Gefäß, in dem etwas geschieht. Dieses Etwas muss für den Leser ein Erlebnis sein. Er muss sich angesprochen fühlen. Dabei braucht es sich nicht um irgendetwas Extremes zu handeln, nur muss sich am Ende etwas verändert haben. Das kann ein Sinneswandel sein wie im Fall des Mannes, dem klar wird, dass es nicht richtig war, seine Frau des Mogelns zu verdächtigen; die Veränderung kann aber auch in einer Handlung bestehen wie im Fall des Mädchens, das wegläuft, weil es ihr Zuhause hasst.

Die Geschichte kann sich um ein Ereignis drehen, sie kann eine Episode erzählen, eine Anekdote sein, eine Fabel, eine Parabel, eine Fantasie oder ein Monolog, sie kann aber auch die Form eines Essays haben. Eine Geschichte kann ganz einfach eine Veränderung in der Gemütsverfassung einer Figur oder deren Veränderung eines Standpunktes darstellen. Der Wandel muss in einem Gewahrwerden, einer Erkenntnis, einer Erscheinung, einem Verstehen oder einem Entschluss zum Ausdruck kommen. Er kann dazu führen, dass ein entlaufener Hund wiedergefunden wird, dass ein kranker Mensch gesundgepflegt wird, dass man sich zum ersten Mal verliebt oder beschließt, sein Haus zu verkaufen.

Was ist eine Kürzestgeschichte?

In *Short Shorts, An Anthology of the Shortest Stories,* sagt der Kritiker Irving Howe, Kürzestgeschichten seien wie Kurzgeschichten, »only more so«. Das soll heißen, dass die Kürzestgeschichte eine solch extreme Variante der Kurzgeschichte ist, dass sie eine eigene Gattung bildet. Und doch passt dieses Kriterium nicht auf alle Erzählungen unter tausend Wörtern (der in diesem Kapitel gesetzten Grenze). Dass Kürzestgeschichten weniger Wörter als andere Geschichten haben, macht sie nicht notwendigerweise *extrem.* Die Unterscheidungsmerkmale zwischen den kürzeren und den längeren Kurzgeschichten sind alles andere als eindeutig.

Man hat die Kürzestgeschichte auf unterschiedliche Art definiert. Eine meiner Lieblingsdefinitionen stammt von Howe, der in seiner Anthologie von dieser knappen Form sagt, sie beschere uns »einen Moment, aus dem uns die Unmittelbarkeit anblinzele«. Eine andere Definition, die mir zusagt, stammt von William Peden und ist in *Sudden Fiction* zu finden, einer weiteren Anthologie kurzer Kurzgeschichten. Peden beschreibt eine Kürzestgeschichte als »das Öffnen oder Schließen eines Fensters, einen

Augenblick von Hineinsicht«. In derselben Anthologie sagt der Schriftsteller Russell Banks, nach der Lektüre der kleinen Geschichten sei der Leser auf eine besonders befriedigende Weise besorgt. Dem würde ich gern meine eigene Definition hinzufügen: Die Kürzestgeschichte kommt schnell zum Kern der Sache und offenbart das Wesentliche einer Situation oder eines Augenblicks mit sehr wenigen Worten. Sie ist in sich geschlossen und kann genauso viele Stimmungen ausdrücken und Formen annehmen wie die Kurzgeschichte. Sie kann ein Schnappschuss sein oder ein Einzelbild, aber in ihren engen Grenzen sind alle Freiheiten statthaft.

Die Kürzestgeschichte ist eine Verwandte des Gedichts. Sie ist eine Kreuzung zwischen Prosa und Poesie und dem Prosagedicht verpflichtet. Es gibt Fälle, in denen es in der Tat schwierig ist, ein erzählendes Prosagedicht von einer Kürzestgeschichte zu unterscheiden, da auch das Prosagedicht etwas mitteilt. *Der Colonel* von Carolyn Forché, über den wir im zweiten Kapitel sprachen, wurde beispielsweise beiden Gattungen zugeordnet. Prosagedicht und Kürzestgeschichte sind das Ergebnis freier Assoziationen. Beide können sich einer musikalischen Sprache bedienen. Beide können dicht oder kompakt sein. Prosagedichte sind allerdings nicht an die grundsätzlichen Merkmale gebunden, über die ich nun sprechen werde.

Die grundsätzlichen Bestandteile

Der Kürzestgeschichte und der Kurzgeschichte sind bestimmte grundsätzliche Bestandteile gemeinsam, von denen einige in der kürzeren Form eine andere Funktion haben als in der längeren. Diese Grundelemente sind:

- die Figuren,
- der Schauplatz und die Stimmung,
- der Erzählstandpunkt,

- die Situation und der Handlungsaufbau,
- Stil und Ton.

Es kann eines oder es können mehrere dieser Elemente im Vordergrund stehen.

Figuren

In Kürzestgeschichten und in längeren Erzählungen gibt es Figuren. Das können Menschen, Tiere oder unbelebte Dinge sein, die sich wie Menschen verhalten, wie beispielsweise Besteck und Geschirr in Russell Edsons *Abendessen* (siehe zweites Kapitel), und häufig – aber nicht immer – sind sie es, die die Veränderung in der Geschichte vorantreiben.

Den Charakteren – sie können durch Handlungen, Beschreibungen oder im Dialog dargestellt werden – kommt in Kürzestgeschichten eine andere Funktion zu als in längeren Texten. Eine längere Erzählung lässt eine Entwicklung der Figuren zu. In einer Kürzestgeschichte ist das nicht möglich, man sieht sie in einer Momentaufnahme, in einer Schlüsselepisode, auf einem Höhepunkt. Man nehme beispielsweise den Jungen in der Geschichte *Das Ungetüm im Leuchtturm* von William Peden (siehe zweites Kapitel), der im Weggehen dem Paar, das er soeben kennen gelernt hat, zuruft, dass seine Mutter am Vortag gestorben sei. Figuren in Kürzestgeschichten sind vielleicht gerade damit beschäftigt, irgendetwas zu tun, sei es Autofahren, Kochen oder einen langen Spaziergang machen, wie beispielsweise mehrere von Robert Walsers Figuren; sie fassen möglicherweise gerade einen Entschluss oder ihnen wird irgendeine Sache zum ersten Mal richtig klar. In den meisten Fällen sieht man sie weder vor noch nach diesem Augenblick.

In Kürzestgeschichten können die Charaktere als Individuen auftreten oder auch nicht. Einige stehen für eine bestimmte Wesensart, eine bestimmte Haltung oder eine Gemütsverfassung.

So ist etwa die Ehefrau in Robert Walsers Geschichte *Gar nichts* (siehe zweites Kapitel) ein Porträt der Unentschlossenheit. Sonst wissen wir nichts über sie. Sie ist ein Symbol. Eine Figur, die nur Symbolcharakter hat, kennen wir nur hinsichtlich dessen, wofür sie steht. Doch auch wenn die Figur keine individuellen Züge trägt, können Sie, die Leserinnen und Leser, sich mit der Situation identifizieren. Sie empfinden Sympathie, einfach weil die Figur repräsentativ für eine Situation ist, die jeden Menschen anspricht.

Die Gouvernante in Tschechows Geschichte *Eine grausame Lektion* (siehe zweites Kapitel) ist die personifizierte Ohnmacht, sie ist aber auch ein eigenständiger Charakter: Sie wird realistisch dargestellt. Wir erleben sie zwar nur im Gespräch mit ihrem Arbeitgeber, können aber dadurch andere Dinge über ihr Leben ableiten. Etwa, dass sie auch in anderen Situationen hintergangen wird, von Schneiderinnen, Metzgern, Bäckern und so weiter. Anders gesagt, durch die Handlungen, Gedanken oder Gefühle der Figuren zu einem bestimmten Zeitpunkt kann der Leser allgemeine Rückschlüsse auf die Charaktere ziehen. Ohne sie näher zu kennen, ist ein kurzer Blick auf ihr Wesen möglich.

Einige Figuren wie Catherine in Josephine Foos *Warten* (siehe zweites Kapitel) vermitteln das Gefühl, entwickelter zu sein, weil ein paar gut gewählte Details sie in der Vergangenheit zeigen. In Catherines Fall haben diese Einzelheiten, die hauptsächlich aus Neds Sicht dargestellt werden, die Funktion, eine Ahnung von der Vergangenheit zu vermitteln. Einige wenige wichtige Details geben einem das Gefühl von der Entwicklung einer Figur und machen sie größer als die Geschichte. Wir sehen mehr von ihr, als gesagt wird.

Schauplatz und Stimmung

Sowohl längere Erzählungen als auch Kürzestgeschichten spielen an einem bestimmten Ort. Dieser Schauplatz kann als Kulisse

dienen, er kann auch das Thema sein, wenn eine Geschichte beispielsweise von den Auswirkungen eines Tornados in einer Kleinstadt handelt. In einer Kürzestgeschichte lässt sich der Schauplatz in wenigen Worten skizzieren:»Es geschah am Strand« oder»Er überquerte gerade die Straße, als…«
Stimmung bezieht sich auf die Atmosphäre oder den Ton. Durch Informationen, die auf die Sinne abzielen, gibt man dem Leser das Gefühl»dabei zu sein«: Man kann die Feuchtigkeit des Waldes riechen, das frisch gebackene Brot schmecken, die weiche Seide auf der Haut fühlen. Die Stimmung kann durch den Schauplatz beeinflusst werden. Eine Geschichte, die sich spät nachts auf einer dunklen Großstadtstraße ereignet, hat eine andere Atmosphäre als eine, die bei Tag auf einer Blumenwiese spielt. Die Stimmung kann auch durch die Figuren beeinflusst werden. Ein Mann, der da sitzt und sich den Kopf hält, ruft beim Leser ein anderes Gefühl hervor als ein kleines Mädchen, das sich beim Auspacken eines Geburtstagsgeschenks kaum beherrschen kann.

Im Allgemeinen kommt der Stimmung in einer Kürzestgeschichte weitaus mehr Gewicht zu als in einer längeren Erzählung, weil in einer Kürzestgeschichte kein Raum ist, den Charakter der Figuren oder das Thema zu entwickeln. Um wirken zu können, sind die Kürzestgeschichten darauf angewiesen, dass wir als Leser unmittelbar erkennen, worum es geht.

Erzählperspektive

Die Erzählperspektive ist der Standpunkt, von dem aus eine Geschichte erzählt wird. Dieser Standpunkt bestimmt, was betont wird und was im Hintergrund bleibt. Die Erzählperspektive liefert die Antwort auf die beiden folgenden Fragen: Wer erzählt die Kürzestgeschichte? Wie steht der Erzähler zu dem, was er erzählt? Der Erzählstandpunkt kann persönlich oder unpersönlich sein.

Alle Geschichten, unabhängig ob lang oder kurz, haben eine Erzählperspektive. Man kann sogar sagen, dass sie die Geschichte bestimmt. Wenn etwa der Erzähler von einer Frau berichtet, die ihn verlassen hat, wird er seine ehemalige Geliebte in einem anderen Licht sehen als ihr Bräutigam kurz vor der Hochzeit. Ein und dieselbe Figur kann von verschiedenen Standpunkten aus gesehen werden. Jede dieser Perspektiven kann dazu verwendet werden, eine völlig andere Kurzgeschichte oder Kürzestgeschichte zu schreiben. Der Erzählstandpunkt kann sich innerhalb einer Geschichte von einer Figur zur anderen verschieben. In einer Kürzestgeschichte ist so ein Perspektivenwechsel zwar viel unwahrscheinlicher als in einer langen, eben weil sie so kurz ist, doch in *Warten* (siehe zweites Kapitel) gibt es einen Perspektivenwechsel. Bis zum vorletzten Abschnitt wird die Geschichte von Neds, dann von Catherines Standpunkt aus erzählt.

Erste Person Singular Geschichten jeglicher Länge können in der ersten Person Singular erzählt werden, was bedeutet, dass die Ereignisse nur aus der Perspektive einer Figur dargestellt werden. Viele Anfänger schreiben in der ersten Person. Das *Ich* kann ein autobiografischer Standpunkt sein, es kann aber auch ein Standpunkt sein, der wenig oder nichts mit dem Autor zu tun hat.

Die erste Person Singular gibt der Erzählung Unmittelbarkeit und ermöglicht es Lesern und Leserinnen, sich leicht mit dem Erzähler zu identifizieren, weil ein wirklicher Mensch die Geschichte zu erzählen scheint. Eine Figur kann in der ersten Person Singular Dinge über sich sagen, die ein Erzähler in der dritten Person nicht wissen könnte, wie etwa in *Eine grausame Lektion*.

Dritte Person Singular Der Erzähler in der dritten Person Singular – er, sie oder es – sieht die Geschehnisse aus der Distanz. Er kann als Reporter fungieren und die Ereignisse objektiv darstellen, mit einer emotionalen Distanz, die die Figuren der Geschichte nie erreichen können. In einem solchen Fall ist der Erzähler ein neutraler Zeuge, ein Beobachter, der unbeteiligt und sachlich berichtet. Er zeigt zwar die Dinge und ihre Positionen, beschreibt Handlungen und gibt Dialoge wieder, aber er äußert sich nicht zu deren Bedeutung.

Der Erzähler kann aber auch Interpret sein. *Er, sie oder es* kann von einer Position *außerhalb* der Geschichte Ereignisse und Charaktere *in* der Geschichte kommentieren (siehe Lydia Davis' *Meine Schwester und die Königin von England* im zweiten Kapitel). Der Erzähler kann zwar nicht in den Kopf der Figuren schlüpfen, aber er kann dem Leser Dinge über sie verraten, die diese vielleicht selbst nicht über sich wissen.

Der namenlose allwissende Erzähler Der namenlose, allwissende Erzähler in der dritten Person Singular kommt einem Gott gleich, er kennt alle Facetten einer Situation und ist in der Lage, in die Figuren zu schlüpfen (siehe beispielsweise die Geschichte von Josephine Foo im zweiten Kapitel). Ein solcher Erzähler weiß mehr als die Charaktere. In einer Geschichte, die von einem allwissenden Erzähler berichtet wird, können Ereignisse beschrieben werden, die gleichzeitig in verschiedenen Teilen der Welt geschehen.

Zweite Person und erste Person Plural Die selten benutzte zweite Person Singular, *du*, bezieht sich in der Regel auf den Leser oder die Leserin. Aber in Don Sheas Geschichte *Blindlings* (siehe zweites Kapitel) scheint sich das *Du* auf den Erzähler zu beziehen. Er objektiviert sein Erlebnis und bedient sich des *Du*, um Distanz zu sich selbst zu schaffen, um sozusagen einen Schritt zurückzutreten und seine eigenen Reaktionen auf den Mann in der U-Bahn zu beobachten. So sagt er etwa: »... und dann hast du das Lied erkannt«. Gleichzeitig zieht das *Du* den Leser in die Erzählung hinein und lässt ihn zum Teil der Geschichte werden.

Du kann auch in einer Art einseitiger Unterhaltung verwendet werden, wenn ein Subjekt in der zweiten Person Singular angesprochen wird, das normalerweise in der dritten Person beschrieben würde. Die erste Person Plural, *wir*, wird ebenfalls selten benutzt. Wir kann ausweichend wirken: Wer ist denn dieses *wir*? Oder es kann eine geheimnisvolle Wirkung haben.

Situation und Handlungsverlauf

Der Handlungsverlauf In längeren Erzählungen ist ausreichend Raum für eine langsame Entwicklung der Handlung. In einer Kürzestgeschichte gibt es keine oder nur eine ansatzweise Entwicklung. Der Erzähler kann auf die Vergangenheit oder Zukunft verweisen, aber in der Regel zählt allein die Zeit der Geschichte. Selbst in Kürzestgeschichten, die mehrere Jahre umspannen, sind die Ereignisse kompakt.

Wenn wir bei der Kürzestgeschichte von einem Handlungsablauf sprechen, meinen wir eine bestimmte Situation zu einem bestimmten Zeitpunkt oder mehrere Umstände zu einem bestimmten Zeitpunkt. Die Kürzestgeschichte gleicht einem Blitz. Zeit, irgendwohin zu gehen, ist gar nicht vorhanden. Die Geschichte ist schon längst angekommen, und das Geschehen ist in vollem Gang, wenn wir dazukommen. Der herkömmliche Ablauf mit Anfang, Mitte und Schluss wird durch den Augenblick ersetzt.

Ein längerer Prosatext hat in der Regel eine Handlung oder gibt mehr als nur eine Situation wieder. Bei einer Kürzestgeschichte ist die Sache einfach: Der Autor braucht nur von Punkt A zu Punkt B zu gehen. Längere Geschichten müssen dagegen in Gang gehalten werden, damit das Interesse des Lesers nicht erlischt.

Struktur Wenn wir von der Struktur eines literarischen Werkes sprechen, meinen wir seine Form: den Plan, den Entwurf. Die Struktur eines längeren Textes im Kopf zu behalten, ist ganz einfach deshalb schwieriger, weil er länger ist. Wenn ich mir die Form einer Kürzestgeschichte vorstelle, stelle ich mir ein Gebäude vor. Ich sehe sein Skelett, wo jeder Stahlträger an der richtigen Stelle sitzt. Fehlte ein einziger Träger, würde das Gebäude instabil und zusammenstürzen.

Der Höhepunkt Kürzestgeschichten wie auch längere literarische Texte haben einen Höhepunkt. Das ist der Moment, auf den der Leser wartet, die entscheidende Handlung oder Veränderung. Es ist der Augenblick, in dem der Vulkan ausbricht, der junge Mann sich entschließt, zur Marine zu gehen, oder das Mädchen auf dem Absatz kehrt macht und davongeht.

Der Sinn Kurze wie lange Geschichten müssen uns etwas über unsere Welt oder uns selbst sagen. Sie brauchen nicht unbedingt eine Lektion oder eine Moral zu enthalten, müssen aber zu einem Schluss kommen oder eine Einsicht bieten. Es reicht, wenn diese Einsicht darin besteht, dass die beschriebene Situation nicht zu verstehen oder das Problem, um das es geht, nicht lösbar ist.

Das Thema kann am Ende fein säuberlich auf den Punkt gebracht werden wie in der Geschichte *Eine grausame Lektion*. Dort fasst der Erzähler die Geschichte mit dem Satz zusammen: »Ich sah ihr nach und dachte: Es ist leicht, auf dieser Welt mächtig zu sein!« Aber so direkt muss das nicht immer gesagt werden. Häufiger bleibt der Sinn einer Geschichte unausgesprochen, besonders in der Kürzestgeschichte, in der jedes Wort zählt. Nehmen wir an, Sie wollen darüber schreiben, wie schlecht manche Kinder von ihren Eltern behandelt werden. Das ist ein weites Feld. Um eine Aussage zu machen, müssen Sie sich eine bestimmte Situation ausdenken, die genau *zeigt,* wie die Kinder in einer bestimmten Familie misshandelt werden. Anders ausgedrückt: Um für den Leser etwas zu schaffen, was er erleben kann, müssen Sie Dinge *zeigen*, statt darüber zu *reden*.

In einer längeren Erzählung haben Sie Zeit für ihre Aussage, Sie können das Thema entwickeln, doch in einer Kürzestgeschichte gibt es nur wenig oder gar keinen Raum dafür. Das Thema wird augenblicklich vorgeführt, es ist der *Kern* der Geschichte. Der kann allerdings so subtil sein, dass man ihn auf den ersten Blick nicht erkennt. Man muss einen Text möglicherweise mehrmals lesen, bevor man ihn begriffen hat. In Ihren eigenen Übungen kann es geschehen, dass Sie nach dem *Kern* »graben« müssen. Wenn Sie ihn gefunden haben, halten Sie den Schlüssel zu Ihrer Kurzgeschichte in der Hand. Häufig finden Sie den Schlüssel bei der Überarbeitung. Einige Schriftsteller nehmen sich bewusst ein bestimmtes Thema vor. Andere tun das nicht. »Nichts weiter als eine Geschichte«, sagen sie. Diese Autoren verfolgen keinen Zweck mit dem, was sie schreiben. Wenn sie sich an die Arbeit machen, ist die Geschichte vielleicht nicht viel mehr als ein dumpfes Gefühl in ihrem Inneren.

Stil und Ton

Unter Stil versteht man, *wie* der Autor erzählt: die Wörter, die er wählt, die Wendungen, die Sätze, die er am liebsten gebraucht; ob sie kurz und klar oder lang und verschachtelt sind. Der Stil ist die mentale »Stimme«. Ein Autor kann über viele Stimmen verfügen, die verschiedene Gefühle, Stimmungen und Gemütsverfassungen spiegeln. Diese Stimmen sind in der Vielfalt der Charaktere zu hören, die der Autor kreiert.

Die drei unverwechselbaren Eigenschaften der Kürzestgeschichte

Die drei unverwechselbaren Charakteristika der Kürzestgeschichte sind Kürze, Intensität und Überraschung. Die meisten Kürzestgeschichten verfügen jedoch noch über weitere Eigenschaften: Gedrängtheit, Unmittelbarkeit, Ziellosigkeit, Einsträngigkeit, Dichte und Präzision – sie können nach meiner Auffassung von den drei unverwechselbaren Charakteristika nicht getrennt werden. Nicht jede Kürzestgeschichte verfügt über all diese Merkmale, aber einige davon hat jede.

Kürze

Die erste Eigenschaft spricht für sich. Kürzestgeschichten sind natürlich kurz, aber *wie* kurz genau ist reine Mutmaßung. Es gibt keine festgesetzte Länge, durch die sich diese Gattung definiert. In diesem Teil des Buches reicht die Bandbreite der Geschichten von etwa hundert bis tausend Wörter. Wenn Sie mit so wenigen Wörtern arbeiten, erlangt jedes ein besonderes Gewicht. Ein falsches Wort unter Tausenden wird wahrscheinlich den Sinn Ihrer Geschichte nicht verändern, es sei denn, es steht an einer kritischen Stelle, aber ein einziges falsches Wort in einer Geschichte von hundert, fünfhundert oder selbst siebenhundert Wörtern kann alles aus dem Gleichgewicht bringen. Deshalb muss jedes Wort mit größter Sorgfalt ausgewählt werden.

Überflüssige und komplizierte Wörter sollten entfernt, die verbleibenden noch schlanker gemacht werden. Wörter werden ausgewählt, um Ideen, Orte und Gestalten zu *fixieren*. Sie dienen dazu, das Wesentliche eines Augenblicks oder einer Situation ans Licht zu bringen, deshalb müssen sie präzise sein. Einige Geschichten sind auf kleinstem Raum zusammengezwängt. Häufig gibt es nur wenige Adjektive und Adverbien, und dennoch haben wir die Szene vollkommen vor Augen. Eine Kürzestgeschichte wird so erzählt, dass der Leser mehr weiß, als gesagt wird. Die Information wird angedeutet, nicht breit getreten.

Poetische Sprache Weil die Kürzestgeschichte so kurz ist, muss der Autor auf poetische Wendungen zurückgreifen, die nicht Zusammengehöriges, seien es Menschen oder Ereignisse, auf originelle und fantasievolle Weise verbinden. Es ist eine metaphorische Sprache. Man kann sich einer Analogie bedienen, um Dinge zu vergleichen, die einander ähnlich sind. Metaphern und Bilder sollen Verbindungen schaffen, die mit wörtlichen Beschreibungen nicht herzustellen sind. Sie sind jedoch nicht nur auf die Poesie beschränkt.

Betrachten Sie die poetische Sprache der Geschichte *Rosary* (Rosenkranz) des amerikanischen Dichters Robert Kelly. Sie handelt von einem Mann, der nachts eine einsame Landstraße entlangwandert, in der Hand einen Rosenkranz, und eine Frau mit glänzendem schwarzen Haar bewundert, die er durch das Fenster eines Hauses sieht. Mitten in der Geschichte sagt der Erzähler, es könne sein, dass die Frau ihn habe kommen sehen und seine Kristallperlen für einen blitzenden Dolch gehalten habe. Hier ist der Satz, der die Wendung der Geschichte bringt:

> Möglicherweise sehnte sie sich danach, dass der schweigende, schattenhafte Mörder kommt, um sie von ihrer schweren Arbeit oder ihrer Einsamkeit oder ihrem glänzenden Haar zu erlösen.

In diesem überraschenden Satz bezieht sich der Erzähler auf das glänzende Haar der Frau, als wäre es eine ebensolche Last wie schwere Arbeit oder Einsamkeit, von der sie sich vielleicht durch den Tod befreien möchte.

Betrachten Sie die poetische Sprache Richard Brautigans in seiner überraschenden Kürzestgeschichte *The Weather in San Francisco* (Das Wetter in San Francisco), die davon handelt, wie eine sehr alte Frau zum Metzger geht, um an einem bewölkten Nachmittag Leber zu kaufen. Der Metzger will sie überreden, stattdessen Frikadellen zu kaufen, aber sie lässt sich nicht beirren. Der Erzähler beobachtet die Frau beim Verlassen des Ladens.

> Die Frau benutzte ihre Knochen wie die Segel eines Schiffes und glitt auf die Straße hinaus.

Am magischen Ende der Geschichte erfahren wir, dass sie die Leber für ihre Bienen gekauft hat.

> Die Bienen kamen zu ihr und versammelten sich liebevoll um sie, während sie die Leber auspackte und auf einen bewölkten Silberteller legte, der bald darauf zu einem sonnigen Tag wurde.

Im Bild vom »bewölkten Silberteller«, der zu einem »sonnigen Tag« wird, erlebt der Leser, wie sich die Welt der Frau verwandelt.

Intensität

Intensität ist eine unabdingbare Eigenschaft der Kürzestgeschichte. Sie bringt die Geschichte überhaupt erst hervor. Hinter den Worten steht eine Dringlichkeit, ein tief empfundenes Gefühl, das den Autor veranlasst, schöpferisch zu werden. Es handelt sich um unbewusste Energie, die bewusst gemacht wird und durch die Finger des Schreibenden fließt. Intensität ist die Energie, die von Anfang an in der Geschichte steckt.

Längere Geschichten können intensiv sein, aber in einer Kürzestgeschichte sind die Wörter gedrängter. Manchmal scheinen sie kurz vor dem Ausbrechen zu stehen. Sie drücken sich gegen die Wände der Erzählung. Stellen Sie sich einen Ballon vor, der so prall mit Helium gefüllt ist, dass er kurz vorm Platzen zu sein scheint.

Die Intensität kann nicht nur durch Kompression gesteigert werden, sondern auch durch einen schnell pulsierenden Rhythmus, durch Wiederholung oder durch die Darstellung extremer Situationen oder Ereignisse. Sehen Sie sich die folgende Passage aus dem Buch *Tropismen* der französischen Schriftstellerin Nathalie Sarraute an mit ihrer extremen Schilderung körperlicher Details.

> Sie saß zusammengekauert in einem Winkel des Fauteuils, sie wand sich, der Hals war gereckt, die Augen traten hervor. »Ja, ja, ja, ja«, sagte sie, jeden Teil des Satzes mit einem Kopfschütteln billigend.

In den meisten Kürzestgeschichten ist die Intensität nicht ganz so offensichtlich. Die Leser erfahren sie subtiler. Man könnte die Gattung mit einem Kochtopf vergleichen, dessen Deckel dicht

3. Ein Vergleich mit längeren Erzählungen

verschlossen ist. Wir sehen zuerst nur den geschlossenen Topf. Doch wenn wir genau hinsehen, fällt uns auf, dass der Deckel leise, aber ständig vibriert, dass das, was im Topf ist – in unserem Fall der Inhalt der Geschichte – gegen den Deckel drückt und ihn zu heben droht. Auf der Oberfläche kann die Kürzestgeschichte still und ruhig scheinen, aber wir spüren den Druck, der dahinter steht. Oder eine Geschichte fängt ruhig an und baut sich dann auf. Die Intensität kann sich in der Häufung von Wörtern zeigen. Wörter haben Gewicht, gegen Ende noch mehr als am Anfang. Oder der Autor hat die Intensität für eine Erkenntnis oder Offenbarung im letzten Augenblick aufgehoben. Auf jeden Fall wirkt gewöhnliche Prosa eher dünn oder lahm verglichen mit der gebündelten Energie von Kürzestgeschichten. Es liegt an der Intensität oder Dringlichkeit, dass die Gattung nicht wie eine Zusammenfassung klingt.

Sie brauchen sich keine Gedanken darüber zu machen, wie Sie diese Intensität zustande bringen. Sie wird sich einstellen, wenn Sie Ihre Übungen machen und dabei aus Ihrem Unterbewusstsein schöpfen. Je *emotionsgeladener* Ihr Material ist, desto dringlicher oder intensiver werden Sie schreiben. Bei einer längeren Geschichte kann es vorkommen, dass die Intensität auf einigen Seiten nachlässt, die Form der Kürzestgeschichte sorgt jedoch dafür, dass die Intensität durchgängig vorhanden bleibt.

Die überraschende Wendung

Die unerwartete Wendung einer Kürzestgeschichte überrumpelt den Leser.

Nicht immer ist es möglich, das Überraschende einer Geschichte an einer bestimmten Stelle festzumachen. Es kann auch im Inhalt begründet liegen, in der Stimme des Erzählers oder im Ton des Textes. Es kann auch gerade das sein, was nicht passiert oder nicht gesagt wird.

Es sind die greifbaren Einzelheiten, die den Leser in die Geschichte hineinziehen und in ihm eine Art Wachtraum erzeugen. Der Leser sieht nicht länger Wörter auf einer Buchseite, sondern wird vom Text gepackt. In einer längeren Erzählung steht ihm wenigstens eine gewisse Zeit zur Verfügung, um in der fiktiven Welt zu verweilen. In der Kürzestgeschichte gehen Entstehung und Untergang dieser Welt Hand in Hand. Die Kürzestgeschichte erreicht ihr Ziel mit einer einzigen weit ausholenden Geste. Der Leser wird in Bann geschlagen und sogleich im Stich gelassen, aber nicht ohne dass es bei ihm zu einer Art Erkenntnis gekommen ist.

Weggelassenes ist ebenso wichtig wie explizit Gesagtes. Einige Teile der Geschichte erleben Sie, die Leser und Leserinnen, quasi aus dem Augenwinkel. Sie können nicht direkt Ausgesprochenes, sich im Hintergrund oder unter der Oberfläche Ereignendes, ableiten. Lassen Sie uns die Kürzestgeschichte mit einem Baum vergleichen. Stamm, Blätter und Zweige wachsen über der Erde und sind sichtbar. Unsichtbar ist das System von Wurzeln in der Erde, aber jeder weiß, dass die Wurzeln vorhanden sein müssen, denn sonst gäbe es den Baum nicht.

Wie kommt es in einer Kürzestgeschichte zu einer Überraschung? Häufig dreht sich die Geschichte. Diese Drehung signalisiert oder enthüllt einen abrupten Perspektivenwechsel oder eine Wendung der Ereignisse. Das kann in der Mitte oder am Ende passieren. Die Geschichte wird aus ihrer Verankerung gerissen und bekommt einen neuen Liegeplatz. Die Richtung der Geschichte kann sich verändern oder die Bedeutung dessen, was wir bisher erfahren haben, kann in einem neuen Licht erscheinen.

Die Wendung kann in Form eines Kommentars erfolgen, der, einmal gemacht, unabdingbar erscheint, obwohl man vorher nie daran gedacht hätte. Wie sehr der Leser auch überrumpelt werden mag, die Überraschung muss im Rahmen der Logik der Geschichte bleiben. Häufig besteht sie darin, dass wir etwas Bekanntes aus einer anderen Perspektive sehen. Etwas Überraschendes ist nicht unbedingt etwas Neues.

In *Gelman*, einer sehr kurzen, essayistischen Kurzgeschichte, bei der man das Gefühl hat, es handele sich um ein Erlebnis des Autors, erzählt uns der uruguayische Schriftsteller Eduardo Galeano von einem argentinischen Dichter, dessen Kinder entführt und gefoltert wurden; eines wurde schließlich vom argentinischen Militär getötet. Galeano schließt mit den unerwarteten Zeilen:

> Und ich habe mich gefragt: Wenn es einen Gott gibt, warum spaziert er so einfach daran vorbei? Könnte Gott Atheist sein?

In einer anderen essayistischen Erzählung von Galeano mit dem Titel *The Language of Art* (Die Sprache der Kunst) geht der mittellose kubanische Flüchtling Chinolope zufällig in New York auf der Straße, eine Kamera in der Hand, die ihm jemand geschenkt hat, als der Gangster Albert Anastasia in einem Friseurladen erschossen wird. Chinolopes Foto von dieser Tat macht einen reichen Mann aus ihm. Hier das Ende der Geschichte:

> Chinolope war eine Aufnahme des Todes gelungen. Der Tod war auf dem Bild gegenwärtig: nicht im Toten und auch nicht im Mörder. Der Tod war im Gesicht des Barbiers, des Zeugen der Bluttat.

Die überraschende Wendung verändert die Form einer Geschichte, indem sie vom erwarteten Plan oder Entwurf abweicht. Kommt es in einer Geschichte zu mehreren unerwarteten Wendungen wie etwa in Luisa Valenzuelas *Blick aus dem Augenwinkel* (siehe zweites Kapitel), hat das eine kontinuierliche Veränderung der Form zur Folge. Als die Erzählerin am Anfang beschreibt, wie ein Mann im Bus seine Hand auf ihr Gesäß legt, sich aber bekreuzigt, als sie an einer Kirche vorbeifahren, erwartet der Leser alles andere als die Schlussfolgerung:»Er hat das Herz doch auf dem rechten Fleck…« Immer wenn der Verlauf der Geschichte vorhersagbar scheint, sagt oder tut die Erzählerin etwas Unerwartetes, sodass der Leser ständig aus dem Gleichgewicht gebracht wird.

In einer Kürzestgeschichte kommt es mühelos zu unerwarteten Wendungen oder zu einem überraschenden Ende. Beides gehört zur Logik des Unterbewusstseins. Je häufiger Sie in Ihren Übungen das Unerwartete zulassen, umso wahrscheinlicher ist es, dass Ihre Geschichten diese Wendungen erleben, ohne dass Sie sich darum bemühen müssen. Darauf verlassen, dass es immer so ganz einfach ist, können Sie sich allerdings nicht.

Es kann auch sein, dass Sie mit Ihrem Verstand und Ihrem Unterbewusstsein Jojo spielen und so lange zwischen Intuition und Logik hin und her pendeln müssen, bis Sie eine Wendung finden, die klappt. Und wie wissen Sie, ob Sie richtig liegen? Einmal mehr: Sie *fühlen* es.

Vier Grundarten von Kürzestgeschichten

Ich habe die Kürzestgeschichten in vier grobe Kategorien eingeteilt: Einzelereignisse, Geschichten, die die Zeit komprimieren, Geschichten, in denen es um einen Gemützstand geht, und Geschichten, die sich über die uns vertraute Realität hinwegsetzen.

Das Einzelereignis

Die meisten Kürzestgeschichten drehen sich um ein einziges Ereignis. Dabei kann es sich um einen Augenblick der Entdeckung oder Erkenntnis handeln, um ein Schlüsselerlebnis oder eine Offenbarung. Sie sind für den Leser leicht verständlich und laufen in einer kurzen Zeitspanne ab.

Im Allgemeinen ist der Handlungsablauf einer Kürzestgeschichte nicht so kompliziert wie der einer längeren Erzählung.

Wie ich bereits sagte, kommt es in einer Kürzestgeschichte zu einer Bewegung von Punkt A zu Punkt B. Auch längere Erzählungen können sich um ein einziges Geschehnis drehen, aber in der Kürzestgeschichte ist der Fokus schärfer und die Geschichte ist energiereicher oder intensiver. Es ist kein Platz, mehr als nur das Ereignis selbst zu erzählen. Alles oder fast alles andere fällt unter den Tisch. Expositionen oder Exkurse, wie Sie sie aus längeren Erzählungen kennen, entfallen.

Der Autor eines umfangreicheren Textes kann sich die ausführliche Beschreibung des Schauplatzes erlauben. In der Kürzestgeschichte sind solche Schilderungen fehl am Platz, es sei denn, sie beziehen sich *direkt* auf das zentrale Ereignis. Das Ereignis ist alles, was wir sehen, und wir sehen es blitzartig. Häufig wissen wir gar nicht, was vorher und nachher geschah, wenngleich wir vielleicht nicht direkt Gesagtes *ableiten* können. Auf jeden Fall müssen wir so sehr gepackt werden, dass wir mit dem, was wir bekommen, zufrieden sind.

In *A Full Afternoon* (Ein ereignisreicher Nachmittag) erzählt die brasilianische Schriftstellerin Clarice Lispector von einer Frau, die im Bus neben einem Mann mit einem Affen sitzt. Der Affe, von der Autorin lebendig beschrieben, findet nicht nur das Interesse der Frau, sondern aller Fahrgäste. Und dann springt der Affe auf den Schoß der Frau und sie reagiert

> … mit dem scheuen Glück eines Menschen, der auserwählt wurde.

Ein wenig später passiert Folgendes:

> … eine Frau sagte zu einer anderen, dass sie eine Katze besitze. Alle, die etwas liebten, sprachen davon.

In dieser heiteren Atmosphäre kommt es zu einem Zusammenstoß zwischen dem Bus und einem Lastwagen, und alle suchen das Weite. Die Frau vergisst den Affen, bis sie sicher in einem Taxi sitzt. Dann bedauert sie, dass »die Ereignisse so schlecht verteilt waren«, dass die Begegnung mit dem Affen und das Unglück sich gleichzeitig ereignen mussten. Nach dem Unglück erwartete die Frau, deren Leben in der Regel recht eintönig verläuft, dass sie eine ganze Weile nichts Aufregendes mehr erleben wird, doch dann stoßen ihr an diesem Tag noch andere Dinge zu. Der letzte Satz lautet:

> Auf jeden Fall war es ein Nachmittag, an dem etwas los war.

Dieses Bild und ein früheres vom Bus, der sich durch die Brise vorwärts bewegt, »als würden Wimpel an ihm flattern«, vermitteln ein Gefühl der Bewegung, der Aufregung, vielleicht des Feierns. Ein einziger Vorfall kann ausreichen, um ein lebhaftes Bild von einer Figur zu zeichnen.

Geschichten, deren Zeit komprimiert ist

Formal steht die Kürzestgeschichte dem Gedicht, inhaltlich dem Roman näher. In der Anthologie *Sudden Fiction* sagt Mark Strand, eine Kürzestgeschichte könne »auf einer einzigen Seite das leisten, wozu ein Roman zweihundert braucht«. Auf ein, zwei Seiten kann etwas erzählt werden, das sich über zwei Jahre hinzieht, ohne dass wir das Gefühl haben, es fehle etwas. Wie ist das möglich? Durch Kompression. Wichtige Einzelheiten stehen für bestimmte Momente, die aus der vergehenden Zeit herausragen.

Stellen wir uns eine Frau namens Mindy vor, die einen Mann namens Al heiratet, der sie dann wegen einer jüngeren Frau verlässt. Sagen wir, die Geschichte beginnt fünf Jahre zuvor, als Mindy Al auf einer Party kennen lernt. Was an dieser Begegnung ist das Entscheidende? Mit Sicherheit die Tatsache, dass Mindy Al in die Wüste schickt, weil er ein armer Tropf ist. Ihr gefallen nur wohlhabende, erfolgreiche Männer. Als sie Al vier Jahre später wieder trifft, ist er ein bekannter Maler. Da sich die Geschichte aber nur um die Beziehung der beiden drehen soll und nicht um

Als Erfolg, reichen einige wenige Sätze über seine Karriere völlig aus. Sie könnten sich so anhören: »In den vier Jahren, seit sie sich getroffen hatten, war Al ein erfolgreicher Maler geworden. Alle Bilder seiner letzten Ausstellung wurden verkauft.« Auf diese Information kommt es an, denn nun versteht der Leser, warum Mindy vier Jahre später eine Einladung Als annimmt. Anders ausgedrückt, der Leser braucht keine Einzelheiten über Als Leben oder seine Karriere, wenn sie keinen direkten Bezug zur Heirat und Scheidung des Paares haben.

Geschichten, in denen die Zeit komprimiert wird, sind auf ein Minimum reduziert – ich stelle sie mir gern als behauen vor –, bis nur das übrig bleibt, was wirklich wesentlich ist. Doch es schwingt mehr Information mit, als mitgeteilt wird.

In der Kürzestgeschichte existiert keine Zeit, außer in dem einen Augenblick oder in der Reihe von Augenblicken, die durch ein oder zwei Details geschildert werden. Das Geschehen bewegt sich auf ein großes Finale zu, das vielleicht gar keins ist. Kürzestgeschichten können in der Mitte beginnen und enden. Sie sind in der Lage, den Anschein zu erwecken, als seien sie aus dem Leben herausgehoben oder vom Strom der Dinge abgeschnitten worden, damit wir sie – und sonst nichts – betrachten können.

Ernest Hemingways *Eine sehr kurze Geschichte* beginnt während des Zweiten Weltkriegs in Italien, als ein verwundeter amerikanischer Soldat und eine amerikanische Krankenschwester sich verlieben, und sie endet, lange nachdem der Krieg vorüber ist. Hemingway ist sparsam mit seinen Sätzen, und so erfahren wir im selben Satz sowohl von der Affäre eines Soldaten mit der Krankenschwester Luz als auch von dessen Genesung. Beides wird vom Autor eher angedeutet denn ausgeführt.

Nachdem er Krücken hatte, pflegte der Soldat die Temperatur der Patienten zu messen, damit Luz nicht aufzustehen brauchte. Der Satz »damit Luz nicht aufstehen brauchte« legt die Affäre nahe, ohne dass die Tatsache ausgesprochen wird.

Das Paar will heiraten, muss wegen des Krieges aber warten.

Als der Krieg vorbei ist, will er, dass sie mit ihm nach Hause zurückkehrt, sie hingegen will warten, bis er einen Arbeitsplatz hat. Sie streiten sich. Nachdem er abgefahren ist, das Zerwürfnis noch nicht beigelegt, geht sie eine Affäre mit einem italienischen Major ein und schreibt dem Exsoldaten in Amerika, dass sie den Major heiraten werde. In ihrem Brief sagt sie,

> ... dass ihre ganze Geschichte doch nur eine Kinderangelegenheit gewesen sei.

Die Heirat mit dem Major findet nie statt, und der Exsoldat antwortet nie auf den Brief. Aber er holt sich in Chicago den Tripper. Am Ende – es ist offen – bleibt der Leser mit dem Gefühl zurück, dass das Leben weitergeht, wenngleich nicht immer glücklich.

Alles, was wir über die Figuren erfahren, bezieht sich auf ihre Liebesbeziehung. Wir wissen nichts über die Krankenschwester noch über den Soldaten, bevor sie sich kennen lernen. Wir erfahren nicht, was mit ihm geschieht, nachdem er sich den Tripper geholt hat, noch hören wir etwas über das Schicksal der Krankenschwester. Dennoch haben wir das Gefühl, eine vollständige Geschichte gelesen zu haben.

Abgeschlossen kommt uns eine Kürzestgeschichte in der Regel dann vor, wenn sie die Fragen, die sie aufwirft, beantwortet. Der Trick besteht darin, dass Autor oder Autorin wissen müssen, *welche* Fragen sie aufwerfen wollen. Fragen, die sich nicht direkt auf den Kern der Geschichte beziehen, können ausgeklammert werden.

Geschichten, die Einblick in eine Gemütsverfassung geben

Bei Geschichten, die einen Einblick in das Gemüt einer Figur erlauben, präsentiert uns der Erzähler einen Monolog oder einen Erinnerungsfluss. Im Monolog kann er beispielsweise einen einzelnen Vorfall beschreiben, wobei der Vorfall selbst von sekundärer Bedeutung ist. In dieser Art Geschichte kommt es ganz und gar auf die Stimme an. Es kann sein, dass Sie mehr durch die Art, wie erzählt wird, angesprochen werden als durch das, was erzählt wird. Man kann von der Wortwahl des Erzählers fasziniert sein, von ungewöhnlichen Wortspielen, Metaphern und Analogien. Man kann durch seine Erkenntnisse und seinen Standpunkt fasziniert sein. Das Interesse des Lesers zentriert sich auf die Art und Weise, wie der Erzähler die Welt sieht.

Robert Walser, der ein Vorläufer von Franz Kafka war, schrieb viele Geschichten dieser Art. In ihnen sind es die Gedanken des Erzählers, seine Überlegungen und erstaunlichen Interpretationen, die den Leser interessieren und überraschen. Walsers Kürzestgeschichten sind nicht wesentlich anders als seine längeren Erzählungen – und doch kommen einem die Kürzestgeschichten noch konzentrierter, noch mehr auf den Punkt gebracht und noch intensiver vor. In der raffinierten Geschichte *Die Magd*, die Teil von *Zwei sonderbare Geschichten vom Sterben* ist, wird vom Schrecken einer Magd erzählt, als das Kind ihrer reichen Herrschaft, das sie liebt, verloren geht. Die Magd sucht es auf der ganzen Welt, »sogar in Persien«, wo sie das Licht in einem »finstern, hohen Turm« fragt, wo ihr Kind sei. Bevor es erlischt, sagt das Licht:

> So suche noch weitere zehn Jahre! Da suchte die Magd weitere zehn Jahre nach dem Kind in allen Gegenden und Umgegenden der Erde, sogar in Frankreich. In Frankreich ist eine große, prächtige Stadt, die heißt Paris, zu der kam sie.

In Paris findet sie das Kind plötzlich in einem Garten.

> Da sah sie es und starb vor Freude. Warum starb sie? Hat das denn etwas genützt? Sie war aber schon alt und konnte nicht mehr so viel vertragen. Das Kind ist jetzt eine große, schöne Dame. Wenn du ihr begegnest, so grüße sie doch von mir.

Ohne die Stimme Walsers würde sich die kleine Geschichte wie eine Zusammenfassung oder ein Sketch anhören und nicht wie eine Pseudofabel. Nicht die Reisen der Magd auf der Suche nach dem verlorenen Kind sprechen uns an, sondern die distanziert-spöttische Stimme des Erzählers, bei der auch Mitgefühl mitschwingt. In dieser Kürzestgeschichte wird mehr eine Gedankenwelt enthüllt, als eine Geschichte erzählt.

Geschichten, die sich über die Realität hinwegsetzen

Zu dieser Kategorie gehören Geschichten, die das Merkwürdige, Spukhafte und Fantastische ausloten. Die Geschehnisse in diesen Erzählungen setzen sich über die Regeln der Wirklichkeit, so wie wir sie kennen, hinweg. Brautigans Text *The Weather in San Francisco* (Das Wetter in San Francisco), dessen mysteriöses Ende beschreibt, dass sich der »bewölkte Silberteller« der alten Frau in einen »sonnigen Tag« verwandelt, ist ein Beispiel für diese Kategorie. Vom Leser wird erwartet, dass er seine Ungläubigkeit hintanstellt. Dazu muss er ausreichend fasziniert oder beeindruckt sein, denn sonst würde er nicht auf die augenfälligen Einwände gegen Geschehnisse verzichten, von denen er weiß, dass sie so nicht passieren können. Der Ausgangspunkt des Autors kann im Bereich des Unmöglichen angesiedelt sein, aber er verschafft sich Glaubwürdigkeit, indem er realistische Details verwendet. Im Kontext der Geschichte sind die Geschehnisse sinnvoll. Die Ereignisse folgen ihrer eigenen Logik. Der Leser kann sich sagen, dass die Geschichte eine poetische Wahrheit enthalte. Sehen Sie sich Barry Yourgraus Eröffnungssatz von *Milk* (Milch) an:

> Aufgrund einer Wette klettert ein Mann in das Innere einer Kuh. Einmal dort, beschließt er zu bleiben.

Wir erfahren dann von ihm, wie es ist, im Inneren einer Kuh zu sein, gleichzeitig hält er die reale Welt aber doch noch an einem

Zipfel fest, indem er sagt, dass er die missbilligenden Rufe seiner Freunde »aus der Welt von Vernunft und Wirklichkeit« noch hören kann. Dieses realistische Detail bewirkt, dass die Geschichte im Rahmen ihrer eigenen Regeln glaubwürdig ist. Die »wirkliche« Welt verschwindet nicht vollständig, bis der Mann in der Kuh seine Ohren mit dem »Milchschleim des Kuhmagens« verstopft. Am unerwarteten Ende verschiebt sich dann die Perspektive vom Mann zur Kuh:

> Ihre großen, einfühlsamen Augen blicken sorgenschwer beim Versuch, ihr neues Schicksal und ihre neue Verantwortung auszuloten.

Der Kritiker Irving Howe schrieb, dass die Kürzestgeschichte »die rätselhafte Begrenztheit akzeptiert« und »rasch eine Einheitlichkeit des Eindrucks anstrebe«. Diese rasche Einheitlichkeit ist möglich, weil Anfang und Ende nah beieinander liegen.

4
Materialbeschaffung für Kürzestgeschichten

Was ich Ihnen nun sage, wird Sie wahrscheinlich überraschen. Ich möchte, dass Sie alles vergessen, was Sie bisher über Kürzestgeschichten gelesen haben. Ich möchte, dass Sie ganz von vorn anfangen. Die einzigen Geschichten, die Sie etwas angehen, sind diejenigen, die Sie schreiben werden. Diese Forderung gilt sowohl für die erfahrenen Autoren und Autorinnen unter Ihnen als auch für diejenigen, die gerade erst beginnen. In Wahrheit wissen Sie schon, wie man Kürzestgeschichten schreibt. Sie wussten schon, wie man sie schreibt, bevor Sie überhaupt jemals von der Gattung gehört hatten. Wie Sie schon bald selbst feststellen werden, ist das weder etwas »Geheimnisvolles«, noch gibt es da irgendeinen »Trick«. Ich gebe Ihnen nur ein paar Richtlinien an die Hand, um eventuelle Hindernisse aus dem Weg zu räumen.

Das Geheimnis des Schreibens von Kürzestgeschichten

Die Methode zur Abfassung von Kürzestgeschichten, die ich Ihnen zeigen will, ist nicht die *einzige*. Allerdings habe ich erlebt, dass sie immer wieder funktioniert hat. Warum? Weil Kürzestgeschichten assoziativ sind, weil sie das Ergebnis dessen sind, was der Dichter Robert Bly das »Herumspringen um das Unterbewusste« genannt hat. Im Assoziationsprozess verbinden sich zufällige Gefühle, Gedanken und Erinnerungen. Die Verbindungen mögen unserem rationalen Alltagsdenken fremd sein, dennoch ist ihnen eine Logik eigen.

Der Psychoanalytiker C. G. Jung schrieb, dass das Unterbewusstsein nicht nur das Speicherhaus unserer persönlichen, sondern auch unserer kollektiven Erfahrung sei. Jungs Begriff des Archetypus bezieht sich auf alle Erinnerungen, Träume und Bilder, die wir mit anderen Menschen seit Jahrtausenden teilen. In Ihrem Unterbewussten befindet sich also mindestens all das, was Sie gesehen, gefühlt und sich vorgestellt haben. Und selbst wenn Ihr Unterbewusstsein nicht mehr als das enthielte, hätten Sie genug Material, um ein ganzes Leben lang zu schreiben. Material ist also nicht der springende Punkt, sondern der *Zugang* zu diesem Material. Doch Sie werden bald feststellen, dass es keiner besonderen Fähigkeiten bedarf, den Zugang zum Unterbewusstsein frei zu machen. Man muss nur *hören* können. Das Geheimnis liegt darin, dass man auf das Unterbewusstsein mit seiner besonderen Logik hören muss.

Bei diesem Prozess sind Sie der Empfänger und die Leitung für Bilder, Wörter und Gefühle, die frei durch Ihr Bewusstsein strömen. Während Sie sie aufzeichnen, kann es geschehen, dass Sie das Gefühl haben, als schrieben sich die Geschichten von selbst, als hielten Sie nur die Feder. Bilder, Wörter und Gefühle brechen aus Ihnen hervor wie ein Wasserfall. Oder sie fließen in einem dünnen, stetigen Rinnsal. Es mag auch Zeiten geben, wo aus dem Fließen ein Tröpfeln wird. Des Schriftstellers Aufgabe besteht nicht darin, an dem Fluss der Worte herumzumanipulieren, sondern das, was kommt, auf Papier festzuhalten, bevor es versiegt. Der französische Dichter Baudelaire bezog sich auf einen ähnlichen Prozess, wenn er davon sprach, man müsse auf die Stiche des Bewusstseins achten. Am besten hat es jedoch Kafka gesagt:

> Es ist nicht notwendig, dass du aus dem Haus gehst. Bleib bei deinem Tisch und horche. Horche nicht einmal, warte nur. Warte nicht einmal, sei völlig still und allein. Anbieten wird sich dir die Welt zur Entlarvung, sie kann nicht anders, verzückt wird sie sich vor dir winden.

85

Sich aufs Schreiben vorbereiten

Bevor Sie sich an die Übungen machen, müssen Sie all Ihre Bestrebungen aufgeben, gut schreiben zu wollen. Ja, ich weiß, Sie wollen ein guter Autor oder eine gute Autorin werden, vielleicht sind Sie das ja auch schon. Dagegen ist nichts einzuwenden. Doch Ihre Wünsche, Ihr Streben und Ihre Bewertungen haben rein gar nichts mit den Übungen zu tun. Das Letzte, womit Sie sich am Anfang beschäftigen sollten, ist zu beurteilen, was Sie geschrieben haben. Das soll nicht heißen, dass beim Verfassen eines Textes die Wertung gar keine Rolle spielt. Das tut sie durchaus, aber nicht gleich zu Beginn und nicht im herkömmlichen Sinn. Was Sie beurteilen werden, ist die *Energie* und nicht die *Qualität*. Mit der Qualität befassen Sie sich erst, *nachdem* Sie mit dem Schreiben fertig sind.

Gehen Sie davon aus, dass grundsätzlich alles, was Sie schreiben, okay ist. Gönnen Sie sich diese Freiheit. Schreiben Sie einfach alles auf, was kommt, auch wenn Ihnen einiges albern vorkommt oder keinen Sinn ergibt. Schreiben Sie es dennoch auf. Schicken Sie den Kritiker oder die Kritikerin in die Wüste. Sie haben keine Ahnung, wohin diese Anfangsübungen Sie führen. Und wenn Sie Ihren Übungstext am Ende wegwerfen – umsonst ist die Mühe nicht gewesen! Nichts ist umsonst. Jede Anstrengung gehört zu einem langen Prozess. Wie häufig habe ich festgestellt, dass meine Schüler mit ganz bestimmten Vorstellungen an das Schreiben herangehen. Es ist beinahe so, als würde jeder von uns versuchen, *etwas richtig zu machen*. Dabei gibt es Schriftsteller, die ihr ganzes Leben experimentieren. Also regen Sie sich nicht auf, wenn es bei Ihnen nicht gleich beim ersten Mal klappt. Falls die Ideen, Bilder oder Gefühle ausreichend wichtig sind, fließen sie immer wieder in Ihre Übungen ein und versuchen sich immer wieder einen Weg zu bahnen. In uns ist ein tieferer Verstand am Werk als das erbärmliche Stimmchen, das uns weismachen will, wir würden unsere Zeit vergeuden. Dieser tiefere

Verstand lässt sich mit einem Eisberg vergleichen, der weit unter der Wasseroberfläche schwimmt. Was wir sehen, ist nur die Spitze.

Bevor Sie sich hinsetzen und die Übungen machen, müssen Sie alles, was zwischen Ihnen und dem Schreiben steht, loslassen. Sie können gern davon träumen, dass Ihre Geschichten oder Romane der große Verkaufsschlager werden, nur – wenn Sie sich an Ihren Schreibtisch setzen, sollten Sie keine Luftschlösser bauen, sondern Übungstexte schreiben. Sie können sich auch gern vorstellen, wie Sie Ihre Familie, Ihre Freunde, Ihre Feinde sowie Bekannte und Unbekannte beeindrucken werden, aber solange Sie die Feder in der Hand haben, müssen Sie dergleichen Wünsche weit von sich schieben. Vergessen Sie Ihre Lieblingsautoren! Vorbilder helfen Ihnen in dieser Situation absolut nicht weiter. Und vergessen Sie sich selbst. Wenn Sie auf die Stimmen in ihrem Kopf hören, sind Sie noch nicht voll ins Schreiben eingetaucht. Wenn Sie ein Ziel verfolgen, zum Beispiel dass Sie gut schreiben wollen, mischen Sie sich in Ihren Schreibprozess ein, weil Sie sich zu sehr bemühen. Und Anstrengung ist völlig fehl am Platz. Lassen Sie stattdessen die Dinge einfach geschehen. Schalten Sie Ihren Willen ab. *Hüten Sie sich davor, das Ruder zu übernehmen.*

Stellen Sie sich vor, Sie würden fernsehen. Nur dass der Bildschirm im *Inneren* ihres Kopfes ist und das Programm ganz allein für Sie gesendet wird. Doch selbst Sie können nicht voraussagen, was Sie als Nächstes auf Ihrem Bildschirm sehen und hören werden. Diejenigen unter Ihnen, die eher Ohren- als Augenmenschen sind – das zu wissen, ist wichtig für Ihren Schreibprozess –, können sich statt des Fernsehers ein Radio im Kopf vorstellen, das ein Programm nur für Sie sendet.

Wie ich bereits im Einführungskapitel sagte, ist Schreiben Energie. Je mehr Energie Sie in einen Text einbringen, desto lebendiger wird er sein. Ohne Energie ist ein Text tot und besteht nur aus Wörtern. Also ist es das Wichtigste, die Energie fließen zu lassen. Um das zu erreichen, dürfen Sie sich nicht im Weg stehen, sondern müssen ihr Unterbewusstsein die Zügel in die Hand nehmen lassen. Wenn Sie sich Sorgen machen, nervös und angespannt sind, an den Zwist mit ihrem Freund denken oder an die Dinge, die sie erledigen müssen, sind Sie nicht in der Lage, die hier vorgestellte Methode voll zu nützen.

Bevor Sie anfangen, müssen Sie Ihren Kopf frei machen. Nehmen Sie sich die Zeit – selbst wenn es nur ein paar Augenblicke sind – einige Male tief durchzuatmen. Nehmen Sie wahr, was Ihnen so durch den Kopf geht, aber versuchen Sie nicht, dem ein Ende zu setzen; seien Sie sich Ihrer Gedanken bewusst und lassen Sie sie einfach da sein. Vielleicht sollten Sie die Lautstärke vermindern. Versuchen Sie das doch einmal. Stellen Sie sich vor, dass die Stimme oder die Stimmen weit weg sind. Stehen Sie auf und strecken Sie sich oder drehen Sie eine Runde im Zimmer. Trennen Sie das Schreiben von anderen Dingen, die Sie tun. Wenn Sie sich ans Schreiben machen, als sei das nur eine weitere Aufgabe, die es zu erledigen gilt, sind Sie nicht in der richtigen Gemütsverfassung. Sie müssen sich ganz einbringen. Wenn Sie sich hinsetzen, um zu schreiben, dann am besten an einem Ort, wo Sie für sich sein können und wo es ruhig ist. Achten Sie darauf, dass Sie innerlich bereit sind, diese Zeit nur dem Schreiben zu widmen und nichts anderem, auch wenn es nur wenige Minuten sind.

Die Fünf-Minuten-Übung

Warum fünf Minuten?, fragen Sie vielleicht. Die Antwort darauf ist ganz einfach. Dann haben Sie nur Zeit fürs Schreiben und für nichts anderes. Sie haben keine Zeit für Sorgen, Träume oder Fragen. Wenn Sie Ihre ganze Geschichte zu Papier bringen wollen, und nur darum geht es, müssen Sie schnell und spontan schreiben, ohne Gefühle und Gedanken zu zensieren.

Wären die Übungen länger, würden Sie Ihren Gedanken erlauben, Sie zu unterbrechen. Sie würden vielleicht zu sich sagen: »Meine Mutter würde sterben, wenn sie das lesen würde!« oder: »Mein Mann würde mich verlassen, wenn er wüsste, was ich schreibe.« Oder Sie könnten sagen: »Das ist wirklich schlecht. Vielleicht sollte ich lieber weben lernen.« Zum Glück haben Sie in fünf Minuten nicht viel Zeit zum Nachdenken.

Betrachten Sie die Übungen als Training. Sie brauchen nicht gleich jede Einzelheit aufzuschreiben. Ergänzen und vervollständigen können Sie Ihre Geschichten immer noch bei der Durchsicht. Als Erstes geht es um den Plan oder den Entwurf, die »Form« des Textes. Das Wissen, nur fünf Minuten zu haben, hält Sie und die Geschichte auf Trab. So können Sie sich nicht an der Beschreibung einer Einzelheit festbeißen.

Die Übungen zwingen Sie nicht nur, schnell und spontan zu schreiben, sie zwingen Sie auch, Ihre eigene Stimme zu finden. Durch Ihre Stimme vermitteln Sie dem Leser Ihre tiefsten Gedanken und Gefühle. Ihre Stimme spiegelt Ihre ganz eigene Sicht der Welt, Ihre Wahrnehmungen, Gefühle und Erkenntnisse. Niemand sieht die Welt so wie Sie. Ihre Stimme mag von Geschichte zu Geschichte anders klingen, aber letztendlich klingt sie immer nach Ihnen.

Einige von Ihnen denken vielleicht noch immer, dass das Schreiben nichts mit Körper und Geist des Schreibenden zu tun hat, sondern dass Sie sich eine Stimme aussuchen können, die so klingt, wie ihrer Meinung nach ein Schriftsteller klingen *sollte*. Doch alle Versuche, »klug« oder »gebildet« zu tun, wirken ausnahmslos unecht und gezwungen. Und in Fünf-Minuten-Übungen haben Sie gar keine Zeit, Ihre Stimme zu *verstellen*. Trotz aller Ungeschliffenheit Ihrer Übungstexte dringt Ihre Stimme durch. Sie werden sie im Rhythmus, in der Wortwahl, in den Sätzen und Wendungen hören. Wenn Sie Ihrer eigenen Stimme immer wieder zuhören, werden Sie sie kennen lernen und merken, wenn sie aus dem Ruder läuft und nicht mit Ihren Sprachmustern und Ihrem Rhythmus übereinstimmt.

Die Fünf-Minuten-Übungen haben noch eine weitere grundsätzliche Funktion: Sie machen das Unerwartete möglich. Mit dieser Methode schreiben Sie Geschichten, die Sie nie für möglich gehalten hätten. Das Aufregende ist, dass Sie nie im Voraus wissen, was Sie schreiben werden. Sehen Sie sich als Forschungsreisende. Sie sind im Begriff, unbekannte Territorien zu betreten. Wenn Sie Ihr Unterbewusstes anzapfen, zapfen Sie einen unerschöpflichen Brunnen an. Dazu müssen Sie den Mut haben, sich an Bereiche in sich zu wagen, an die Sie in Ihrem ganzen Leben noch nie gerührt haben. Sie müssen bereit sein, einen Blick auf beides zu tun, Ihre dunklen wie Ihre hellen Seiten, und Sie müssen das, was Sie dort vorfinden, akzeptieren.

Los geht's

Nehmen wir an, dass Sie einen ruhigen Ort gefunden haben, wo Sie Ihre Übungstexte schreiben können. Sie haben eine Uhr zur Hand. Sie wissen alles, was Sie wissen müssen, um zu schreiben, nämlich dass eine Geschichte ein Behältnis für Veränderung ist; dass in einer Geschichte »etwas passiert«. Aber Sie haben keine Ahnung, *was* in der Geschichte, die Sie schreiben werden, geschehen wird. Diese Ungewissheit versetzt Sie in leichte Unruhe oder Aufregung, je nachdem was für ein Mensch Sie sind. Ihre Unruhe oder Aufregung sind Energie. Nutzen Sie diese Energie als Brennstoff.

Bevor Sie sich an die erste Geschichte machen, würde ich gern noch einmal rekapitulieren, was Sie tun sollen. Sie gehen zur ersten Seite der Übungen im zweiten Abschnitt dieses Buches. Bevor Sie jedoch einen Blick auf die Übungen werfen, stellen Sie Ihre Uhr auf fünf Minuten. Dann werfen Sie rasch einen Blick auf die Liste und wählen ein Thema aus. Es kommt jede Übung in Frage. Sagen wir, Sie wählen: Schreiben Sie eine Geschichte über eine Lüge.

Fangen Sie unverzüglich mit dem Schreiben an, nachdem Sie

das Thema gewählt haben. Lassen Sie sich nicht dazu verführen, vor Ihrem Papier zu sitzen und zu überlegen, was sie wohl schreiben könnten. Es könnte vielleicht hilfreich sein, besonders am Anfang, die Übungen in Gegenwart eines Freundes oder einer Freundin zu machen, damit Sie nicht mogeln. Sinn macht das Mogeln natürlich sowieso nicht, da Sie sich nur selbst betrügen.

Sie beginnen mit dem ersten Gedanken, der Ihnen in den Sinn kommt, wenn Sie an eine *Lüge* denken. Viele werden schon schreiben, bevor sie wissen, was sie eigentlich sagen wollen. Das ist der beste Weg anzufangen. Gleichzeitig werden Sie sich bis zu einem gewissen Grad unbehaglich fühlen, besonders wenn dieses Verfahren neu für Sie ist. Das macht nichts. Machen Sie einfach weiter. Es kann sein, dass Sie nach zwei oder drei Minuten versucht sind, das, was Sie geschrieben haben, zu lesen. Wenn Sie das merken, schreiben Sie schnell weiter. Lassen Sie Ihren Stift nicht still stehen, bis die Zeit vorüber ist. Während dieser Zeit befinden Sie sich in einem Zustand, der viel vom freien Fall hat, denn Ihnen sind keine Grenzen gesetzt. Wenn Sie sich nicht sträuben, können diese wenigen Minuten großen Spaß machen, sie können sogar richtig aufregend sein.

Beim Schreiben vernehmen Sie vielleicht ständig Stimmen in Ihrem Kopf. Verhindern Sie, dass sie sich in ihr Schreiben einmischen. Nehmen Sie sie zur Kenntnis und machen Sie weiter. Versuchen Sie nicht, sie zum Schweigen zu bringen. Wenn Sie Ihre Energie dafür einsetzen, den Stimmen Widerstand zu leisten, verschwenden Sie Energie, die Sie besser in Ihr Schreiben einfließen lassen.

Es kann passieren, dass Sie von Bildern und Gefühlen bombardiert werden. Vielleicht überfallen sie Sie so schnell, dass Sie gar nicht mit dem Schreiben mitkommen. Tun Sie, was Sie können. Kümmern Sie sich nicht um Rechtschreibung, Zeichensetzung und Grammatik. Halten Sie nicht für irgendwelche Verbesserungen inne. Wenn Sie Kommas, Semikolons und Punkte einsetzen, unterbrechen Sie womöglich den Wortfluss, und der ist weit wichtiger. Für Verbesserungen haben Sie später jede Menge Zeit. Jetzt wollen Sie erst einmal auf dieser Energiewelle reiten. Sie dürfen nicht langsamer werden. Beim Schreiben können sehr starke Gefühle an die Oberfläche kommen. Das kann unangenehm oder zumindest unbehaglich sein. Wehren Sie sich nicht dagegen. Sie haben einen Grund, an die Oberfläche zu kommen. Da ist etwas in Ihrem Leben, womit Sie sich befassen sollten, etwas, was Sie wahrnehmen sollten. Starke Gefühle haben eine enorme Energie. Sie mögen schon eine lange Zeit in Ihnen geschlummert haben. Widerstehen Sie ihnen nicht. Widerstand ist eine Form, das Ruder in der Hand behalten zu wollen, und das wird Ihr Schreiben unterbrechen.

Wenn Sie Ihre Gefühle zulassen, kann es passieren, dass Zorn, Angst oder Enttäuschung verschwinden oder sich beim Schreiben verwandeln. Lassen Sie sich von Ihren Gefühlen durchdringen. Das müssen nicht unbedingt nur schmerzliche Empfindungen sein. Sie können auch Freude, spirituelle oder religiöse Gefühle erleben. Je tiefer Sie in ihr Unterbewusstsein eindringen, desto mehr werden Sie finden. Am Ende der fünf Minuten haben Sie vielleicht das Gefühl einer Katharsis. Sie fühlen sich freier und lebendiger als seit Jahren.

Ihre erste Übung kann aber auch ganz anders verlaufen. Sie können zu wenig statt zu viel fühlen. Die Wörter fließen aufs Papier, aber die Wörter sind nichts als Wörter. Sie erzählen vielleicht sogar eine Geschichte, aber die Geschichte hat keine Ladung, keine Energie. Es ist nicht *schlimm,* wenn das geschieht. Irgendwann wird es wahrscheinlich jedem passieren. Es gibt einfach Themen, die Sie kalt lassen. Andere hingegen regen Sie auf. Und diejenigen, die Sie diese Woche nicht ansprechen, tun das vielleicht nächste Woche.

Wenn es Ihrer Übung an Energie fehlt, kann es sein, dass Sie im falschen Feld nach Öl bohren. Es kann aber auch sein, dass Sie Gefühlen aus dem Weg gehen, von denen Sie spüren, dass sie beunruhigend, schmerzlich oder erschreckend sein könnten. Als Schriftsteller sind Sie es sich jedoch schuldig, wahrhaftig zu sein. Das Schreiben ist ein Prozess der Selbstentblößung, Sie sagen das, was Sie wissen, sodass andere daran teilhaben können. Halbwahrheiten reichen nicht. Wenn Sie im Leser ein Erlebnis auslösen wollen, müssen Sie dieses Erlebnis erst in sich selbst erschaffen.

Meine Schüler sagen mir oft, dass sie bestimmte Teile ihrer Übung »kitschig« finden. Das sind unweigerlich die emotionalen Stellen, die ihre Leser am meisten mögen, weil sie unter vergleichbaren Umständen Ähnliches empfunden haben. Ihre Perspektive mag zwar einzigartig sein, aber nicht das, was Sie spüren. Was auch immer Sie fühlen mögen, irgendjemand hat es bereits vor Ihnen gefühlt. Doch wie Sie diese Gefühle zeigen und in welchem Zusammenhang, das ist Ihre ganz eigene Sache. Wenn Sie Ihre Emotionen jedoch unterdrücken, kann es zwar sein, dass Sie den Wortfluss nicht unterbrechen, aber Sie nehmen Ihrem Schreiben die Energie. Die Wörter wirken nicht echt. Sie werden die Wurzeln der Wörter nicht tief fühlen.

Ihre Geschichte muss wahr klingen. Und wenn Sie das in Ihren Ohren nicht tut, dann auch nicht in den Ohren anderer. Die Wahrheit hängt jedoch nicht davon ab, ob sich die Geschichte tatsächlich ereignet hat. Fakten sind eine Beschränkung, die Sie davon abhalten könnten, das zu sehen, was Sie sagen wollen. Wenn wir im Kurs Übungstexte laut vorlesen und Bearbeitungsmethoden besprechen, erlebe ich immer wieder, dass jemand sagt: »Also so hat es sich doch gar nicht zugetragen.« Nehmen Sie die Tatsachen einfach als Sprungbrett. Tatsachen ändern sich nicht. Aber Ihre Interpretation verändert sie. Was heute für Sie »wahr« ist, mag vor einem Jahr, vor einem Monat, oder sogar in der letzten Woche noch nicht wahr gewesen sein. Ihre Übungstexte müssen *Ihre* Wahrheiten widerspiegeln. Um das zu erreichen, müssen Sie die Fakten vielleicht verfremden oder komplett beseitigen.

In Geschichten ist das wahr, was das Gefühl von Wahrheit auslöst. Die Wahrheit hat nichts mit Tatsachen zu tun. Die Ereignisse, die Sie niederlegen, mögen tatsächlich passiert sein, aber für den Leser oder die Leserin ist das nicht wichtig. Wenn Geschichten sich wahr anhören, *fühlen* wir die Geschichten, manchmal tief in unserem Inneren. Für den Schriftsteller wie für den Leser ereignen sie sich im Geist. Wenn Sie schreiben, müssen Sie sich die Freiheit gestatten, die Wahrheit zu erfinden. In meinen eigenen Geschichten folge ich dem Motto: Erst geschieht es, und dann erfinde ich es.

Die französische Schriftstellerin Marguerite Duras hat einen wunderbaren kleinen Essay geschrieben, der *Figon, Georges* heißt. Darin erzählt sie von einem Mann, der den Großteil seines Lebens im Gefängnis verbracht hat. Als er entlassen wurde, wollte er ein Buch schreiben, um allen zu erzählen, wie das Leben im Gefängnis ist. Doch das gelingt ihm nicht, zum Teil wahrscheinlich, weil er ganz genau wiedergeben wollte, was tatsächlich geschehen war. Er verlor sich in den Tatsachen. Hätte er alles vergessen und es dann erfunden, wäre er vielleicht nicht vor Verzweiflung gestorben. Er hätte mogeln sollen, hätte das, was er durchgemacht hatte, für die anderen umformen sollen.

Genau das müssen Sie tun, wenn Sie über Vergangenes schreiben. In der *Reproduktion* des Lebens steckt keine Energie. Geschichten sind keine Nachahmungen der Realität, sondern schaffen eine neue. Der Unterschied zwischen Kreieren und Reproduzieren ist derselbe wie der, einen Baum mit breiten Pinselstrichen zu malen oder seine Umrisse von einem Foto durchzupausen.

Wenn eine Übung eine Erinnerung auslöst, müssen Sie das Ereignis so behandeln, als würde es gerade stattfinden (selbst wenn es weit zurückliegt). Dasselbe gilt für das, was Sie schreiben. Sie erzählen vielleicht etwas »Wahres« über Ihre Vergangenheit, ohne autobiografisches Material zu benutzen. So beschreibt der Schriftsteller Joel Agee einen Zustand der spirituellen Wandlung, den er in den 1960er Jahren erlebte, mit dem Bild eines »blauen

Mannes«. Er war nie ein »blauer Mann« im *wörtlichen* Sinn. Der »blaue Mann« ist eine Erfindung, ein Bild seines Unterbewusstseins. Dennoch hat man das Gefühl, dass dieses Bild zutrifft.

Es kann Ihnen aber auch passieren, dass Sie zwar gut beginnen, Ihr Kopf aber dann auf halber Strecke plötzlich völlig leer ist und der Wortfluss zum Erliegen kommt. Das ist keine Katastrophe. Wahrscheinlich ist es die Folge von Angst. Sie fürchten vielleicht, jemanden zu verletzen, einen Elternteil oder einen geliebten Menschen oder einen imaginären Leser. Sie möchten vielleicht vermeiden, sich zu zeigen, wie Sie wirklich sind, anderen zu zeigen, wie Sie tatsächlich empfinden. Sie haben vielleicht das Gefühl, als würden Sie Ihre Hosen in der Öffentlichkeit runterlassen. Doch bedenken Sie: Niemand liest Ihre Übungstexte außer Ihnen; es sei denn, Sie zeigen sie jemandem. Wenn Sie später ihre Geschichte überarbeiten, können Sie Charaktere und Ereignisse verstecken. Doch bevor Sie überhaupt ans Überarbeiten denken können, müssen Sie erst einmal die Geschichten aufs Papier bringen. Sagen Sie sich, bevor Sie anfangen, dass die Geschichten für niemand anderen als für Sie sind. Wenn Ihr Unbehagen beim Schreiben nicht verschwindet, verzweifeln Sie nicht. Ihr Unbehagen enthält eine Menge Energie. Sie werden mit Sicherheit in der Lage sein, Ihre Hemmungen zu überwinden und weiterzumachen.

Anfangs werden Sie nicht einschätzen können, wie lang fünf Minuten genau sind. Der Zeitraum mag Ihnen zu kurz vorkommen. Sie haben vielleicht das Gefühl, Sie hätten gerade erst angefangen. Dann sollten Sie schneller arbeiten. Wenn Sie erst einmal mehrere Übungen gemacht und sich an das Verfahren gewöhnt haben, werden Sie feststellen, dass Ihre Geschichten besser in den vorgegebenen Zeitrahmen passen.

Anderen kommen diese fünf Minuten wie eine Ewigkeit vor. Sie können natürlich vorher aufhören. Wenn Sie einen Punkt erreichen, an dem Sie das Gefühl haben, er sei das Ende der Übung, hören Sie am besten auf. Versuchen Sie nicht weiterzumachen.

Eine meiner Schülerinnen, Wendy, war ganz verstört und jammerte, sie sei nicht in der Lage, fünf Minuten lang durchzuschreiben. Sie habe es bereits an die zehn Mal versucht. Doch nachdem ich ihre Texte gelesen hatte, konnte ich sie beruhigen. Ihre Geschichten waren vollständig. Sie schrieb ganz einfach sehr kurze Geschichten. Wenn Sie nach mindestens zehn Übungen feststellen sollten, dass dies auch für Sie gilt, setzen Sie die Zeit auf drei Minuten herab. Sie können auch zwei Übungstexte schreiben, um daraus eine Geschichte zu machen. Nur eines ist nach wie vor unerlässlich: stellen Sie sich die Uhr. Wählen Sie eine Übung und schreiben Sie drauflos. Doch versuchen Sie nicht, mit Gewalt fertig zu werden. Wenn die drei Minuten um sind, stellen Sie sich die Uhr noch einmal, wählen eine andere Übung und setzen die Geschichte, die Sie angefangen hatten, unter Verwendung des zweiten Themas bis zum Ende fort.

Diejenigen von Ihnen, die länger als fünf Minuten benötigen, sagen vielleicht auch, dass es Teil Ihres Schreibens sei, dass Sie mehr als fünf Minuten brauchen. Wenn dem so ist, stellen Sie doch Ihre Uhr auf sieben oder acht Minuten, und sehen Sie, was passiert. Wenn Sie feststellen, dass die Zeit noch immer nicht ausreicht, kehren Sie zu den fünf Minuten zurück. Das Problem kann darin bestehen, dass Sie Angst haben, sich sofort in den Übungstext zu stürzen und erst ein Vorwort schreiben. Sie spielen auf Zeit, bis Sie den Mut haben, wirklich loszulegen. Sie hüpfen auf dem Brett auf und ab, statt direkt ins Wasser zu springen. Während Sie auf diese Weise Zeit schinden, suchen Sie nach der Geschichte. Sie sollen aber die Geschichte Sie finden lassen. Sie müssen kopfüber hineinstürzen, sobald ihre Uhr läuft.

Die Zeit ist um

Nehmen wir einmal an, Sie haben eine Übung gemacht, und nun ist die Zeit um. Sie lesen, was Sie geschrieben haben. Die erste Frage, die Sie sich stellen sollten, lautet, ob es Ihnen gelungen ist, die ganze Geschichte zu Papier zu bringen. Wenn nicht, können Sie sich noch eine zusätzliche Minute geben. Es ist zwar wichtig, sich an die Fünf-Minuten-Regel zu halten, aber Sie dürfen nicht so rigoros sein, eine Geschichte nicht fertig zu schreiben, von der Sie wissen, dass sie nur noch weniger Zeilen bedarf. Sie sollen auch Ihren Spaß haben.

Gehen wir nun davon aus, dass Sie wirklich fertig sind. Sie lesen noch einmal, was Sie geschrieben haben. Und nun fragen Sie sich, ob Sie von Ihrer Geschichte überrascht sind. Haben Sie etwas geschrieben, wovon Sie nie gedacht hätten, dass Sie es schreiben würden? Selbst wenn ihr Thema ein hinreichend bekannter Vorfall in Ihrem Leben ist, haben Sie ihn aus einem neuen Blickwinkel gesehen? Haben Sie etwas entdeckt, das Ihnen bisher entgangen war? Wenn ja, sind Sie auf dem richtigen Weg.

Die Energieskala

Nun ist endlich der Augenblick der Bewertung gekommen. Doch wie ich bereits sagte, sie hat nichts damit zu tun, das Geschriebene als gut oder schlecht zu beurteilen. Hier geht es um die Frage, ob das, was Sie geschrieben haben, Energie enthält. Ein Übungstext, der Sie anregt oder interessiert, hat Energie. Einer, der Sie langweilt, nicht.

Um diese Energie zu bewerten, notieren Sie deren Intensität auf einer Skala von eins bis zehn. Das heißt, Sie beurteilen jeden ersten Entwurf danach, wie Sie sich beim Lesen fühlen und nicht nach der Qualität des Geschriebenen. Später werden Sie noch viel Zeit haben, die Sprache zu überarbeiten. Wonach Sie jetzt Ausschau halten, ist das Gefühl des Aufgeregtseins. Wenn das, was Sie zu Papier gebracht haben, keine Energie für Sie enthält, wenn es auf Ihrer Skala nur eine Eins bringt, dann sollten Sie es wegwerfen. Es ist höchst unwahrscheinlich, dass Sie totem Material Leben einhauchen können. Und warum auch? Wenn die

Übung keine Energie hat, waren Sie sowieso nicht mit dem Herzen dabei. Wenn der Text für Sie tot ist, dann ist er auch für andere tot, das können Sie mir glauben. Es gibt noch viele andere Anregungen zu Übungen. Einige davon werden Sie mit Sicherheit ansprechen. Finden Sie heraus, welche das sind. Auf den nun folgenden Seiten finden Sie drei Entwürfe meiner Schülerinnen. Jede räumte ihrer Übung einen hohen Wert auf der Energieskala ein. Alle Texte zeichnet eine hohe Vitalität aus. Wie schon gesagt, Sie sollten in Ihren eigenen Übungen nach dieser Energie Ausschau halten und vergleichen, ob Ihre Texte ebenso vollständig sind wie die meiner Kursteilnehmerinnen, das heißt, ob sie von Anfang bis zum Ende reichen und einen überraschenden Schluss oder eine unerwartete Perspektive haben.

Um der besseren Lesbarkeit willen habe ich darauf verzichtet, die ursprünglich handschriftlichen Entwürfe zu reproduzieren. An ein, zwei Stellen habe ich, ebenfalls aus Gründen der Lesbarkeit, geringfügige Änderungen vorgenommen. Die abgedruckten Texte sind bereinigte Fassungen, aber sie sind nach wie vor das Werk meiner Schüler.

Sehen Sie diese Übungen als mögliche, aber nicht endgültige Geschichten, wenngleich jede den Plan oder Entwurf zu einer Geschichte in sich trägt.

Naomi Altabef schrieb den folgenden Text in The New School als Antwort auf eine Fotografie von einem alten Mann und einer alten Frau auf einer Parkbank.

BEGEGNUNG

Es ist schon eine Weile her, dass ich an meine Franny gedacht habe. Zwanzig Jahre ist sie nun schon tot, und obwohl sie mir gefehlt hat und ich sogar um sie geweint habe, bin ich meinen Aufgaben nachgegangen, und jetzt, genau zwanzig Jahre nachdem sie gegangen ist, sitze ich zum ersten Mal wieder hier auf unserer Parkbank. Die Frau neben

mir hat ihr Haar, ihre Beine, neigt sich wie sie dem Meer
zu, und wenn sie mir ihr Gesicht zuwendet, werde ich
nach zwanzig Jahren wissen, ob sie gekommen ist, mein
Herz wieder zu öffnen oder ob ich an der Reihe bin zu gehen.

Den folgenden Entwurf verfasste Amanda Gardner aus meiner
privaten Schreibgruppe auf die Anregung hin »Schreiben Sie
eine Geschichte über Unersättlichkeit«.

UNERSÄTTLICHKEIT

Unersättlich, unersättlich, unersättlich. Wie sie sich abmühte, nicht unersättlich zu sein. Wie sie sich anstrengte,
weniger zu wollen, aber unvermeidlich verlangte sie nach
mehr als ihrem Anteil. Ich meine, mein Gott, wie konnte
sie es rechtfertigen, so viel Luft einzuatmen, wenn da so
viele Menschen an Asthma litten und an Mukoviszidose
starben? Und hier war sie und konnte riesige Atemzüge
reiner Luft einatmen, wann immer sie wollte. Hoppla, habe
ich zu tief eingeatmet? Sie versuchte, kürzere Atemzüge zu
machen, aber ihr Kopf begann sich zu drehen, und sie bekam Angst, dass sie sich nicht ausreichend darauf konzentrieren konnte, was die Leute zu ihr sagten und sie das Gefühl haben könnten, nicht interessant zu sein. Sie versuchte, lange Pausen zwischen den einzelnen Atemzügen
einzulegen, aber das führte dazu, dass sie nach Luft schnap-
pen musste, und sie hatte Angst, zu laut zu sein. Sie versuchte zwischen Mund und Nase abzuwechseln, überlegte
sich dann aber, dass das wohl keinen Unterschied machte.
Sie überlegte sogar, ob sie sich umbringen sollte, aber dann
würde sie verbrannt werden und die Luft verschmutzen,
die die kleinen Kinder zum Atmen brauchten.

Carol Mager, ebenfalls eine Schülerin aus einer meiner Privat-
gruppen, schrieb den folgenden Text auf die Anregung hin
»Schreiben Sie eine Geschichte über ein Kind«.

PATT

Die Mutter im weiten schwarzen Mantel, in Lederstiefeln und im Schildkrötenkragen neigte sich in der Taille leicht vor, als sie ihrem Sohn ins Gesicht sah. Der kleine sechs- oder siebenjährige Junge, dessen Daunenjacke in der Brise flatterte und dessen kräftig rotes Haar säuberlich gekämmt war, hüpfte vor Enttäuschung und Wut auf und ab. Sein gelber Rucksack mit den Schulsachen wippte im Rhythmus seines Körpers mit. Seine Tränen, die von den vollen Wangen plumpsten, hinterließen feuchte Spuren auf seinem Hemd.

Sie bemühte sich zu verstehen, was er sagte, obwohl der Wind die Wörter zwischen ihnen wegriss. Ihr strenges Gesicht war erstarrt, ihr Körper so steif, dass jeder Kompromiss ausgeschlossen war.

Ein älterer Herr, für beide ein Unbekannter, ging vorbei. Sein weißes Hündchen riss an der Leine und zog den Mann vorwärts. Die Mutter spürte, dass der Mann sie beobachtete, und hob den Blick. Er lächelte leicht und nickte in Kenntnis ihrer verzweifelten Lage.

Als gingen Zauberkräfte von dem weißhaarigen Alten aus, beruhigte sich das Kind plötzlich, abgelenkt von dem Hündchen, das wie ein Spielzeug um seine Beine tanzte und um ein Lächeln bettelte.

Wie ein Nebel löste sich der Kampf zwischen Mutter und Sohn auf. Sie nahm ihn ohne ein weiteres Wort bei der Hand, und gemeinsam setzten sie ihren Weg fort.

Es kann sein, dass Ihre Übungstexte noch nicht so fertig sind, wie die hier abgedruckten. Vielleicht müssen Sie noch etwas an Ihren ersten Entwürfen arbeiten. Anders ausgedrückt, Ihre Übungstexte haben vielleicht noch keine endgültige »Form«. Das ist aber kein Grund zur Sorge, wie Sie im nächsten Kapitel sehen werden, in dem es um das Thema Überarbeitung geht.

Bevor Sie weiterlesen, möchte ich vorschlagen, dass Sie auf eigene Faust ein paar Übungstexte schreiben. Am liebsten wäre mir, Sie würden so lange Übungen machen, bis Sie sich dabei so richtig wohl fühlen. Es kann sein, dass Sie beim ersten Versuch das Gefühl haben, das war ja kinderleicht, und Ihnen der zweite oder dritte Versuch viel schwerer fällt. Machen Sie einfach weiter, ob die Übungen leicht oder schwierig sind, ob es Ihnen Freude macht, sie zu schreiben, oder nicht. Nicht jede Übung wird angenehm sein, aber genügend Übungen sollten ausreichend Spaß machen, um Sie in Atem zu halten. Wenn Sie keine Freude an der Arbeit haben, könnte das bedeuten, dass Sie zu kritisch sind und nicht spielerisch genug vorgehen. Wenn dem so sein sollte, lesen Sie bitte dieses Kapitel noch einmal durch. Das Schreiben dieser Übungstexte soll eine Art Spiel sein. Also, nehmen Sie die Sache etwas leichter und beachten Sie die letzten Anweisungen, die ich Ihnen noch mit auf den Weg geben möchte.

Wenn Sie es irgend ermöglichen können, nehmen Sie sich dreißig Minuten Zeit, um eine Serie von sechs Übungen zu schreiben. Bevor Sie sich jedoch daran machen, lesen Sie erst die Einleitung zum sechsten Kapitel, der Sie verschiedene Methoden entnehmen können, wie man eine Übung auswählt. Stellen Sie Ihre Uhr, bevor Sie sich für eine entscheiden. Bei mehreren Übungen gelten dieselben Regeln. Selbst wenn Sie sechs Übungen ausgewählt haben, müssen Sie alle fünf Minuten die Uhr neu stellen, bis Sie mit allen Übungen fertig sind. Es ist nicht nötig anzuhalten und jede Übung durchzulesen, bevor Sie mit der nächsten anfangen. Und denken Sie daran, wenn Sie ihren Text trotzdem lesen, dann achten Sie nur auf den Energiepegel. Was Sie mit dieser Energie tun, ist das Thema des nächsten Kapitels.

5
Form und Feinschliff von Kürzestgeschichten

Sie haben nun mindestens zehn Übungen hinter sich und können sich an den nächsten Schritt wagen, die Überarbeitung. Um Ihnen klar zu machen, worum es dabei geht, greife ich wieder auf Beispiele meiner Schüler und Schülerinnen zurück.

Was ist unter Überarbeitung zu verstehen?

Bei der Überarbeitung geht es um die formale und inhaltliche Verbesserung Ihrer Texte. Sie beinhaltet Entscheidungen, die Ihnen dazu verhelfen, die in Ihrem Übungstext verborgene Geschichte zu entdecken. Sie werden sowohl Ihre Intuition als auch Ihren Verstand einsetzen müssen, um diese Entscheidungen zu fällen. Ich komme mir in dieser Phase der Arbeit immer wie ein Jongleur vor, da ich mich beim Abwägen ständig zwischen Intuition und Verstand hin und her bewegen muss. Am Anfang werden Ihre Urteile mit Sicherheit häufig falsch sein. Es ist jedoch sehr wichtig, dass Sie sich erlauben, einen falschen Schluss zu ziehen, damit Sie aus Ihren Fehlern lernen können.

Manche Leute sagen, die Überarbeitung mache neunzig Prozent des Schreibens aus. Ich weiß nicht recht, ob ich so weit gehen würde, doch ohne Zweifel haben nur wenige Schriftsteller das Gefühl, ihre ersten Entwürfe seien bereits perfekt. Natürlich können Sie zu den Autoren oder Autorinnen gehören, die eine perfekte oder annähernd perfekte Kürzestgeschichte schreiben, aber die meisten müssen feststellen, dass nach der ersten Anstrengung noch weitere Arbeit nötig ist.

Wenn Sie zum ersten Mal Übungstexte schreiben, besteht das Risiko, dass Sie sich zu sehr an Ihre Wörter klammern, sie als »heilig« betrachten. Sie haben Angst vor Veränderungen, weil Sie befürchten, das, was Sie geschrieben haben, zu *ruinieren*. Es stimmt, dass manche Entwürfe mit solcher Leichtigkeit aus dem Unterbewusstsein kommen, dass sie wie Zauberei anmuten oder zumindest sehr geheimnisvoll sind. Doch dieses Empfinden ist keine Garantie dafür, dass Sie von den Göttern begünstigt sind. Ich habe den hohen Stellenwert des Gefühls mehrfach betont, und je häufiger Sie schreiben, umso mehr können Sie ihm trauen. Zu Anfang kann es aber sein, dass Ihr Instinkt alles andere als verlässlich ist. Wenn Sie Ihre Übungstexte erneut durchlesen – manchmal bedarf es einiger Tage, um Distanz zu bekommen –, werden Sie in vielen Fällen feststellen, dass Ihr Unterbewusstsein doch nicht das letzte Wort haben sollte.

Das Bauen der Geschichte

Der erste Durchgang bei der Überarbeitung ist nur eine Erweiterung des unterbewussten Prozesses, den für Ihre Zwecke zu nutzen Sie im vorherigen Kapitel begonnen haben. Doch nun geht es darum, eine bestimmte Geschichte so zu beenden, dass Sie sie aufregend finden.

Einige Ihrer Übungstexte sind vollständiger als andere. Sie haben eine bestimmte Struktur, wie die ersten Entwürfe von Naomi, Amanda und Carol im vorherigen Kapitel. Dieser Abschnitt ist für diejenigen von Ihnen gedacht, die noch an der Struktur ihrer Übungstexte arbeiten müssen.

Wählen Sie für die Überarbeitung einen Entwurf, in dem Energie steckt, einen, den Sie aufregend finden und der Sie mehr als andere interessiert, selbst wenn er noch keine klare Form oder keinen klaren Aufbau hat. Es ist eine Hilfe, sich zu fragen, was genau es ist, das Sie an Ihrem Text aufregend finden. Bei schärferem Hinsehen stellen Sie vielleicht fest, dass Sie der Text als Ganzes wenig berührt, dass es da aber eine Wendung oder einen Satz gibt, der Sie anspricht wie etwa der folgende aus einem Text von Carol:

Ihr Ärger röstete die Luft zwischen ihnen, während das Auto durch die Nacht raste.

Wenn Sie nur eine einzige Wendung oder einen einzigen Satz aufregend finden, verwenden Sie sie oder ihn als Anfang für einen neuen Übungstext. Geben Sie sich fünf Minuten und schreiben Sie.

Vielleicht finden Sie auch mehrere Sätze spannend und nur das Ende kommt Ihnen tot vor. Wenn das der Fall ist, stellen Sie ihre Uhr auf zwei oder drei Minuten und machen Sie dort weiter, wo der erste tote Satz auftaucht.

Es geht darum, in einen Übungstext so viel stimulierendes Rohmaterial wie möglich zu packen. Je mehr anregenden Text Sie von Anfang an zur Verfügung haben, umso weniger müssen Sie überarbeiten. Es kann durchaus sein, dass Sie zwei oder drei Übungen verwerfen, bevor Sie eine finden, die eine Form hat, die Sie bewegt. Es ist einfacher, Wörter aus Ihrem Text zu entfernen, als hinzuzufügen, deshalb brauchen Sie nie Angst zu haben, dass Sie zu viel schreiben könnten. Länger als fünf Minuten sollten Sie aber nicht schreiben.

Das Entdecken der Geschichte

Wenn Sie Ihre Geschichte erst suchen müssen, haben Sie *mehr* geschrieben, als Sie brauchen. Dann ist es bei der Überarbeitung Ihre Aufgabe, sie ans Licht zu bringen. Anders ausgedrückt, Sie müssen die Geschichte aus Ihrem Übungstext *herauslösen*. Dabei können sich die folgenden Fragen als hilfreich erweisen:

1. Was passiert in dem Übungstext?
2. Wo ist die Veränderung?
3. Wo liegt der Schwerpunkt?

Sind diese Fragen erst einmal beantwortet, können Sie abschweifende oder nebensächliche Teile Ihrer Übung streichen. Häufig sind das wunderbare Sätze, aber wenn sie die Geschichte nicht voranbringen, sind sie überflüssig. (Ich werde diesen Punkt noch vertiefen.)

Mich erinnert die Phase des Entdeckens der Geschichte immer an einen Bildhauer, der ein Porträt im Stein sieht, noch bevor er zum Meißel greift. Vielleicht hat er noch nicht das vollständige Bild vor Augen, vielleicht ist es noch etwas verschwommen, aber er weiß genug, um mit dem Meißeln zu beginnen. Sobald Sie den Kern einer Geschichte in Ihrem Übungstext *sehen* oder *fühlen*, können Sie die überflüssigen Wörter wie ein Bildhauer wegmeißeln.

Wie erkennen Sie, ob Ihr Übungstext überarbeitet werden muss?

Nehmen wir einmal an, dass Sie sich ganz sicher sind, dass in Ihrem Text Energie steckt und dass Sie sich relativ sicher sind, dass er eine Form hat. Was nun?

Wie wäre es, wenn Sie sich ihren Übungstext anhören? Wie klingt er, wenn Sie ihn laut vorlesen? Noch besser ist es, Ihren Text auf Kassette aufzuzeichnen und abzuspielen, denn das verhilft Ihnen zu noch größerer Objektivität. Beim Lesen sollten Sie darauf achten, ob Sie über irgendetwas stolpern. Wenn ja, markieren Sie die Stellen. Jeder Mensch hat einen inneren Rhythmus. Er äußert sich im Gang, beim Atmen und in der Art des Sprechens. Auch in den Wörtern, die Sie niederschreiben, steckt ein Rhythmus. Wenn dieser Rhythmus gestört ist, stolpern Sie.

Das Wort, über das Sie stolpern, hat entweder zu viele oder zu wenige Silben, um in den Rhythmus eines bestimmten Satzes zu passen. Ein fehlerhafter Rhythmus kann aber auch ein Symptom für andere Probleme sein. Vielleicht sind die Wörter nicht spezifisch genug oder ihre Bedeutung ist falsch oder unklar. Vielleicht haben Sie um der Kürze willen Einzelheiten ausgelassen, die der Leser wissen sollte. Vielleicht passen einige Wörter im Ton nicht, weil sie sich von den anderen abheben oder unecht klingen. Vielleicht sind es Wörter, die Sie normalerweise nicht benutzen. Sie können sich darauf verlassen, dass es einen Grund für Ihr Stolpern gibt. Suchen Sie ihn. Finden Sie andere, bessere Wörter.

Wenn Sie »schwimmen« und die genaue Bedeutung eines Wortes oder seinen korrekten Gebrauch nicht wissen, schlagen Sie im Wörterbuch nach. Gewöhnen Sie sich an, regelmäßig ein Wörterbuch der deutschen Sprache, einen Thesaurus oder ein Stilwörterbuch zu verwenden. Die Grammatik müssen Sie ebenfalls beherrschen, um gut zu schreiben. Wenn Sie Ihre Zeit nicht mit Nachschlagen verbringen wollen, dann ist das Schreiben vielleicht doch nicht das Richtige für Sie. Sie würden auch kein Haus bauen, ohne im Besitz aller nötigen Werkzeuge zu sein und ohne zu wissen, wie man mit ihnen umgeht. Dasselbe gilt für die Sprache. Wenn man Sprache korrekt gebrauchen will, gibt es keine Abkürzungen, und in einer Kürzestgeschichte zählt jedes Wort.

Beim Vorlesen sollten Sie versuchen, die Geschichte vor Ihrem inneren Auge erstehen zu lassen. Fragen Sie sich, ob die Bilder klar sind. Karens Geschichte fängt folgendermaßen an:

> Mama war so grausam wie eh und je. Sie erschien in ihrer gestärkten weißen Schürze in unserer Tür und brachte den traditionellen Kuchen für Jungvermählte, aber sie hatte versäumt, ihn mit Glücksbringern zu füllen. Stattdessen fand ich einen Knopf von einem gesmokten Kleid meiner toten Schwester. Als ich sah, was es war, weinte ich. Mama lächelte.

Man kann sich die sadistische Mutter in ihrer gestärkten weißen Schürze, die zusieht, wie ihre Tochter den Knopf ihrer verstorbenen Schwester findet, lebhaft vorstellen. Lesen Sie Ihre Geschichte noch einmal durch. Wenn Sie nicht jedes Bild, das Sie geschrieben haben, *sehen* können, müssen Sie wahrscheinlich Ihre Beschreibungen überarbeiten. Ob Sie *Ereignisse* beschreiben (wie in Karens Geschichte) oder *innere Zustände*, die Wörter müssen klar und präzise sein. Betrachten Sie die Eröffnung von Roberts Geschichte *Die Lüge*:

> Er sagte zu ihr, er liebe sie, obwohl es eine Lüge war. Als ihm die Worte entschlüpften, wusste er, dass er seinen eigenen Kerker schuf, doch wie ein Stein, der den Hügel hinabrollt, riss es ihn weiter.

Robert beschreibt eine widersprüchliche Seelenverfassung, die die Folge eines Ereignisses ist, in diesem Fall des Aussprechens einer Lüge. Der Erzähler beschreibt einen Mann, der sich in der Falle fühlt (»er schuf seinen eigenen Kerker« – besiegelte sein Schicksal) und der Situation ausgeliefert ist (»doch wie ein Stein, der den Hügel hinabrollt, riss es ihn weiter«). Ich finde, dass beide Bilder den Konflikt der Gestalt deutlich wiedergeben.

Nachdem Sie Ihren Übungstext laut vorgelesen haben und die Definitionen und den Gebrauch von Wörtern, derer Sie sich nicht ganz sicher sind, nachgeschlagen haben, wissen Sie vielleicht noch immer nicht, was Sie nun verbessern sollen – wenn es denn etwas zu verbessern gibt. Der eine oder andere mag sich darüber im Klaren sein, dass es da schwache Stellen gibt, weiß aber nicht genau, was nicht stimmt. Oder Sie finden das Problem, können es aber nicht lösen. In diesem Fall schlage ich vor, dass Sie Ihren Übungstext mehrere Tage beiseite legen und sich an die Überarbeitung des nächsten machen. Arbeiten Sie so lange, wie es ohne Schwierigkeiten geht. Wenn Sie an eine Stelle kommen, wo Sie nicht wissen, was Sie tun sollen, hören Sie einfach auf. Versuchen Sie nicht, mit dem Kopf durch die Wand zu rennen.

Pro Sitzung kann ein Autor oder eine Autorin nur eine bestimmte Menge sehen. Nach einiger Zeit haben Sie wieder einen frischen Blick.

Wenn Sie es hingegen nicht mögen, aufhören zu müssen, selbst wenn Sie wissen, dass Sie festsitzen, dann gibt es da einige hilfreiche Tricks. Statt ganz aufzuhören, sollten Sie sich häufig eine Unterbrechung gönnen. Manchmal reicht es, wenn Sie sich eine Tasse Kaffee kochen oder eine Freundin anrufen. Wenn Sie Ihre Aufmerksamkeit auf etwas anderes richten, und sei es nur für wenige Minuten, nimmt das den Druck von Ihnen, und Sie können sich danach wieder unvoreingenommen an die Arbeit machen. Auch Ihr Unterbewusstsein kann dadurch wieder frei werden, sodass es Ihnen zu Lösungen verhelfen kann, die Sie mit dem Verstand allein nicht finden können.

Der folgende Trick ist etwas extremer, hilft aber vielleicht denjenigen, die sich sehr aufregen und sehr frustriert sind, wenn es ihnen nicht gelingt, einen Übungstext in den Griff zu bekommen. Hören Sie auf, mit dem Text zu kämpfen, denn sobald Sie sich nicht mehr mit der Übung auseinander setzen, schaffen Sie in Ihrem Unterbewusstsein Raum, sodass es arbeiten kann. Auch bei dieser Methode nehmen Sie den Druck von sich. Sie müssen jedoch ehrlichen Herzens aufhören. Sie geben damit zwar der augenblicklichen Verzweiflung oder Frustration nach, die das Schreiben mit sich bringt, das heißt aber nicht, dass Sie die Geschichte für immer aufgeben. Für den Augenblick müssen Sie jedoch so tun, damit dieses Verfahren klappt.

Zusammenfassend ist zu sagen: Achten Sie bei dem, was Sie geschrieben haben, auf Ihr Gefühl. Stört Sie etwas an Ihrem Übungstext? Nehmen Sie Stellen wichtig, an denen Sie das Gefühl haben, dass etwas nicht stimmt. Sie mögen noch kein rechtes Vertrauen in Ihr Gefühl haben, aber irgendwo müssen Sie ansetzen, also ist es am besten, Sie nehmen erst einmal ihr Gefühl ernst. Verändern Sie die Stellen, von denen Sie meinen, dass ihnen eine Korrektur gut tun könnte. Wenn es mit Ihren Verbesserungen nicht klappt, versuchen Sie es noch einmal oder legen Sie den Übungstext für eine Weile beiseite. Je mehr Entscheidungen Sie fällen, desto besser. Was letztlich aus ihnen wird, ist im Augenblick weniger wichtig. Ich schlage vor, dass Sie alle Veränderungen aufheben, auch diejenigen, die Ihre Erwartungen nicht erfüllt haben. Sie werden nützlich sein, wenn Sie Ihre Schritte nachvollziehen wollen, besonders wenn Ihr Text seine Energie verloren hat. Die folgenden Fragen sind eine gute Hilfe bei der Überarbeitung.

Fragen für die Überarbeitung

Die Fragen sollen Sie anleiten, Ihre Geschichte aus verschiedenen Blickwinkeln zu sehen. Sie werden feststellen, dass sich einige Fragen überschneiden oder sogar auf dasselbe abzuzielen scheinen. Wenn Sie eine Skulptur meißeln würden, würden Sie sie auch von jeder Seite sehen wollen. Dasselbe gilt für Geschichten. Man kann Kürzestgeschichten auf verschiedene Weise sehen.

Wirkt Ihre Kürzestgeschichte wahr?

Eine Geschichte, die das Gefühl vermittelt, wahr zu sein, drückt die vom Schriftsteller intuitiv erfasste Realität aus und bewirkt beim Leser ein Erlebnis. Es ist durchaus möglich, dass keine anderen Worte als die des Autors zu dieser speziellen Erfahrung des Lesers führen.

Bedeutung entspringt dem Gefühl. Eine Kürzestgeschichte bedeutet dem Leser etwas, wenn er das Gefühl hat, *ja, so ist das Leben!* Es kommt dem Leser so vor, als wäre die Geschichte tatsächlich passiert (ob das zutrifft, ist nebensächlich). Oder der Leser hat das Gefühl, dass die Geschichte passiert sein *könnte*. Anders ausgedrückt, er hält das, was in der Geschichte dargestellt wird, für möglich. Oder die Geschichte zieht den Leser so in ihren Bann, dass er bereitwillig seine Skepsis beiseite schiebt, um sich auf eine Welt einzulassen, die es offenkundig nicht gibt. Das geschieht in surrealen oder fantastischen Kürzestgeschichten, die dennoch das Gefühl auslösen, dass sie stimmig sind. Eine Geschichte, die gefühlsmäßig stimmig ist, bewegt den Leser – und den Verfasser! Wenn Sie von Ihren eigenen Worten nicht bewegt werden, können Sie jede Wette eingehen, dass auch andere nicht davon bewegt werden.

Hat Ihre Kürzestgeschichte einen Sinn?

Jede Kürzestgeschichte hat eine innere Logik. In Rebeccas Geschichte lässt ein Vater seine völlig verschreckte Tochter allein eine verkehrsreiche Straße überqueren. Die Erzählerin berichtet von der Tochter:

Ihre Füße steckten in Betonklötzen.

Als ich den Satz las, hielt ich inne. Ich fragte mich, ob ihre Füße *wirklich* in Betonklötzen steckten. In einer surrealistischen Geschichte hat ein solcher Satz seinen Platz, denn dort geschehen seltsame Dinge. Aber Rebeccas Geschichte war von diesem einen Satz abgesehen durchaus realistisch. Wenn Rebecca möchte, dass ich als Leserin dieses Bild als Metapher für die Empfindungen des Mädchens verstehe, müsste sie das etwa folgendermaßen ausdrücken:

Ihre Füße fühlten sich an, als steckten sie in Betonklötzen.

Falls die Füße des Mädchens jedoch wirklich in Betonklötzen steckten, muss Rebecca dem Leser erklären, wie und warum so etwas Ungewöhnliches und Unerwartetes geschehen konnte, damit der Leser es akzeptiert.

Damit eine Geschichte Sinn hat, muss jedes Element im Kontext des Geschriebenen sinnvoll sein. Wenn der Autor eine Welt geschaffen hat, in welchem purpurfarbene Menschen orange-farbene Menschen umbringen, ist auch die Gegenwart von rosa Tigern und grünen Giraffen plausibel.

Bringt jeder Satz die Geschichte ein wenig weiter in Richtung Ende?

In Kürzestgeschichten gibt es keine unnötigen Wörter. Jedes Wort sollte die Geschichte voranbringen. Stehen Wörter aus anderen Gründen da – etwa weil Sie sie für schön halten –, sollten Sie sie streichen. Es tut mir Leid, aber anders geht es nicht. Schöne Sätze gehören nicht in eine Kürzestgeschichte, es sei denn, sie transportieren Informationen, die für die Geschichte wesentlich sind. Im Allgemeinen hat jeder Satz die Aufgabe, dem Leser wenigstens ein klein wenig mehr zu sagen. Das hält die Geschichte in Bewegung.

Eine Geschichte, die diesem Grundsatz zu widersprechen scheint, ist Robert Walsers *Gar nichts* (siehe zweites Kapitel), in der der Autor immer wieder dieselben Wörter benutzt. Aber diese Wiederholung reflektiert die Gedankenmühle der Frau; ihre Unfähigkeit, sich zu entscheiden, ist das Thema der Geschichte.

Sind die Ereignisse logisch angeordnet?

Meine intelligente, vielfältig begabte Schülerin Barbara hatte die folgende Stelle in ihrem Übungstext übersehen:

> Ein Mann findet seinen Kleiderschrank im Schlafzimmer leer vor. Er öffnet die Tür. »Ich hab sie verkauft!«, schreit seine Frau aus der Küche, als der Mann fragt: »Wo sind meine Kleider?«

Natürlich muss der Mann die Schranktür erst öffnen, bevor er sehen kann, dass der Schrank leer ist. Der nächste Satz, der mit

111

der Antwort und nicht mit der Frage beginnt, ist zwar nicht falsch, aber ungeschickt konstruiert. Es wäre sinnvoller, wenn der Mann nach seinen Kleidern fragt, bevor die Frau ihm sagt, wo sie sind. Barbara hat die Stelle folgendermaßen verbessert:

> Ein Mann öffnet seinen Kleiderschrank im Schlafzimmer und stellt fest, dass er leer ist. »Wo sind denn meine Kleider?«, schreit er. Seine Frau in der Küche erwidert: »Ich hab sie verkauft!«

Sind Ihre Informationen ausreichend?
Oder geben Sie
zu viele Informationen?

Eine sehr wichtige Frage in einer Kürzestgeschichte ist: Wie viel soll man mitteilen? Mit dem Schreiben einer Kürzestgeschichte verhält es sich ein wenig so, als würden Sie auf einem Drahtseil balancieren. Man tritt leicht daneben und macht eine falsche Bewegung. Je mehr Übung, Erfahrung und Vertrauen in Ihr Gefühl Sie haben, desto genauer wissen Sie, was Sie stehen lassen müssen und was Sie streichen sollten.

Bis Sie diesen Punkt erreicht haben, sollten Sie erst einmal das Rückgrat Ihrer Geschichte suchen. Dabei hilft die Frage: Was an meinem Übungstext finde ich am wichtigsten? Suchen Sie aber auch Treibgut: Charaktere, Einzelheiten, Handlungen oder Ereignisse, die nicht in den Kontext eingebunden sind. Haben Sie eine Figur eingeführt, die nach einmaliger Erwähnung nicht wieder auftaucht? Ist sie wirklich notwendig? Alles in einer Kürzestgeschichte muss miteinander in Bezug stehen, unabhängig davon, wie disparat die Figuren, Objekte oder Handlungen zu sein scheinen.

Da sieht beispielsweise in Robert Kellys Kürzestgeschichte *Rosary* (Rosenkranz) der Protagonist auf seinen Wanderungen über Land einen Hirsch. Das Tier scheint unwichtig zu sein, bis der Autor am Ende wieder zu ihm zurückkehrt und ihn zu der Frau in der Geschichte, die denselben Hirsch gesehen haben könnte, in Beziehung setzt:

> Oder vielleicht auch nicht denselben: Wer kann schon ein Tier vom anderen unterscheiden?

In dieser Kürzestgeschichte von zwei Menschen in der Nacht, die sich nicht begegnen, benutzt er das Bild des Hirsches, um die beiden zu verbinden und die Geschichte zum Abschluss zu bringen.

In der folgenden Kürzestgeschichte bietet Amanda Gardner ihren Lesern quasi nur das Skelett einer Geschichte an, und dennoch ist das genug.

DIE TEEGESELLSCHAFT

> Der Tisch ist mit Spitzendecke und Teetassen gedeckt. Der Tisch ist nicht viel wert, aber Stoff und Tassen sind von guter Qualität. Beides hatte sie in der Tasche, die sie mitnahm, als sie bäuchlings durch das schlammige Gras in die Freiheit kroch.
>
> Von ihrem neuen Gehalt kann sie in dem Viertel, das für seine armen Einwanderer bekannt ist, billige Kleider erstehen, aber für feines Porzellan und Spitzen würde es nie reichen.
>
> Allwöchentlich kauft sie sich an ihrem freien Tag Kuchen in der ungarischen Bäckerei in der 82. Straße. Sie kramt die Teetassen und die Spitzendecke hervor. In einem Aluminiumkessel bereitet sie Tee zu und trifft sich zum Kränzchen mit ihren drei Freundinnen, die bei dem Fluchtversuch getötet wurden.

Die Geschichte beschränkt sich auf wenige Einzelheiten, aber alle sagen dem Leser etwas Wichtiges. Statt direkt zu erklären, dass die Frau aus Ungarn geflohen ist, geht Amanda subtiler vor: »Allwöchentlich kauft sie sich an ihrem freien Tag Kuchen in der ungarischen Bäckerei in der 82. Straße.« Wir wissen nichts über die Einwanderin, außer dass sie mit ihrer Spitzendecke und dem

Porzellan floh, und doch können wir Leser ihre Einsamkeit in einem fremden Land nachempfinden und wie sie ihre Freundinnen aus der Vergangenheit vermisst. Die Geschichte hätte überall auf der Welt spielen können, sie ist universell. Amandas Stil ist karg. Sie verwendet nur wenige Adjektive. Nicht alle Kürzestgeschichten sind karg, doch sie sind sparsam, wenn es um die Sprache geht. Eine andere Autorin hätte das Thema vielleicht viel emotionaler gestaltet. Wie viel Sie als Schriftsteller oder Schriftstellerin sagen wollen, ist Ihre ganz persönliche Entscheidung, die von Ihrem Stil und Ihrer Sensibilität abhängt.

Gebrauchen Sie zu viele Wörter für die Beschreibung von Dingen?

Beachten Sie, wie in Tschechows Geschichte *Eine grausame Lektion* (siehe zweites Kapitel) wesentliche Informationen über die Vergangenheit der Gouvernante in einer einzigen Dialogzeile präsentiert werden:

»In den anderen Stellungen hat man mir überhaupt nichts gegeben ... «

Durch diesen Satz erfährt der Leser, dass die Gouvernante sich auch von früheren Arbeitgebern hatte betrügen lassen. Der Satz verdeutlicht ihren Charakter und macht ihr Verhalten in der Geschichte verständlicher. Weitere Fakten über die vorherigen Arbeitgeber der Frau braucht der Leser nicht zu wissen. Nur diese eine Tatsache ist für die Geschichte wichtig.

Oder sehen Sie sich das folgende Beispiel aus einem Übungstext meines Schülers John an. Es geht um ein sich streitendes Ehepaar. Die Frau wirft ihrem Mann vor, dass sie das von ihm verspielte Geld dazu hätten verwenden können, ihr heruntergekommenes Haus in Ordnung zu bringen. Da es in der Geschichte um den Streit geht und nicht um das Haus, ist das Haus zweitrangig. Bei der Überarbeitung stellte John fest, dass er auf das Aussehen des Hauses mit wenigen gezielten Details eingehen kann, statt eine ausführliche Beschreibung der Mängel zu liefern, die in seinem ersten Entwurf mehr Raum als der Streit einnahmen. Hier ist ein Ausschnitt seiner detaillierten Beschreibung:

> Das Dach war leck. Drei Stufen der Treppe, die zum Haus hinaufführte, waren gebrochen. Das Verandageländer war kaputt. Drinnen verfaulten die Dielen, die Farbe blätterte ab, und die Toilette war verstopft.

Daraus machte er einen einzigen Satz:

> Das Dach war leck, die Dielen faulten vor sich hin und die Farbe blätterte von den Wänden.

Bei einer weiteren Überarbeitung fiel ihm auf, dass die Hausbeschreibung überflüssig war. Er konnte die großen Mängel im Dialog erwähnen:

> »Mit dem Geld hätten wir das lecke Dach reparieren lassen können und die verfaulten Dielen. Auch die abgeblätterten Wände hätten wir streichen lassen können!«, schrie seine Frau.

Kann der Leser das Ende Ihrer Geschichte nachvollziehen?

Der Schluss einer Kürzestgeschichte muss zu dem Rest der Geschichte passen. Man darf nie das Gefühl haben, dass es sozusagen hinten angeklebt wurde. Ihr Unterbewusstsein ist in der Regel verlässlicher als Ihr Verstand, wenn es um das Ende geht. Falls Ihnen kein Schluss einfällt, legen Sie Ihren Übungstext beiseite. Wenn Sie ihn in entspanntem Zustand später noch einmal durchlesen, fällt Ihnen vielleicht sofort ein Schluss ein. Wenn nicht, gehen Sie an die Stelle, an der die Energie nachlässt oder die Geschichte eine falsche Wendung nimmt, und machen Sie von dort noch ein, zwei Minuten lang weiter.

In Susan Bassiks Kürzestgeschichte mit dem Titel *The Decision to Part* (Die Entscheidung, sich zu trennen) weiß der Leser anfangs nicht, warum die Erzählerin zu dem Mann sagt, es sei vielleicht besser, wenn sie sich nicht mehr wiedersehen würden. Erst sein gewaltsames Verhalten am Ende macht klar, warum die Erzählerin die Beziehung abbrechen möchte und warum Sie das Gefühl hat, das nicht zu können.

DIE ENTSCHEIDUNG, SICH ZU TRENNEN

»Ich glaube, ich sollte dich nicht wiedersehen.« Die zitternde Stimme gehörte mir. Sie klang nicht überzeugend, aber ich seufzte vor Erleichterung auf, als der Satz ausgesprochen war.

Er blickte mich nachdenklich schweigend an. Ich missverstand sein Schweigen und beeilte mich hinzuzufügen: »Das braucht ja nicht zu heißen, dass wir nicht Freunde bleiben und manchmal irgendwo eine Tasse Kaffee trinken gehen oder uns einen Film ansehen können. Uns gefallen doch immer dieselben Filme. Oder wir könnten uns einmal im Monat treffen, vielleicht am ersten Tag des Monats oder vielleicht am letzten Tag. Irgendwie so etwas. Ist das eine gute Idee?«

Jäh griff er nach mir und packte mich am Handgelenk. Als er mich an sich zog, verdrehte er mir den Arm. »Nein, das halte ich nicht für eine gute Idee«, sagte er. Seine Stimme war so hart wie sein Griff, und da wurde mir klar, dass es von ihm abhing, wann wir uns trennten.

Häufig auftretende Probleme

Einige Probleme, die ich hier aufführe, mögen Ihnen sehr grundsätzlich vorkommen. Oft sind sie die Folge von Unachtsamkeit. Ich meine insbesondere fehlende Details, zu abstrakte Sprache, unklare, falsche oder wirkungslose Wortwahl, überladene Sätze, schwache Dialoge, Brüche im Ton und das Sagen von Dingen, die gezeigt werden sollten. Ich werde auch auf Schwierigkeiten mit Anfang und Schluss eingehen.

Die meisten dieser Probleme treten nicht nur beim Schreiben von Kürzestgeschichten auf, sondern auch bei längerer Prosa, doch die Kürzestgeschichte verlangt der Gattung gemäße Lösungen. Wie bisher entnehme ich die Beispiele den Geschichten meiner Studenten und Schüler. Meine Lösungsvorschläge sind selbstverständlich nicht die einzig möglichen.

Jede Geschichte ist anders. Was in der einen machbar ist, kann in einer anderen unvorstellbar sein. Je vertrauter Sie mit den Problemen werden, desto schneller werden Sie sie in Ihren eigenen Versuchen erkennen. Ich möchte Ihnen nahe legen, immer mehr als eine Lösung für die jeweiligen Probleme Ihrer Texte zu suchen.

Wenn das Überarbeiten von Geschichten neu für Sie ist, wird es einige Zeit dauern, bis Sie sich an das Verfahren gewöhnt haben. Nach der Spontaneität beim Schreiben der Übungstexte ist es durchaus möglich, dass Sie sich bei den nun erforderlichen bewussten Entscheidungen unbehaglich fühlen. Dieses Unbehagen kann sich in einem steifen oder unnatürlichen Stil niederschlagen. Denken Sie daran, dass Ihre Stimme sich wohl fühlen muss. Es bedarf keiner besonderen Anstrengung zu schreiben. Wenn sich Ihre Stimme angestrengt fühlt, sagen Sie sich laut vor, was Sie schreiben wollen. Das wird Ihnen helfen, Ihrer Stimme treu zu bleiben. Wenn Sie versuchen, andere zu *imitieren* oder so zu klingen, wie Sie Ihrer Meinung nach klingen *sollten*, geraten Sie wahrscheinlich in Schwierigkeiten.

Was ich als Nächstes sage, ist wichtiger als alles, was ich bisher in diesem Kapitel gesagt habe: *Wenn Sie meinen, das ursprüngliche Gefühl der Erregung zu verlieren, während Sie an der Überarbeitung sitzen, hören Sie auf! Dann sind Sie auf dem falschen Weg.* Was immer Sie an Ihrem Text verändern mögen – ob aus dem Bauch heraus oder aus dem Verstand –, Sie müssen in dem Augenblick, da Sie die Veränderung vornehmen, das Gefühl haben, dass Sie es richtig machen, selbst wenn Sie später Ihre Meinung ändern. Fühlt sich ein Text tot an, gehen Sie zurück zu der Stelle, wo die Energie auf der Strecke geblieben ist, und fangen Sie von neuem mit der Überarbeitung an.

Langsame Eröffnungen

Manchmal werden Sie feststellen, dass Ihr erster Absatz Informationen enthält, die für die Geschichte unwesentlich sind, dass er mehr ein Aufwärmen denn ein richtiger Anfang ist. Richtig los geht die Geschichte erst mit dem zweiten oder dritten Absatz. Das passiert in Stevens Kürzestgeschichte, bei der es um eine Begegnung zwischen einem Amerikaner und der Schwedin Ase an Bord eines Schiffes auf der Nordsee geht. Steven beginnt folgendermaßen:

> Jim stand an der Reling und schaute zu, wie sein MGB in Newcastle für die Überquerung der Nordsee nach Schweden verladen wurde. Er bewunderte die klassischen Linien mit Stolz, wie Eltern ihr Kind auf dem Spielplatz. Seine Tour durch England, Wales und Schottland war reich an Abenteuern gewesen.

Jims Auto und seine Reise tauchen nicht wieder auf. Steven sagt, er habe diesen Einstieg gewählt, um dem Leser ein Gefühl dafür zu geben, wer Jim ist. Da sich die Geschichte aber um die Begegnung zwischen Jim und Ase dreht, ist der Anfang überflüssig. Der Leser muss erfahren, wer Jim in Beziehung zu Ase ist. Ase führt Steven nämlich nicht vor dem dritten Abschnitt ein, und da hat er schon ein Viertel der Geschichte geschrieben.

> Ase, eine Schwedin mit Hornbrille und einer unförmigen Strickjacke, stellte sich an der Bar neben ihn.

Nach der Überarbeitung beginnt die Geschichte folgendermaßen:

> Der Amerikaner Jim steht an der Bar eines Schiffes, das die Nordsee von Newcastle nach Schweden überquert, als Ase,

eine Schwedin mit Hornbrille und einer unförmigen Strickjacke, sich neben ihn stellt.

Die erste Zeile bringt die Kürzestgeschichte auf den Punkt.

Der Text braucht sozusagen einen Angelhaken, um den Leser in die Geschichte hineinzuziehen. Dieser Angelhaken kann ein Ereignis, eine Gestalt, eine Handlung oder ein Bild sein, das sich der Leser deutlich vorstellen kann. Nehmen Sie die Eröffnungszeile von *Tonight is a Favor to Holly* (Heute Abend Holly zu Liebe), einer etwas längeren Geschichte der Minimalistin Amy Hempel.

> Ich will heute Abend mit jemandem ausgehen, den ich nicht kenne, und wenn mein Haar bis um sieben Uhr nicht um zweieinhalb Zentimeter gewachsen ist, mache ich nicht die Tür auf.

Der Satz enthält ganz bestimmte Einzelheiten: den Unbekannten, mit dem sie ausgehen wird, das Haar, die Entscheidung, die Tür nicht zu öffnen. Das sind Dinge, die leicht vorstellbar sind. Sie sagen etwas über die Figur aus. Liest man eine Geschichte, bei der der Angelhaken fehlt, ist es, als wolle man eine Steilwand ohne Kletterhilfe hinaufsteigen. Es ist nichts vorhanden, woran man sich festhalten kann.

Der Anfang Ihrer Geschichte soll den Leser oder die Leserin fesseln, interessieren, Ihre Leser und Sie selbst sollen ihn aufregend finden. Stellen Sie sich die Kürzestgeschichte als einen Berghang und die Einzelheiten als Kletterhilfen vor. Wenn nicht genügend Details vorhanden sind oder wenn diese statt konkret abstrakt sind – was bedeutet, dass sie zu theoretisch oder unpersönlich sind –, hat der Leser Schwierigkeiten, Ihrer Kurzgeschichte zu folgen. Details sind die Bausteine einer Geschichte. Sie locken den Leser in die Geschichte. Die Welt wird zu Bildern oder zu sinnlich erfahrbaren Gegenständen im Kopf des Lesers. Dem folgenden Satz über Ase fehlt es an konkreten Einzelheiten:

> Sie sprach von der Notwendigkeit, frei von den Erwartungen ihrer Familie zu leben.

Was für Erwartungen hatte ihre Familie? Der Satz ist zu verschwommen, zu allgemein. Er sagt nicht genug über Ase aus. Hier ist die überarbeitete Fassung:

> Sie sagte, ihre Familie erwarte von ihr, dass sie heirate und ihren Platz im Leben finde, doch sie wolle frei sein.

Das ist etwas genauer. Der Leser weiß nun, wer Ase ist. Indem Steven sie sagen lässt, sie »wolle frei sein«, bereitet er die gemeinsame Nacht in ihrer Kabine vor. Er hätte noch präziser sein können und sagen, was Ase unter Freiheit versteht, dass sie an die freie Liebe glaubt, aber damit wäre er zu weit gegangen, denn es stellt sich heraus, dass beider Versionen von den Vorkommnissen der Nacht unterschiedlich sind. Der Leser weiß nicht genau, was wirklich geschehen ist. Das Wort *frei* ist in diesem Fall ausreichend präzise. Es lässt der Fantasie genügend Spielraum. Wenn Sie also den wahren Kern Ihrer Geschichte erkannt haben, dann fragen Sie sich, ob wirklich jedes Detail für Ihre Aussage wichtig ist.

Sie müssen zwar präzise sein, aber Sie müssen nicht auf Nebensächlichkeiten herumreiten. Das verlangsamt die Geschichte nur und lässt den Kern verschwimmen. Wenn sich der Leser vorstellen soll, dass eine Frau ein Glas Wasser trinkt, braucht der Autor nicht jede Bewegung vom Ergreifen des Glases bis zur Berührung des Mundes zu beschreiben. Wenn Sie in der Abfassung von Kürzestgeschichten ein Neuling sind, kann es Ihnen passieren, dass Sie minutiöse Beschreibungen von Handlungen oder Ereignissen verfassen, die entweder besser unerwähnt blieben oder höchstens einfach nur konstatiert werden dürften.

Wenn Sie einen Wald beschreiben, sollten Sie sich auf die Details konzentrieren, die für Ihre Geschichte von Bedeutung sind. Wenn Ihr Erzähler etwa beschreibt, wie er sich verirrte, könnten Sie betonen, dass alle Bäume gleich aussahen.

Wenn Sie stecken bleiben, weil Sie einfach nicht das richtige Wort oder den richtigen Satz finden, fragen Sie sich, was Sie sagen würden, wenn Sie mit einer Freundin über den Menschen, den Gegenstand, das Ereignis oder die Handlung reden würden. Sprechen Sie laut darüber, am besten zeichnen Sie auf, was Sie sagen. Beim Reden denken Sie nicht nach. Vielleicht entdecken Sie, dass das Wort oder der Satz, der Ihnen die größten Schwierigkeiten macht, unnötig ist. Überzeugen Sie sich, wie die Geschichte ohne diesen Satz oder dieses Wort klingt.

Technische Fehler

Ganz zu Anfang fällt Ihnen vielleicht gar nicht auf, dass Sie umständlich schreiben, Wörter falsch verwenden und Grammatikfehler machen, aber je mehr Sie schreiben und je mehr Sie lesen, desto mehr Sprachgefühl werden Sie entwickeln, besonders wenn Sie sich angewöhnen, bei Sätzen, die in Ordnung sind, genau hinzusehen. Der Fehler, den Margot in ihrer Geschichte macht, ist weit verbreitet:

> Der Rauch war pechschwarz. Robert und ich kriechen auf Händen und Knien, hustend, mit brennenden Augen.

Margot muss sich entscheiden, ob ihre Geschichte, in der es um eine Feuersbrunst geht, in der Vergangenheit oder der Gegenwart spielt. Sie entschließt sich schließlich für die Gegenwart, weil das der Geschichte – die sehr dramatisch ist – eine Unmittelbarkeit verleiht, die im Präteritum fehlen würde.

> Der Rauch ist pechschwarz. Robert und ich kriechen auf Händen und Knien, hustend, mit brennenden Augen.

Es kommt vor, dass man in einen einzigen Satz zu viel Informationen packen will. In Robs Geschichte beobachtet jemand heimlich einen alten Mann von der Feuertreppe aus:

> Ironisch lächelnd steht er auf, greift nach den Khakihosen mit den Hosenträgern am Fußende des Betts und geht durch das Zimmer zu einer improvisierten Küche mit Spül-

stein, Kochplatte und Bügelbrett, das als Tischersatz dient und auf dessen einem Ende ein paar Teller und ein Glas stehen und wo er die Falten aus seiner Hose bügelt.

An diesem Satz stören Anordnung und Formulierung des Nebensatzes »auf dessen einem Ende ein paar Teller und ein Glas stehen«. Er ist zwischen das Bügelbrett und das Bügeln geschoben und stellt sich zwischen den Leser und die Geschichte, indem er das Bild des Mannes stört, der das Zimmer durchquert, um seine Hose zu bügeln. Rob hat den Satz überarbeitet:

> Ironisch lächelnd steht er auf, greift nach einer Khakihose mit Hosenträgern am Fußende seines Bettes und geht quer durch das Zimmer zu einer improvisierten Küche mit Spülstein, Kochplatte und Bügelbrett, das er auch als Tisch benutzt, und macht sich daran, die Falten aus seiner Hose zu bügeln.

Nachdem der unnötige Satz entfernt ist, kann der Leser den Handlungen des Alten ohne Unterbrechung folgen. Der Satz »das er auch als Tisch benutzt« ist eingefügt, damit der Leser nicht stutzt, weil die Verwendung des Bügelbretts in der Küche merkwürdig anmutet.

Wenn Sie merken, dass Sie lange, komplizierte Sätze bauen, und Ihre Zweifel haben, weil sie unter anderem nicht wissen, ob sie grammatisch korrekt sind, sollten Sie versuchen einfachere Sätze zu machen und in jedem nur einen Gedanken unterzubringen, bis Sie grammatisch ausreichend fest im Sattel sitzen, um sich bei längeren Konstruktionen sicher zu fühlen. Vergessen Sie aber nicht, Ihre Sätze zu variieren. Nicht jeder Satz darf mit einem Pronomen beginnen und die gleiche Länge haben. Dass ein Text langweilig ist, liegt häufig an diesen beiden schlechten Angewohnheiten. Doch auch hier gibt es wie überall Ausnahmen von der Regel. Ich riskiere jetzt zwar, Sie zu langweilen, aber ich wiederhole: Entscheiden Sie sich im Zweifelsfall für das schlichte Wort. Schreiben Sie natürlich und so, wie Ihnen der Schnabel gewachsen ist.

Unklares Schreiben

Bei Unklarheiten stutzt der Leser. Als stiege er eine Treppe hinauf und plötzlich fehlte eine Stufe. Hier ein Beispiel aus Tinas Geschichte, die auf einem Bauernhof spielt:

> Wieder einmal hat Trudy Omelett zum Abendessen gemacht. Das war der größte Nachteil der vielen Hühner.

Beim Lesen hatte ich das Gefühl, dass da etwas fehlt. Was war der größte Nachteil der vielen Hühner? Auf meine Frage meinte Tina, dass sie zu viele Eier legen. Sie hatte sagen wollen, dass die beste Methode, die vielen Eier aufzubrauchen, darin bestand, Omeletts zu machen. Aber das hatte sie nicht hingeschrieben. Über diese Art Fehler stolpert man leichter, wenn man die Geschichte jemandem vorliest. Sie werden überrascht sein, was für Unterschiede es zwischen dem gibt, was Sie zu schreiben glaubten, und dem, was ein anderer versteht. Hier sind Tinas überarbeitete Sätze:

> Wieder einmal machte Trudy ein Omelett. Das war die beste Art, mit den vielen Eiern fertig zu werden, die die Hühner legten.

Auch ungeschickte Formulierungen können zu Unklarheit führen. Die folgende Zeile aus Judys Geschichte ist unglücklich konstruiert:

> Am nächsten Tag konnte Daniel nicht verstehen, dass Anne wütend zu werden begann und ihn beschuldigte, auf das Flirten ihrer Schwester einzugehen.

Ich verstehe, was Judy sagen will, wenn sie schreibt, »… dass Anne wütend zu werden begann und ihn beschuldigte…«, aber das Verb »begann« schwächt das vorausgehende Verb ab. Bei »… auf das Flirten ihrer Schwester einzugehen« war ich mir nicht sicher, ob *er* flirtete oder nicht – die Formulierung ist zu unscharf. Judy hat den Satz überarbeitet:

Am nächsten Tag verstand Daniel Anne nicht, als sie ihn zornig beschuldigte, mit seiner Schwester zu flirten.

Die Verben machen den Satz stärker und klarer. Sie lassen den Leser besser »sehen«, was in der Geschichte abläuft.

Änderung des Erzählstandpunkts

Der häufigste Fehler beim Erzählstandpunkt ist, dass eine Figur mehr weiß, als sie wissen kann. Anders ausgedrückt: Die Erzählperspektive wird nicht beibehalten. In Davids Geschichte kommt ein Mann vor, der regelmäßig in dem koreanischen Lebensmittelladen des Ehepaars Kim einkauft. Er kennt die beiden nicht sehr gut, aber als er hört, dass die 14-jährige Tochter Schwierigkeiten im Rechnen hat, bietet er seine Hilfe an. Die Geschichte wird vom Standpunkt des Mannes aus erzählt. Auf das Anerbieten ihres Kunden reagiert die Mutter des Mädchens folgendermaßen:

> Frau Kims Gesicht erstrahlte. Sie suchte ständig nach Gelegenheiten, etwas für die Bildung ihrer Tochter zu tun.

Der Erzähler kann zwar sehen, wie das Gesicht von Frau Kim erstrahlt, aber wie kann er wissen, dass sie immer nach Gelegenheiten sucht, etwas für die Bildung ihrer Tochter zu tun? Er kennt die Leute nur durch ihren Laden. David hat den Satz geändert, sodass die Erzählperspektive gewahrt bleibt:

> Frau Kims Gesicht erstrahlte. Sie war wohl eine dieser Frauen, die keine günstige Gelegenheit verstreichen ließen, etwas für die Bildung ihrer Tochter zu tun.

Schwache Dialoge

Auch unter schwachen Dialogen kann Ihre Geschichte leiden. Im Dialog muss der Charakter des Sprechenden zu Tage treten. Die besondere Redeweise einer Figur muss darin eingefangen wer-

124

den. Wenn Sie deshalb gegen die Grammatik verstoßen oder unvollständige Sätze gebrauchen müssen, so tun Sie das getrost. Wenn es allerdings bedeutet, dass Sie langatmig werden, dann sind Sie gut beraten, lieber knapp zu sein und dem Leser einen *Geschmack* von den Wörtern zu geben, ohne lange Sätze zu verwenden. Der Dialog muss etwas zeigen, das der Leser wissen muss. Entscheiden Sie, ob wirklich jede Zeile nötig ist, um Ihre Geschichte voranzubringen.

Vermeiden Sie ungeschickte und gespreizte Sprache wie in diesem Beispiel aus einer Kürzestgeschichte meines Schülers Mark.

> »Bete um Wind«, sagte ich zu meiner Frau. »Ich möchte, dass er in meine Lungen strömt, sobald sich die Türen des Flugzeugs öffnen, und mich für alle Zeit von allem reinigt, was ich einst für wahr hielt, als wahr vermutete und worauf ich als wahr bestand.«

Können Sie sich diesen Sprecher vorstellen? Ich nicht. Die Wörter sind für mich heiße Luft. Der Satz »hielt, vermutete und bestand« ist viel zu schwammig, um die Figur erkennen zu lassen oder gar die Geschichte voranzubringen. Er klingt einfach nur unecht.

Wenn Sie einen Dialog schreiben wollen, der sich lebendig anhört, müssen Sie *in* die Charaktere schlüpfen. Wie ein Schauspieler müssen Sie »im Kopf der Figur« sein. Die folgende Unterhaltung aus Sandras Kürzestgeschichte klingt natürlich. Man hört Menschen reden. Die Beschreibung hilft dem Leser, sich die Figuren vorzustellen.

> Sie hob das kleine Kind auf den Hackklotz des Metzgers und öffnete mitten am Nachmittag die gelb karierten Vorhänge, um aus dem Küchenfenster zu blicken. »Schau mal raus, Kind«, sagte sie in ihrer langsamen, südlich-gutturalen Aussprache.
> »Und was soll ich mir anschauen, Mama?«
> »Die Dunkelheit, Kind. Die Dunkelheit. Da zieht ein Sommergewitter auf.«

Zeigen statt sagen

Statt das Erzählte zu ergänzen, wiederholen Dialoge manchmal etwas, das bereits gesagt wurde. Anders ausgedrückt, es kann passieren, dass Sie dasselbe sowohl sagen als auch zeigen, wie in diesem Beispiel aus Glorias Geschichte:

> Genau in diesem Augenblick kam die wahre Mutter zu mir herüber, um mir dafür zu danken, dass ich ihr Kind gefunden hatte.
>
> Sie sagte: »Gott ist gut, und ich hoffe, dass er seinen Segen über Sie und Ihre Familie ausbreitet. Für das, was Sie getan haben, kann ich Ihnen gar nicht genug danken.«

Zuerst sagt die Erzählerin, dass die wahre Mutter sich bei ihr bedankt. Danach führt sie dem Leser vor, mit welchen Worten sie das tut. Die Stimme der wahren Mutter ist aussagekräftiger, daher würde ich sie der Stimme der Erzählerin vorziehen. Sie gibt dem Leser einen direkten Eindruck von der Dankbarkeit der wahren Mutter. Es wird gezeigt und nicht gesagt.

Dass die Dinge gesagt statt gezeigt werden, ist in Kürzestgeschichten ein häufig auftretendes Problem. Es stimmt natürlich, dass man weniger Wörter braucht, wenn man die Dinge sagt, und wenn man schnell von einem Punkt zum anderen gelangen muss und zwischen zwei Ereignissen oder Handlungen einen Übergang braucht, ist das Sagen häufig sauberer und schneller. Aber es vermittelt dem Leser nicht dasselbe Erlebnis. Wenn Sie als Autor oder Autorin etwas sagen, muss der Leser Ihren Worten glauben.

Wenn eine Handlung oder ein Ereignis für die Geschichte wichtig ist, sollten Sie dem Leser gestatten, dabei zu sein, indem sie ihm die Szene vorführen. Diane hätte in ihrer Geschichte von den drei Frauen auf der niedrigen Ziegelmauer sagen können:

> Sie aßen ihr Mittagessen.

Stattdessen entschied sie sich dafür, dem Leser vor Augen zu führen, wie sie ihr Mittagessen verzehrten:

> Sie bissen in ihre saftigen Butterbrote, und jede wischte sich zwischendurch den Mund mit einer rauen Papierserviette ab.

Unwirksamer Ton

Aus einer Geschichte spricht eine bestimmte Haltung. Diese Haltung kann man als den Ton bezeichnen. Ein Wechsel im Ton, in der Wortwahl, verschiebt die Art und Weise, in der die Geschichte erzählt wird. Solche Wechsel treten auf, wenn sich Stil oder Stimmung ändern. In der Regel kommt es zu Problemen, wenn der Ton nicht durchgängig gleich ist oder wenn er nicht mit dem Inhalt harmoniert.

Eine Geschichte kann in einem sorglosen, leichten Ton erzählt werden wie Carols surrealistische Geschichte, in der eine Frau mit dem Teufel tanzt und sich selbst in einen Teufel verwandelt. Während dieses Vorgangs erlebt die Frau, dass sich ihre Erinnerungen (an das alltägliche Leben) schneller verflüchtigen als Picassos Friedenstaube. Der Vergleich fällt aus dem Rahmen, weil die Anspielung auf Picasso in dieser Geschichte zu weit hergeholt ist. Außerdem ist eine Taube weder ein Bild für Geschwindigkeit, noch scheint es mir in seiner Sanftheit für eine Geschichte geeignet, die von der Verwandlung einer Frau in einen Teufel handelt.

Immer wenn ich eine Kürzestgeschichte lese, die einen Satz enthält, der aus dem allgemeinen Ton herausfällt, fühle ich mich, als würde ich beim Betrachten einer Käfersammlung in einer Glasvitrine plötzlich eine Biene entdecken. Mein erster Gedanke wäre: »*Was macht denn die Biene hier?*«

Ein schwacher Schluss

Vielleicht ist es Ihnen ja gelungen, die meisten der hier dargelegten Schwierigkeiten zu vermeiden. Dennoch ist es möglich, dass Sie mit dem Schluss Ihrer Geschichte unzufrieden sind. Wenn dem so ist, schauen Sie sich doch noch einmal den Anfang an und suchen Sie nach einem Bild, mit dem Sie Ende und Anfang verbinden können. Es kann durchaus sein, dass Ihr erster Abschnitt bereits das Ende enthält. Ziemlich zu Anfang von Dalias amüsanter Geschichte über ein Mädchen, das in einem Supermarkt in der Gemüseabteilung zu arbeiten beginnt, macht der Filialleiter Pablo die folgende Bemerkung:

> »Nett, Sie kennen zu lernen, Sally, Sie erinnern mich an eine Tomate.«

Sally sagt, sie sei ganz ruhig geblieben und habe sich gefragt, ob sie richtig gehört habe. Der Kern der Geschichte ist der Wandel ihrer Einstellung zu Pablo, der in den letzten Zeilen der Geschichte offenbar wird:

> Ich wollte Pablo danken, bevor Mr Evans seinen Posten übernahm. Ich wollte ihm sagen, dass seine Tomate langsam reif wurde.

Nicht jede Kürzestgeschichte muss so »fein säuberlich« enden wie Dalias Geschichte. Sie brauchen jedoch auf jeden Fall ein Ende, das den Leser überrascht, ihm aber gleichzeitig das Gefühl gibt, als würde alles in der Geschichte genau auf dieses Ende abzielen.

Es kann sein, dass Sie den Schluss für schlecht halten, weil Sie versäumt haben, schon vorher auf das hinzuweisen, was sich anbahnt. Das Ende ist in der Regel nicht der Ort, wo man eine Figur oder eine Handlung einführt, die noch nicht erwähnt wurde.

Manchmal ist das Problem mit dem Schluss nicht das eigentliche Problem. Es ist der Rest der Geschichte. Wenn das der Fall ist, benutzen Sie doch die letzte Zeile als Aufhänger und arbeiten Sie sozusagen rückwärts. Das ist nicht so schwierig, wie es klingt. Sie gehen ja nicht »buchstäblich« zurück. Sie nehmen nur das Ende als neuen Ausgangspunkt. Stellen Sie sich aber auf jeden Fall Ihre Uhr für eine Fünf-Minuten-Übung und stellen Sie sich die Frage: Was muss in dieser Geschichte passieren, damit sie so enden kann? Denken Sie nicht über die Antwort nach. Schreiben Sie einfach drauflos.

Ein Überarbeitungsbeispiel

Dies ist einer der ersten Entwürfe meines Schülers Morison Gampel. Es folgen die Kommentare seiner Klasse, nachdem er den Text vorgelesen hatte. An diesen Bemerkungen orientiert sich Morisons Überarbeitung. Sie brauchen nicht alle Veränderungen Morisons gutzuheißen, denn unsere Endfassung ist nur eine von vielen möglichen.

GEHEIM
(Erster Entwurf)

Sie war eine viel beschäftigte Frau, die sich stets und ständig abmühte, eine wachsende Familie und einen Betrieb (beides, Heim und Geschäft) in einem großen, aber nicht ausreichenden Zimmer zu betreiben.

Die Ansprüche, die ihr kleiner Junge an sie stellte, lösten Widerwillen bei ihr aus. Eines Tages sagte sie zu ihm: Nun bist du mal ganz still und hörst zu. Verstanden? Ich erzähle dir jetzt etwas, was niemand sonst wissen wird. Nur du. Hörst du auch zu? Er nickte eifrig. Sie betonte noch einmal, dass außer ihm niemand eingeweiht sei. Und sie lächelte. Und flüsterte etwas in das Ohr des kleinen Jungen. Dann blickte sie ernst in die Augen des Kleinen. Er lächelte in dankbarer Anerkennung und umarmte seine Mutter. Und er fühlte sich wie ein großer Mann.

Jetzt machte sich seine Mutter daran, das Abendessen für

die Familie zuzubereiten. Der Ofen war heiß, Töpfe mit vertrauten Rezepten erfüllten das große Zimmer mit wunderbaren Gerüchen. Und der Tisch wurde gedeckt, und der kleine Junge half, so gut er konnte, schob die Teller umher und legte das billige Besteck schön gerade hin.

Später kamen sein Bruder und der Vater, und sie waren sehr hungrig, und bald waren um den Tisch lebhafte Jungengeräusche zu hören, vermischt mit dem ernsthaften Gespräch der Eltern über ihre geschäftlichen Aktivitäten an diesem Tag. Alle aßen und tranken mit Vergnügen. Irgendwann unterbrach sein älterer Bruder kurz das Mahl und sagte laut das Geheimnis, das die Mutter dem kleinen Jungen ins Ohr geflüstert hatte.

Der kleine Junge war sprachlos. Er war verletzt, aber nicht in der Lage, etwas zu sagen. Natürlich fuhr die Familie fort zu essen. Es war schließlich nur eine Mahlzeit wie jede andere. Aber das Herz des kleinen Jungen klopfte heftig, als er so tat, als würde er das köstliche Mahl essen, das ihm nun nicht mehr schmeckte. Er war verletzt, wusste aber einfach nicht, wie er seinen Schmerz loswerden konnte. Seine verletzten Gefühle behielt er für sich. In sich verschlossen. Und dort blieben sie. Nun hatte auch er ein Geheimnis. Ein richtiges Geheimnis. Eines, das er seiner Mutter nicht sagen konnte.

Worum es in dieser Geschichte geht, ist klar: Der kleine Junge kennt zwar zum Schluss ein Geheimnis, aber es ist nicht das, auf das er so stolz gewesen war. Was die Mutter ihm zugeflüstert hatte, erfährt der Leser nicht, was diesem angeblichen Geheimnis eine viel zu große Bedeutung verleiht. Der Leser zerbricht sich nämlich den Kopf, was die Mutter wohl gesagt haben mag, und das lenkt ihn vom Kern der Geschichte ab. Es wäre besser gewesen, den Leser einzuweihen.

Unklarheiten, falsche Grammatik, ungeschickte Konstruktionen und funktionslose Wiederholungen führen zu den folgenden Problemen: Das Wort »viel beschäftigt« ist überflüssig, denn »stets und ständig abmühen« bedeutet dasselbe. Wir vermuten, dass die

Mutter dem Jungen das Geheimnis verrät, damit er aufhört, sie zu plagen. Was tut er eigentlich, um sie zu ärgern? Was für Forderungen stellt er an sie? Das, was die Mutter sagt, sollte in Anführungszeichen stehen. Statt dem Futur »wissen wird«, ist das Präsens erforderlich. »Und« sowie »jetzt« werden zu häufig oder falsch eingesetzt. Das Wort »betonen« sagt, was eigentlich gezeigt werden sollte. »In dankbarer Anerkennung« ist doppelt gemoppelt. »Sie machte sich daran, ... zuzubereiten«: Das Verb »zuzubereiten« wird von »machte sich daran« abgeschwächt. Töpfe sind nicht mit vertrauten Rezepten gefüllt, sondern mit Essen. »Wunderbare Gerüche« klingt zu vage. Wie genau riecht das Essen? Die Wendung »geschäftliche Aktivitäten« ist zu formell, sie passt nicht in den Kontext. Um das Geheimnis zu verraten, braucht der Bruder nicht das Essen zu unterbrechen.

Die beiden letzten Abschnitte müssen komprimiert werden. Im vorletzten Abschnitt hören sich die beiden ersten Sätze gleich wichtig an. Das neutralisiert beider Wirkung. Ich würde mich für den ersten Satz entscheiden, denn »sprachlos« klingt dramatischer. Auch die Wiederholungen müssen gestrafft werden: »Er war verletzt, wusste aber einfach nicht, wie er gegen seinen Schmerz angehen konnte.« »Er behielt sein Verletztsein für sich. In sich verschlossen.«

Nun die überarbeitete Fassung:

GEHEIM
(Überarbeitete Fassung)

Ihr ganzes Sinnen und Trachten drehte sich um ihre wachsende Familie und das Geschäft in dem geräumigen, aber unzureichenden Zimmer. Es störte sie sehr, dass ihr kleiner Junge ständig mit ihr spielen wollte.

Eines Tages sagte sie zu ihm: »Nun sei mal still und hör mir gut zu, ja? Ich verrate dir jetzt etwas, das niemand weiß. Hörst du auch gut zu?« Er nickte eifrig. Dann sagte sie noch einmal: »Denk dran, niemand weiß, was ich dir jetzt verrate.« Sie flüsterte dem kleinen Jungen etwas ins Ohr. Er lächelte dankbar und umarmte seine Mutter. Er fühlte sich so richtig erwachsen.

Danach kochte die Mutter das Abendessen für die Familie. Der Herd war heiß. Würzige Gerüche entströmten den Töpfen mit den Gerichten, die nach alten Rezepten gekocht waren, und erfüllten das ganze Zimmer. Der kleine Junge half der Mutter, so gut er konnte, beim Tischdecken, schob die Teller an ihren Platz und legte das billige Besteck gerade hin.

Als sein Bruder und sein Vater heimkamen, waren sie sehr hungrig. Bei Tisch vermischte sich das Lärmen der Jungen mit der ernsthaften Unterhaltung der Eltern über die Ereignisse des Tages. Während sie redeten und mit gutem Appetit aßen, erwähnte der ältere Bruder beiläufig, dass die Mutter hundert Dollar in der Lotterie gewonnen habe.

Es war das Geheimnis, das die Mutter dem kleinen Jungen ins Ohr geflüstert hatte.

Der Kleine war sprachlos. Die Familie aß natürlich einfach weiter. Es war ja nur ein ganz gewöhnliches Abendessen. Aber dem kleinen Jungen schlug das Herz bis zum Hals, als er vorgab, das Abendessen zu genießen, das ihm noch einen Augenblick vorher so köstlich geschmeckt hatte. Er fühlte sich verraten, aber er behielt sein Verletztsein für sich und verschloss es in sich. Nun hatte er ein richtiges Geheimnis. Eines, das er nicht mit seiner Mutter teilen konnte.

Überarbeitung und Schreibprozess

Meine Schülerin Julie ist sehr gut darin, eine ganze Geschichte in fünf Minuten zu Papier zu bringen. Bei ihren ersten Überarbeitungen entfernt sie sich jedoch gewöhnlich weit vom ursprünglichen Text. Sie fügt unnötige Details hinzu und nimmt unnötige Veränderungen vor. Erst wenn sie den Text noch einige weitere

Male überarbeitet hat, kann sie mit neuer Klarheit zur Original-geschichte zurückkehren. Auch Ihnen kann es passieren, dass Sie sich beim Überarbeiten von Ihrem ursprünglichen Text entfernen. Eine Weile mag dies bei Ihnen Unbehagen auslösen, aber nehmen Sie das nicht so wichtig. Alles, was Sie tun, ist richtig. Wehren Sie sich nicht dagegen. Treiben Sie sich nicht an oder zwingen Sie sich nicht, fertig zu werden. Nehmen Sie die Dinge, wie sie kommen, alles gehört zu Ihrer Art des Schreibens. Je eher Sie diese Einstellung haben, desto schneller sind Sie in der Lage, den nächsten Schritt zu tun.

Gönnen Sie sich alles, was Sie brauchen, damit Ihnen das Schreiben Spaß macht. Wählen Sie das Schreibwerkzeug, das Heft oder das Papier, das Ihnen am meisten zusagt. Schreiben Sie dort, wo es Ihnen am besten gefällt, und zu der Tageszeit, die Ihnen am meisten liegt. Vor allem aber erlauben Sie sich die Freiheit zu spielen und zu experimentieren.

133

Teil II
Übungen

6
Fünf-Minuten-Prosa

Auf den nun folgenden Seiten finden Sie über dreihundert Übungen. Ich habe sie mehr oder weniger zufällig in Einheiten von sechs zusammengefasst, wobei ich jedoch darauf geachtet habe, Themen, die meines Erachtens ähnlich sind, nicht zu dicht beieinander anzuordnen. Das mag Ihnen nicht immer gelungen vorkommen, aber meinen Assoziationen liegen nun mal andere Erlebnisse zugrunde als den Ihren, sie können nicht dieselben sein.

Zum Beispiel steht die Übung »Schreiben Sie eine Geschichte über etwas, das gestohlen wurde« genau vor »Schreiben Sie eine Geschichte über eine Party«. Wenn Sie beim Lesen dieser beiden Übungsvorschläge daran denken müssen, dass Ihr Mantel einmal auf einer Party gestohlen wurde, werden Sie die beiden Themen natürlich verbinden, und das ist auch völlig in Ordnung. Vielleicht müssen Sie das Erlebnis niederschreiben, um sich davon frei zu machen. Wenn Sie die Übung erneut machen, sind Sie für neue Assoziationen offen. Anders ausgedrückt, Sie brauchen sich nicht nur darauf zu beschränken, Dinge zu Papier zu bringen, die tatsächlich geschehen sind. Was Sie machen müssen, ist, Ihren Kopf so leer zu bekommen, dass Sie das Unerwartete zulassen können.

Vielleicht stellen Sie fest, dass es eine bestimmte Gruppe von Übungen gibt, die Ihnen als Ausgangsbasis für besonders weit gefächerte Experimente dienen kann. Das fände ich sehr wünschenswert. Denn am Anfang ist es sehr wichtig, dass Ihre Themen möglichst weit gespannt sind. Später können Sie sich, wenn Sie wollen, auf ein bestimmtes Thema beschränken, aber für den

Anfang würde ich vorschlagen, dass Sie so viele Übungen machen, wie Sie nur irgend können. Am besten machen Sie eine ganze Gruppe von Übungen in einer Sitzung. Schreiben Sie einen Übungstext nach dem anderen, lesen Sie nicht erst, was Sie verfasst haben. Stellen Sie die Uhr, und legen Sie los. Betrachten Sie die ersten Übungen als Aufwärmübungen, wenn Sie wollen.

Denken Sie daran, dass Sie die Übungen sowohl für das Verfassen von Kürzestgeschichten verwenden können als auch für längere literarische Texte, die sukzessive geschrieben werden, auch wenn die Einzelteile, aus denen sich ein Roman zusammensetzt, in der Regel keine selbstständigen Geschichten sind. Im dritten Teil des Buches erfahren Sie Genaueres zu diesem Thema. Sollten Sie die Übungen nutzen wollen, um Teile einer Erzählung oder eines Romans zu schreiben, müssen Sie sich jetzt nur merken, bei den Anregungen die Wörter »eine Geschichte« wegzulassen. Die Aufforderung an Sie lautet dann beispielsweise nicht: »Schreiben Sie eine Geschichte über eine Lüge«, sondern »Schreiben Sie über eine Lüge«.

Im Folgenden mache ich einige Vorschläge, wie Sie spielerisch Übungen auswählen können. Sie können aber auch Ihre eigenen Spiele erfinden. Diese Spiele haben einen über die reine Unterhaltung hinausgehenden Sinn. Sie helfen Ihnen, offen und geistig beweglich zu bleiben und zu Bereichen ihrer selbst vorzudringen, die Sie selten einsetzen.

Einige Vorschläge für die Auswahl von Übungen

- Schreiben Sie die Übungstexte in der Reihenfolge, in der sie vorgegeben sind.
- Zeigen Sie mit geschlossenen Augen auf eine Gruppe.
- Schließen Sie die Augen und zeigen Sie auf eine Übung.

Markieren Sie diese Übung und machen Sie auf der nächsten Seite so weiter, bis Sie sechs Übungen ausgewählt haben.

- Wählen Sie die Gruppe aus, die Sie am meisten interessiert oder die Sie am aufregendsten finden.
- Wählen Sie die Gruppe, die Sie am wenigsten interessiert.
- Wählen Sie eine Gruppe, auf die Sie neutral reagieren.
- Schreiben Sie den jeweils sechsten Übungstext von sechs zufällig ausgewählten Gruppen.
- Schreiben Sie den ersten Übungstext von sechs zufällig ausgewählten Gruppen.
- Schreiben Sie sechs verschiedene Geschichten zur selben Übung.
- Wählen Sie eine Gruppe aus, die wenigstens eine Übung enthält, die Sie nicht schreiben wollen.
- Blättern Sie und wählen Sie die sechs Übungen, die Sie am wenigsten interessant finden.
- Nutzen Sie die Übungen in Verbindung mit den anderen verbalen und visuellen Stimuli, die in diesem Abschnitt des Buches angeboten werden.

Schreiben Sie eine Geschichte über...

Schreiben Sie eine Geschichte über eine Lüge.

Schreiben Sie eine Geschichte über ein tatsächliches Ereignis.

Schreiben Sie eine Geschichte über ein Tier.

Schreiben Sie eine Geschichte über einen Gegenstand, der verloren gegangen ist.

Schreiben Sie eine Geschichte über Trennung.

Schreiben Sie eine Geschichte über einen Wunsch.

Schreiben Sie eine Geschichte über ein nicht gehaltenes Versprechen.

Schreiben Sie eine Geschichte über etwas, das gestohlen wurde.

Schreiben Sie eine Geschichte über eine Party.

Schreiben Sie eine Geschichte über etwas, das noch nicht geschehen ist.

Schreiben Sie eine Geschichte über ein Kind.

Schreiben Sie eine Geschichte über ein Geheimnis.

Schreiben Sie eine Geschichte über etwas Unerwartetes.

Schreiben Sie eine Geschichte über jemanden, den Sie nicht sehr gut kennen.

Schreiben Sie eine Geschichte über ein traumatisches Ereignis.

Schreiben Sie eine Geschichte über ein zufälliges Zusammentreffen.

Schreiben Sie eine Geschichte über Luft.

Schreiben Sie eine Geschichte über eine Familie.

Schreiben Sie eine Geschichte über Lebensmittel.

Schreiben Sie eine Geschichte über eine Belohnung oder eine Bestrafung.

Schreiben Sie eine Geschichte über Wasser.

Schreiben Sie eine Geschichte über ein Missverständnis.

Schreiben Sie eine Geschichte über Unersättlichkeit.

Schreiben Sie eine Geschichte über etwas Breites.

Schreiben Sie eine Geschichte über zwei Menschen.

Schreiben Sie eine Geschichte über Hunger.

Schreiben Sie eine Geschichte über eine Reise.

Schreiben Sie eine Geschichte, in der jemand etwas einfaches tut – wie Kaffee einschenken oder Fahrrad fahren.

Schreiben Sie eine Geschichte über Krankheit.

Schreiben Sie eine Geschichte über etwas Großes.

Schreiben Sie eine Geschichte über Verrücktsein.
Schreiben Sie eine Geschichte über Ankommen.
Schreiben Sie eine Geschichte darüber, wie Sie etwas
   Hässliches sehen.
Schreiben Sie eine Geschichte über einen Plan.
Schreiben Sie eine Geschichte über eine Sehnsucht.
Schreiben Sie eine Geschichte über eine mitgehörte
   Unterhaltung.

Schreiben Sie eine Geschichte über das Fallen.
Schreiben Sie eine Geschichte darüber, wie Sie etwas Schönes
   sehen.
Schreiben Sie eine Geschichte über Geld.
Schreiben Sie eine Geschichte über einen schweren Gegen-
   stand.
Schreiben Sie eine Geschichte über Erinnerung.
Schreiben Sie eine Geschichte über Traurigkeit.

Schreiben Sie eine Geschichte darüber, wie Sie in der Falle
   sitzen.
Schreiben Sie eine Geschichte über einen Ort, wahr-
   genommen von einer verliebten Frau.
Schreiben Sie eine Geschichte über ein Gewitter.
Schreiben Sie eine Geschichte über eine Form.
Schreiben Sie eine Geschichte über Klettern.
Schreiben Sie eine Geschichte über Zorn.

Schreiben Sie eine Geschichte über die Sonne.
Schreiben Sie eine Geschichte über Freundschaft.
Schreiben Sie eine Geschichte über eine Wunde.
Schreiben Sie eine Geschichte darüber, wie es ist, an einem
   Ort im Ausland zu sein.
Schreiben Sie eine Geschichte über eine Blume.
Schreiben Sie eine Geschichte über Schwestern.

Schreiben Sie eine Geschichte über ein Verbrechen.
Schreiben Sie eine Geschichte über eine Farbe.
Schreiben Sie eine Geschichte über den Tod.
Schreiben Sie eine Geschichte über einen Traum.
Schreiben Sie eine Geschichte über etwas Enges.
Schreiben Sie eine Geschichte über das Fliegen.

Schreiben Sie eine Geschichte über ein Ende.
Schreiben Sie eine Geschichte über ein Fenster.
Schreiben Sie eine Geschichte über Schmerz.
Schreiben Sie eine Geschichte über etwas, das bald geschehen wird.
Schreiben Sie eine Geschichte über jemanden, der sehr anders ist als Sie.
Schreiben Sie eine Geschichte über Tanzen.

Schreiben Sie eine Geschichte über Dunkelheit.
Schreiben Sie eine Geschichte über Berge.
Schreiben Sie eine Geschichte über Schuhe.
Schreiben Sie eine Geschichte über einen Klang.
Schreiben Sie eine Geschichte über etwas Empörendes, das sich ereignet hat.
Schreiben Sie eine Geschichte darüber, wie etwas schmeckt.

Schreiben Sie eine Geschichte über ein Spiel.
Schreiben Sie eine Geschichte über Feuer.
Schreiben Sie eine Geschichte über ein Buch.
Schreiben Sie eine Geschichte über etwas, das Sie nicht wissen.
Schreiben Sie eine Geschichte über einen Dialog.
Schreiben Sie eine Geschichte über Vertrauen.

Schreiben Sie eine Geschichte über einen Ort, wahrgenommen von einem deprimierten Menschen.

Schreiben Sie eine Geschichte über einen Stuhl.

Schreiben Sie eine Geschichte über Angsthaben.

Schreiben Sie eine Geschichte über Hass.

Schreiben Sie eine Geschichte über etwas, das nicht eintreten wird.

Schreiben Sie eine Geschichte über etwas, das Sie sich wünschen, das aber nicht gut für Sie wäre.

Schreiben Sie eine Geschichte über etwas Altes.

Schreiben Sie eine Geschichte über eine Idee.

Schreiben Sie eine Geschichte über etwas Kaputtes.

Schreiben Sie eine Geschichte über Wolllust.

Schreiben Sie eine Geschichte über Musik.

Schreiben Sie eine Geschichte über einen Ort Ihrer Fantasie.

Schreiben Sie eine Geschichte über Rauch.

Schreiben Sie eine Geschichte über ein Gemälde.

Schreiben Sie eine Geschichte über etwas, das Sie sehen.

Schreiben Sie eine Geschichte über einen Baum.

Schreiben Sie eine Geschichte über etwas, das sie nicht sehen können.

Schreiben Sie eine Geschichte über einen Fisch.

Schreiben Sie eine Geschichte darüber, jung zu sein.

Schreiben Sie eine Geschichte über einen Geruch.

Schreiben Sie eine Geschichte über ein Kleidungsstück, in der es in Wirklichkeit um etwas anderes geht.

Schreiben Sie eine Geschichte über einen gefährlichen Menschen.

Schreiben Sie eine Geschichte über einen Schnappschuss.

Schreiben Sie eine Geschichte über eine Großstadt.

Schreiben Sie eine Geschichte über ein Spielzeug.

Schreiben Sie eine Geschichte über ein Gebäude.

Schreiben Sie eine Geschichte über etwas Neues.
Schreiben Sie eine Geschichte über eine Stimme.
Schreiben Sie eine Geschichte über Liebe.
Schreiben Sie eine Geschichte über etwas Weiches.

Schreiben Sie eine Geschichte über eine Verspätung.
Schreiben Sie eine Geschichte über ein Haus.
Schreiben Sie eine Geschichte über Neid.
Schreiben Sie eine Geschichte über Zauberei.
Schreiben Sie eine Geschichte über Unschuld.
Schreiben Sie eine Geschichte über ein Symbol.

Schreiben Sie eine Geschichte über Krieg.
Schreiben Sie eine Geschichte über eine Überraschung.
Schreiben Sie eine Geschichte über etwas Wertloses.
Schreiben Sie eine Geschichte über Harmonie.
Schreiben Sie eine Geschichte über ein Auto.
Schreiben Sie eine Geschichte über eine Offenbarung.

Schreiben Sie eine Geschichte über ein Gebäude.
Schreiben Sie eine Geschichte über Wolken.
Schreiben Sie eine Geschichte über etwas Wertvolles.
Schreiben Sie eine Geschichte über die Beschaffenheit eines
    Materials.
Schreiben Sie eine Geschichte über einen Körperteil.
Schreiben Sie eine Geschichte über eine Nachricht.

Schreiben Sie eine Geschichte über einen Strand.
Schreiben Sie eine Geschichte über Treppen.
Schreiben Sie eine Geschichte über einen Stein.
Schreiben Sie eine Geschichte über Wärme.
Schreiben Sie eine Geschichte über etwas Kleines.
Schreiben Sie eine Geschichte über Regen.

Schreiben Sie eine Geschichte über einen See.
Schreiben Sie eine Geschichte über eine Unterrichtsstunde.
Schreiben Sie eine Geschichte über ein Lied.
Schreiben Sie eine Geschichte über einen Ausländer oder
eine Ausländerin.
Schreiben Sie eine Geschichte über einen Brief.
Schreiben Sie eine Geschichte über Schmutz.

Schreiben Sie eine Geschichte über einen Nachbarn oder eine
Nachbarin.
Schreiben Sie eine Geschichte über das Verkaufen.
Schreiben Sie eine Geschichte über ein Opfer.
Schreiben Sie eine Geschichte über eine Versammlung.
Schreiben Sie eine Geschichte über Ruhm.
Schreiben Sie eine Geschichte über einen Verlust.

Schreiben Sie eine Geschichte über einen Spion.
Schreiben Sie eine Geschichte über eine Hochzeit.
Schreiben Sie eine Geschichte über das Böse.
Schreiben Sie eine Geschichte über eine Wanderung.
Schreiben Sie eine Geschichte über eine Bahnfahrt.
Schreiben Sie eine Geschichte über eine Kirche.

Schreiben Sie eine Geschichte über einen Unfall.
Schreiben Sie eine Geschichte über ein Lächeln.
Schreiben Sie eine Geschichte über ein Büro.
Schreiben Sie eine Geschichte über Scham.
Schreiben Sie eine Geschichte über einen Verwandten oder
eine Verwandte.
Schreiben Sie eine Geschichte über einen Feind oder eine
Feindin.

Schreiben Sie eine Geschichte darüber, wie Ihnen einmal jemand zublinzelte.

Schreiben Sie eine Geschichte über einen Schrei.
Schreiben Sie eine Geschichte über eine Feier.
Schreiben Sie eine Geschichte über eine Schule.
Schreiben Sie eine Geschichte über ein Gähnen.
Schreiben Sie eine Geschichte über einen Pakt.

Schreiben Sie eine Geschichte über eine Gerichts-
verhandlung.
Schreiben Sie eine Geschichte über Pelz.
Schreiben Sie eine Geschichte über einen Streit.
Schreiben Sie eine Geschichte über den Glauben.
Schreiben Sie eine Geschichte über ein Flüstern.
Schreiben Sie eine Geschichte über Wellen.

Schreiben Sie eine Geschichte über eine Affäre.
Schreiben Sie eine Geschichte über eine Fabrik.
Schreiben Sie eine Geschichte über das Verlieren.
Schreiben Sie eine Geschichte über Durst.
Schreiben Sie eine Geschichte über einen Champion.
Schreiben Sie eine Geschichte über Vergeben.

Schreiben Sie eine Geschichte über eine Freundschaft.
Schreiben Sie eine Geschichte über ein Geschenk.
Schreiben Sie eine Geschichte über Wind.
Schreiben Sie eine Geschichte über einen Schrei.
Schreiben Sie eine Geschichte über Langeweile.
Schreiben Sie eine Geschichte über Sauberkeit.

Schreiben Sie eine Geschichte über eine Bahnfahrt.
Schreiben Sie eine Geschichte über ein Butterbrot.
Schreiben Sie eine Geschichte über eine Schießerei.
Schreiben Sie eine Geschichte über einen Telefonanruf.
Schreiben Sie eine Geschichte über eine Verkleidung.
Schreiben Sie eine Geschichte über ein Abendessen.

Schreiben Sie eine Geschichte über ein Zimmer.

Schreiben Sie eine Geschichte über einen Husten.

Schreiben Sie eine Geschichte über Haut.

Schreiben Sie eine Geschichte über ein Omen.

Schreiben Sie eine Geschichte über ein Insekt.

Schreiben Sie eine Geschichte über eine Autofahrt.

Schreiben Sie eine Geschichte über einen beschwörenden Gesang.

Schreiben Sie eine Geschichte über ein Zeichen.

Schreiben Sie eine Geschichte über eine Enttäuschung.

Schreiben Sie eine Geschichte über Abhängigkeit.

Schreiben Sie eine Geschichte über Lachen.

Schreiben Sie eine Geschichte über eine Rede.

Schreiben Sie eine Geschichte über Völlerei.

Schreiben Sie eine Geschichte über Schwäche.

Schreiben Sie eine Geschichte über eine Scheidung.

Schreiben Sie eine Geschichte über eine Entscheidung.

Schreiben Sie eine Geschichte über Ungewissheit.

Schreiben Sie eine Geschichte über Kontrolle.

Schreiben Sie eine Geschichte über ein Gebet.

Schreiben Sie eine Geschichte über eine Gewohnheit.

Schreiben Sie eine Geschichte über einen nachtragenden Menschen.

Schreiben Sie eine Geschichte über eine Berühmtheit.

Schreiben Sie eine Geschichte über Zelten.

Schreiben Sie eine Geschichte über einen Lehrer.

Schreiben Sie eine Geschichte über das Spielen.

Schreiben Sie eine Geschichte über Licht.

Schreiben Sie eine Geschichte darüber, wie jemand angestarrt wird.

Schreiben Sie eine Geschichte über Demut.
Schreiben Sie eine Geschichte über Snobismus.
Schreiben Sie eine Geschichte über eine Vorführung.

Schreiben Sie eine Geschichte über Trinken.
Schreiben Sie eine Geschichte über Schatten.
Schreiben Sie eine Geschichte über Chaos.
Schreiben Sie eine Geschichte über das So-tun-als-ob.
Schreiben Sie eine Geschichte über Einkaufen.
Schreiben Sie eine Geschichte über Unehrlichkeit.

Schreiben Sie eine Geschichte über einen Anwalt.
Schreiben Sie eine Geschichte über einen Feigling.
Schreiben Sie eine Geschichte über einen Scherz.
Schreiben Sie eine Geschichte über einen Hut.
Schreiben Sie eine Geschichte über etwas Klebriges.
Schreiben Sie eine Geschichte über Metall.

Schreiben Sie eine Geschichte über Haare.
Schreiben Sie eine Geschichte über ein Musikinstrument.
Schreiben Sie eine Geschichte über ein Grab.
Schreiben Sie eine Geschichte über Rauchen.
Schreiben Sie eine Geschichte über Schnarchen.
Schreiben Sie eine Geschichte über Holz.

Schreiben Sie eine Geschichte über ein Juwel.
Schreiben Sie eine Geschichte über Lärm.
Schreiben Sie eine Geschichte über einen Arzt.
Schreiben Sie eine Geschichte über eine Insel.
Schreiben Sie eine Geschichte über einen Bauernhof.
Schreiben Sie eine Geschichte über Gewissensbisse.

Schreiben Sie eine Geschichte über ein Gefängnis.
Schreiben Sie eine Geschichte über ein Königreich.

Schreiben Sie eine Geschichte über Verständnis.
Schreiben Sie eine Geschichte über Sterne.
Schreiben Sie eine Geschichte über Sex.
Schreiben Sie eine Geschichte über das Laufen.

Schreiben Sie eine Geschichte über ein Risiko.
Schreiben Sie eine Geschichte über eine Flüssigkeit.
Schreiben Sie eine Geschichte über Stärke.
Schreiben Sie eine Geschichte über einen Voyeur.
Schreiben Sie eine Geschichte über Mogeln.
Schreiben Sie eine Geschichte über Knochen.

Schreiben Sie eine Geschichte über Tränen.
Schreiben Sie eine Geschichte über eine Massage.
Schreiben Sie eine Geschichte über Verbitterung.
Schreiben Sie eine Geschichte über eine Entlassung.
Schreiben Sie eine Geschichte über ein Gesicht.
Schreiben Sie eine Geschichte über Versagen.

Schreiben Sie eine Geschichte über Kitzeln.
Schreiben Sie eine Geschichte über Fett.
Schreiben Sie eine Geschichte über einen Laden.
Schreiben Sie eine Geschichte über eine Tour.
Schreiben Sie eine Geschichte über Müll.
Schreiben Sie eine Geschichte über einen Test.

Schreiben Sie eine Geschichte über eine Neckerei.
Schreiben Sie eine Geschichte über eine Heilung.
Schreiben Sie eine Geschichte über etwas Unsicht-
bares.
Schreiben Sie eine Geschichte über die Resignation.
Schreiben Sie eine Geschichte über den Weltraum.
Schreiben Sie eine Geschichte über einen Plan.

Schreiben Sie eine Geschichte über ein Loch.
Schreiben Sie eine Geschichte über Selbstsucht.
Schreiben Sie eine Geschichte über ein Mineral.
Schreiben Sie eine Geschichte über Unbequemlichkeit.
Schreiben Sie eine Geschichte über eine Hexe.
Schreiben Sie eine Geschichte über eine Fehde.

Schreiben Sie eine Geschichte über einen Schurken.
Schreiben Sie eine Geschichte über einen Urlaub.
Schreiben Sie eine Geschichte über eine Fantasie.
Schreiben Sie eine Geschichte über einen Dämon.
Schreiben Sie eine Geschichte über Furcht.
Schreiben Sie eine Geschichte über die Jagd.

Schreiben Sie eine Geschichte über eine Fälschung.
Schreiben Sie eine Geschichte über ein Rätsel.
Schreiben Sie eine Geschichte über eine Regel.
Schreiben Sie eine Geschichte über eine Schlacht.
Schreiben Sie eine Geschichte über ein Souvenir.
Schreiben Sie eine Geschichte über eine Narbe.

Schreiben Sie eine Geschichte über einen Trick.
Schreiben Sie eine Geschichte über Durchhalten.
Schreiben Sie eine Geschichte über Hoffen.
Schreiben Sie eine Geschichte über Rache.
Schreiben Sie eine Geschichte über Sünde.
Schreiben Sie eine Geschichte über eine Erleichterung.

Schreiben Sie eine Geschichte über ein Testament.
Schreiben Sie eine Geschichte über Glas.
Schreiben Sie eine Geschichte über eine Katastrophe.
Schreiben Sie eine Geschichte über eine Aussicht.
Schreiben Sie eine Geschichte über etwas Triviales.
Schreiben Sie eine Geschichte über einen Ritus.

Verwenden Sie einen dieser Sätze irgendwo in Ihrer Geschichte

Wenn Ihnen die Übungen gut von der Hand gehen, setzen Sie sich an die nächsten. Es kann sein, dass Sie die neuen ein wenig schwieriger finden. Jeder der folgenden Sätze kann am Anfang, am Ende oder irgendwo in der Mitte des Textes stehen. Auch diese Übungen sollten Sie nach der Uhr schreiben.

Es war ein großes Haus mit zwei Zimmern.

Ich beobachtete ihn, wie er meine Cousine/meinen Cousin anstarrte.

Sie wohnte allein, meilenweit von anderen Menschen entfernt.

Nach mehreren Stunden machten wir eine Pause, um Mittag zu essen.

Er ist nicht normal.

»Ich brauche niemanden, der mich beschützt«, sagte sie.

Sie gingen fort, ohne ein Wort zu sagen.

Als er hinsah, war es weg.

Er fühlte sich unbehaglich.

Sie wurde weiß – weiß wie der Tod.

Er setzte sein Glas ab.

Mein Vater war unterwegs.

Sie hatte ihren Koffer dabei.

Er ist sehr geschickt.

»Es ist besser, du kommst jetzt«, sagten sie.

Sie zog die Tür hinter sich zu.

Ich blicke auf meine Armbanduhr.

Die Sonne war gerade untergegangen.

Ich legte mich hin, schloss aber noch nicht einmal die Augen.

Ich lachte lautlos.

Er wird ganz schön erstaunt sein, dachte sie.

Nach dem Abendessen gingen sie in den Garten.

Sie hörte bekannte Schritte hinter sich.

Mein Vater sagte nichts weiter.

Der Himmel hatte karmesinrote Flecken.

Danach ging ich heim.

Sie erkannte ihn sofort.

Auch ich ging aus dem Zimmer.

Eine Sache ging ihr immer wieder durch den Sinn.

Wenn sie das nur gewusst hätte.

Als er seine Augen öffnete, war er erstaunt.

Nun wusste ich, warum sie so gehandelt hatte.

Die Spur verlor sich.

Der kleine Hund begann zu bellen.

7
Geschichten sehen

In diesem Kapitel zeige ich Ihnen zehn Fotos, die Sie Ihren Fünf-Minuten-Übungen zugrunde legen sollen. Auf den ersten Blick mögen sie Ihnen nicht sonderlich viel versprechend vorkommen. Vielleicht fragen Sie sich sogar: Warum ausgerechnet diese Bilder? Doch bei diesen Übungen geht es gar nicht in erster Linie um die Bilder. Wichtig ist vielmehr, dass Sie lernen, wie Sie die Bilder einsetzen können, um auf Ihre unterbewussten Reichtümer zurückgreifen zu können. Es ist durchaus möglich, dass die Bilder, die Sie am wenigsten interessant finden, die höchste Schreibenergie bei Ihnen auslösen.

Jedes Foto ist von mehreren Fragen begleitet. Ihre Geschichten brauchen auf diese Fragen keine Antworten zu geben. Die Fragen sollen Ihnen nur helfen, Material zu finden, nichts weiter. Wenn Sie ohne die Fragen Geschichten erfinden wollen, dann tun Sie das ruhig.

Lassen Sie Ihren Gedanken freien Lauf. Sie sollten so wenig wie möglich über die Fotos nachdenken. Schlagen Sie ein Bild auf, sehen Sie es nicht länger als ein paar Sekunden an, lesen Sie die Fragen (oder lassen Sie es sein), stellen Sie Ihre Uhr und schreiben Sie. Sollten Sie mehr auf visuelle Anregung reagieren als auf verbale, ist das ein Teil Ihres Schreibprozesses, den Sie ernst nehmen sollten.

Foto 1 – Handschuh auf einer Treppe

Wer hat den Handschuh verloren?

Wo wurde er verloren?

Wurde er absichtlich fallen gelassen? Wenn ja, warum?

Woran dachte die Person gerade?

Wohin ging die Person?

Wo kam die Person her?

War diese Person allein? Wenn nicht, wer war bei ihr?

Findet die Person den Handschuh wieder? Warum? Warum
    nicht?

War der Handschuh für die Person wichtig?

Hebt eine andere Person den Handschuh auf?

    Wenn ja, warum?

Wo ist der andere Handschuh?

Foto 2 – Stuhl

Wem gehört der Stuhl?

Welcher zweiten Person hat der Stuhl ebenfalls gehört?

Wo steht der Stuhl?

Warum steht dieser Stuhl im Freien?

Was geschah mit der letzten Person, die auf diesem Stuhl saß?

Was sah diese Person, während sie auf dem Stuhl saß?

Woran dachte die Person, während sie auf diesem Stuhl saß?

Möchte jemand anderes diesen Stuhl haben? Warum?

Was wird der nächsten Person zustoßen, die auf diesem Stuhl sitzt?

Wird jemand den Stuhl ins Haus bringen? Wenn ja, warum?

Wird der Stuhl verkauft werden? Wenn ja, warum? An wen?

Foto 3 – Haus

Wem gehört das Haus?

Wo steht das Haus?

Wer bewohnte es vor den Leuten, die jetzt darin wohnen?

Wer wurde in dem Haus geboren?

Wer starb in dem Haus?

Wer konnte es kaum erwarten, dieses Haus zu verlassen?

Was passierte in diesem Haus?

Was geschieht gerade in diesem Haus?

Was wird in diesem Haus noch passieren?

Foto 4 – Junge mit Blumen auf der Straße

Wer ist der Junge?

Wo ist der Junge?

Was für eine Art Familie hat er?

Wo blickt er hin?

Woran denkt er?

Für wen arbeitet er, indem er Blumen verkauft?

Wer kauft seine Blumen?

Wen liebt dieser Junge?

Wen hasst dieser Junge?

Was für ein deprimierender Vorfall hat sich ereignet?

Was für ein außerordentliches Ereignis wird diesem Jungen
    zustoßen?

Foto 5 – Möwen im Flug

Wohin fliegen die Möwen?

Wo kommen sie her?

Haben die Vögel Hunger?

Wer sieht die Vögel?

Wo befindet sich die Person, die die Vögel sieht? An Land?
  Auf dem Wasser?

Sieht mehr als ein Mensch die Vögel?

Was wird über die Vögel gesagt?

Hat jemand Angst vor den Vögeln?

Ärgert sich jemand über die Vögel?

Fühlt sich jemand durch die Vögel eingeschüchtert?

Foto 6 – Insel

Wo ist diese Insel?

Was ist auf dieser Insel geschehen?

Was ist ungewöhnlich an dieser Insel?

Was ist auf dieser Insel versteckt?

Wer sieht die Insel?

Was wurde auf der Insel verloren? Von wem?

Was wurde auf der Insel gefunden? Von wem?

Wer besuchte die Insel?

Wer war von der Insel enttäuscht? Warum?

Wer war über die Insel erstaunt? Warum?

Was wird auf dieser Insel geschehen?

Foto 7 – Frau mit Hand am Mund

Wer ist die Frau?

Wo ist die Frau?

Woran denkt sie?

Was ist ihr zugestoßen?

Warum berührt sie ihren Mund?

Hat sie etwas zu verbergen? Wenn ja, was verbirgt sie? Vor wem?

Wer schaut diese Frau an?

Was weiß der Mensch, der sie anschaut, über sie?

Welche Lüge wurde über die Frau verbreitet?

Was wird mit ihr geschehen?

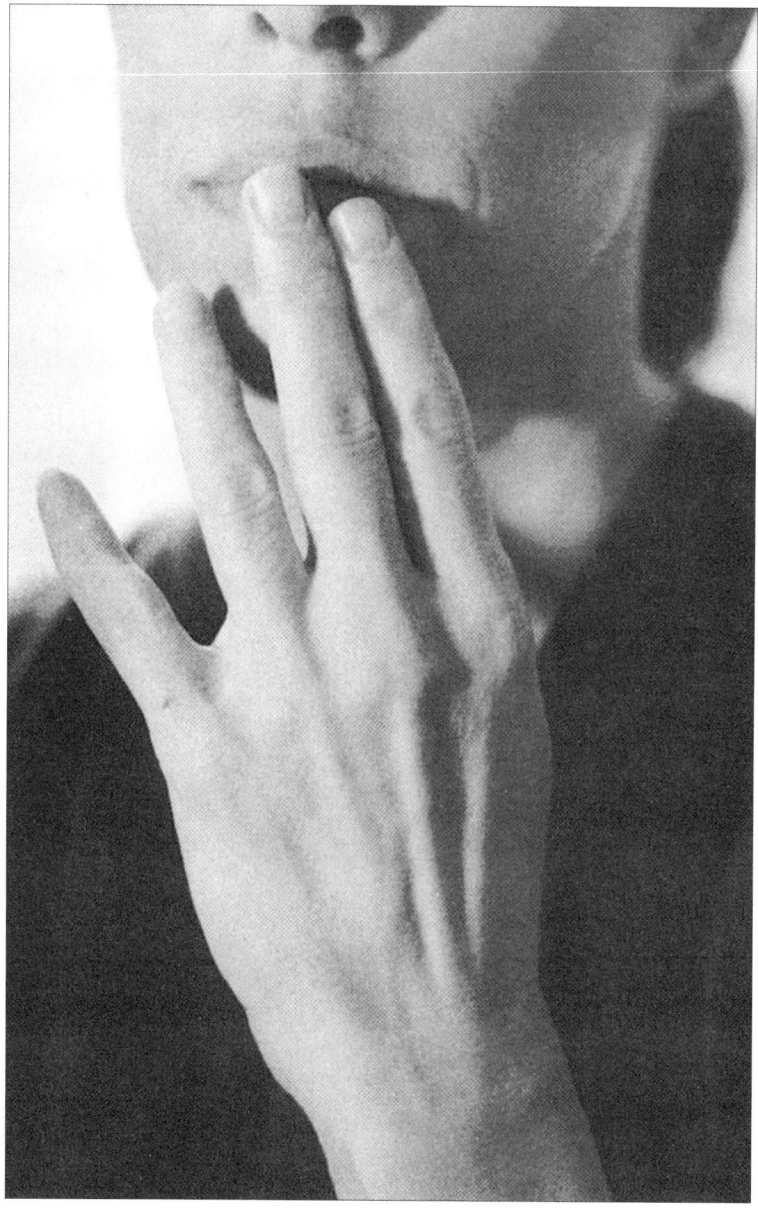

Foto 8 – Eingang

Wo ist diese Eingangstür?

Wer hat soeben das Gebäude verlassen?

Wer hat eine Verabredung getroffen, sich mit jemandem
  in diesem Eingang zu treffen?

Wer wartete in diesem Eingang auf jemanden, der nicht kam?

Wer wickelte ein Geschäft in diesem Eingang ab?

Wer verliebte sich in diesem Eingang?

Wer stritt sich in diesem Eingang?

Wer weinte in diesem Eingang?

Wer lachte in diesem Eingang?

Foto 9 – Mann mit geschlossenen Augen

Wer ist der Mann?

Wo ist der Mann?

Woran denkt er?

Was fühlt er?

Welche Träume hat er?

Welche Ängste?

Was erhofft er sich vom Leben?

Wen liebt er?

Wen hasst er?

Was ist ihm zugestoßen?

Was wird ihm noch zustoßen?

Foto 10 – Büro

Wessen Büro ist das?

Welche Arbeit wird hier erledigt?

Welche ungewöhnliche Transaktionen finden hier statt?

Wer arbeitete in diesem Büro vor dem gegenwärtigen Besitzer?

Welche Arbeit wurde früher hier erledigt?

Ist der Mensch, der hier arbeitet, ehrlich oder unehrlich?

Welche Sorgen hat der Mensch, der hier arbeitet?

Welche überraschende Anrufe macht die Person?

Welche überraschende Anrufe erhält die Person?

Was geschah in diesem Büro?

Was wird in diesem Büro geschehen?

Teil III
Erzählungen und Romane

8
Der Anfang

Bisher haben Sie mit Hilfe der Fünf-Minuten-Methode Kürzestgeschichten geschrieben, die aus einer einzigen Übung hervorgingen. In diesem Teil des Buches können Sie etwas Neues lernen: Mit Hilfe derselben Methode werden Sie Stück für Stück oder Übung um Übung eine Erzählung oder einen Roman schreiben. Wahrscheinlich wird Ihnen das leichter fallen, weil es – im Gegensatz zur Kürzestgeschichte – außer der Fünf-Minuten-Regelung keine Einschränkungen gibt, an die Sie sich halten müssen. Wie bereits in den vorherigen Kapiteln greife ich auf Arbeiten meiner Schüler zurück, um wesentliche Dinge zu verdeutlichen.

Die Anwendung der Fünf-Minuten-Methode

Die Kürzestgeschichte stellt eine Situation oder einen Augenblick blitzartig vor, wohingegen eine Erzählung oder ein Roman sich mehr Zeit nimmt. Folglich brauchen Sie Ihr Material nicht zu komprimieren, und Sie brauchen sich auch nicht zu mühen, alles in einer Übung zu Papier zu bringen. Ein Schluss erübrigt sich ebenfalls. Desgleichen muss Ihre Übung weder eine Überraschung enthalten noch vollständig sein.

Sie dürfen nach fünf Minuten angekommen sein, wo Sie wollen, denn es steht Ihnen frei, sich an eine weitere Übung zu machen und dort fortzufahren, wo Sie aufgehört haben. Nichts hindert Sie daran, so viele Übungen zu machen, wie Sie zur Fertigstellung Ihres längeren literarischen Textes benötigen. Wie viel oder wie wenig Sie in jeden Übungstext hineinpacken ist ganz Ihre Sache. Es kann durchaus sein, dass solche Übungstexte nicht für sich allein stehen können. Dennoch haben sie für das Ganze einen Sinn, indem Sie etwa Hintergrundmaterial liefern, Figuren oder Schauplätze einführen und die Stimmung oder die Erzählperspektive festlegen. Wenn Sie wollen, können Sie aber auch aus jeder Übung eine komplette Geschichte machen. Sie können Kürzestgeschichten zusammenstellen, die um ein Thema kreisen, in denen stets dieselben Charaktere vorkommen oder denen ein Schauplatz gemeinsam ist. Das ist jedoch eine spezielle Vorgehensweise, die ich hier nicht vertiefen möchte.

In diesem Teil des Buches geht es mir darum, Ihnen zu vermitteln, wie Sie eine Erzählung oder einen Roman verfassen, indem Sie mit Fünf-Minuten-Schreibergüssen arbeiten. Die zeitliche Begrenzung zwingt Sie, Ihre Energie zu konzentrieren. Ich zeige Ihnen, wie Sie den Anfang in den Griff bekommen können – mit oder ohne Plan. Gegen Ende des nächsten Kapitels werden Sie Ihre erste Fassung begonnen haben, die vielleicht so aussieht wie das folgende Beispiel meiner Schülerin Stephanie Dickinson.

Stephanies erster Übungstext liest sich nicht wie eine Kürzestgeschichte. Er ist nicht in sich abgeschlossen und dringt auch nicht zum Kern des Geschehens vor. Stattdessen hat Stephanie die fünf Minuten dazu verwendet, zwei Figuren, die Erzählperspektive und die schrullige Stimme Velmas einzuführen. Velma ist eine Frau zwischen vierzig und fünfzig, die auf junge Männer steht und auf der Pier des San Luis Pass Angelbedarf verkauft. Mit Hilfe von Betäubungsmitteln kidnappt sie den gut aussehenden Ölarbeiter Robbie, der halb Cherokese und halb Cajun ist. Seine gebildete, aber »ziemlich lahme« Freundin Cynthia findet ihn ein paar Tage später bei Velma und will auf diese losgehen, aber Robbie kommt Velma zu Hilfe. Stephanie beginnt folgendermaßen:

Sie hatte einfach die Faxen dicke, hatte es so dicke, auch nur noch eine einzige weitere Angelrute für einen einzigen weiteren bierbäuchigen Mexikaner oder Deutschen aus Friedricksburg über die Theke zu schieben. Wenn sie jetzt noch einen einzigen Gummiwurm wackeln lassen oder einen schlabberigen Tintenfisch anfassen musste, dessen lavendelfarbener, mit braunen Leberflecken durchsprenkelter Glibber ihr bis zu den Ellbogen lief, würde sie überschnappen. Vielleicht war sie ja auch schon übergeschnappt. Hässlich war sie auf jeden Fall, das stand fest.

Da kommt Ärger, denkt sie, den jungen Angler musternd, der zu ihr hereinstolziert. Sie starrt auf seine entblößte Brust mit den schwarzen Löckchen, die sich um seine Brustwarzen ringeln. Er sieht sie gar nicht. Er sieht nur die Wackelwürmer. Sie hat ihn schon einmal gesehen. Kein Zweifel, das ist derselbe.

»Was kann ich für Sie tun?«, fragt Velma und schaltet ihre Stimme auf zähes Luder.

»Ich will die frischesten toten Garnelen, die Sie haben.«

»Meine toten Garnelen sind alle taufrisch.«

»So ein Scheiß. Da, riechen Sie mal«, sagte der Mann und wischte sich die Hände an der Rückseite seiner abgeschnittenen Bermudas ab.

Der Vollmond fällt auf das schwarze Wasser, und Velma fühlt, wie sich spukhaft die silbernen Sahnewolken der weißen Forellen nähern.

Im neunten Kapitel zeige ich Ihnen, wie Sie Schritt für Schritt eine erste Fassung Ihrer Erzählung oder Ihres Romans schreiben. Im letzten Kapitel wird es dann darum gehen, alles miteinander zu verbinden und auszufeilen.

Sie werden meine Methode hilfreich finden, wenn Sie jemand sind, der gern behutsam ans Werk geht. Betrachten Sie jede Fünf-Minuten-Übung als einen kleinen Schritt nach vorn. Die Wahrscheinlichkeit, dass Sie sich von Ihrer Aufgabe überwältigt fühlen und Angst bekommen, ist bei kleinschrittlichem Vorgehen geringer. Wenn Sie stecken bleiben, wenn Ihnen die Ideen ausgehen, wenn Ihre Energie versiegt oder wenn Sie von der Angst geplagt werden, es könnte eines dieser Dinge oder womöglich alle drei passieren, werden Ihnen die Strategien, die ich in den nächsten Kapiteln vorstelle, weiterhelfen – all Ihren Befürchtungen zum Trotz.

Wenn Ihr größtes Problem darin besteht, dass Sie wenig Zeit haben, könnten Sie sich vornehmen, sechs Übungstexte pro Woche zu schreiben. Im Durchschnitt wird jeder Übungstext mindestens eine Seite lang sein, doch es würde mich nicht überraschen, wenn einige beträchtlich länger ausfallen würden. Und alle vierzehn Tage setzen Sie sich – statt neue Übungstexte zu verfassen – dann an eine minimale Überarbeitung des bereits Geschriebenen. Dieser Überarbeitung legen Sie die Fragen auf der folgenden Seite zugrunde. Nach einem Jahr werden Sie überrascht sein, was Sie geleistet haben – selbst wenn Sie die Hälfte Ihrer Übungstexte als unbrauchbar verwerfen.

Um von meiner Methode zu profitieren, brauchen Sie aber nicht unbedingt ein Problem mit dem Schreiben zu haben. Vielleicht sind Sie ein Autor oder eine Autorin, die einmal etwas Neues ausprobieren will. Wenn das der Fall ist, wünsche ich Ihnen viel Spaß dabei.

Anfangen – mit oder ohne Plan

Einen längeren literarischen Text können Sie sowohl mit als auch ohne Plan schreiben. Manche Schriftsteller wie beispielsweise Luisa Valenzuela arbeiten nie nach einem Plan, da sie glauben, es würde sich nachteilig auf die Energie ihres Textes auswirken, wenn sie sich von vorneherein darüber im Klaren wären, was sie schreiben wollen. Zumindest sehen sie die Gefahr, dass das, was sie zu sagen haben, durch einen Plan beschränkt werden könnte. Solche Autoren beflügelt das Abenteuer, die Überraschung, die zum Schreiben gehört.

Andere wiederum finden das Planen hilfreich. Patrick McGrath schrieb seine beiden ersten Romane, ohne sich vorher festzulegen, doch für seinen dritten Roman machte er einen detaillierten Plan und konnte ihn dadurch in der Hälfte der Zeit fertig stellen. Wenn Sie Lust haben, können Sie beide Methoden ausprobieren. Entscheiden Sie sich dann für diejenige, bei der Sie sich am wohlsten fühlen.

Anfangen ohne Plan

Gehen wir einmal davon aus, dass Sie zwar gern etwas Längeres schreiben würden, sich aber bei dem Gedanken daran noch immer überfordert fühlen. Ihre Ängste enthalten Energie, und mehr brauchen Sie nicht, um anzufangen. Die Tatsache, dass Sie sich an etwas Längeres setzen wollen, könnte ein Hinweis darauf sein, dass Sie bereits eine Idee haben oder ein Ziel verfolgen, selbst wenn Sie sich dessen nicht bewusst sind.

Die erste Übung

Entnehmen Sie Ihre erste Übung der Liste in Teil II dieses Buches, nach der Sie bereits Ihre Kürzestgeschichten geschrieben haben. Bei den Anregungen, die mit »Schreiben Sie eine Geschichte« beginnen, streichen Sie die Wörter »eine Geschichte«, denn es geht ja nicht mehr darum, eine ganze Geschichte zu verfassen. Ändern Sie also die Anweisung zu »Schreiben Sie über…«. Im ersten Abschnitt dieses Buches habe ich Geschichten als Gefäße für Veränderungen definiert. Doch bei Übungen für einen längeren Text ist es nicht unbedingt nötig, dass jedes Mal etwas passiert oder sich verändert.

Es steht Ihnen frei, Ihre Erzählung Stück für Stück zu schreiben. Ein solches Stück kann ein beschreibender Abschnitt sein, eine Darstellung von Fakten, es kann eine Meinung, eine Erinnerung, eine Abschweifung, es können aber auch ein, zwei Seiten Dialog sein. Es kann als Brief daherkommen, als Fabel, Tagebuch, Monolog, Geständnis oder Abhandlung. Selbst ein Rezept kann ein Teil Ihres Textes sein. Es kann alles dazugehören, was Sie in fünf Minuten schreiben können.

Die Übungen, die Sie auswählen, sind genauso leicht zu schreiben wie die für die Kürzestgeschichten, es sei denn, Sie lassen die rationale Seite Ihres Verstandes dazwischenfunken. Erlauben Sie Ihrem Unterbewusstsein, das Ruder zu übernehmen. Erlauben Sie sich, spontan zu schreiben. Wenn Sie sich von vornherein den Kopf zerbrechen, was geschehen wird; wenn Sie nach interessanten, originellen oder schlauen Ideen suchen; wenn Sie etwas »Wichtiges« sagen wollen, steht das im Widerspruch zum Sinn der Übung und führt zu nichts.

Für einen Roman oder sonstigen literarischen Text brauchen Sie keine »wichtigen« Ideen. Ich kenne keine Schriftsteller, die sich an einen Roman setzen, weil sie »wichtige« Ideen haben. Sie fangen an, einen Roman zu schreiben, weil sie den Drang verspüren, einen längeren Text zu schreiben, genau wie Sie.

Um anzufangen sind keine besonderen Kenntnisse nötig. Sie brauchen nicht jahrelang zu studieren und sich vorzubereiten. Alles, was Sie nun brauchen, sind die Übungen. Jetzt ist nicht der Zeitpunkt, sich darüber Gedanken zu machen, wovon Ihr Roman handeln wird. *Alles, was Sie wissen müssen, werden Sie beim Schreiben lernen.*

Ein Roman ist eine Treppe mit vielen Stufen. Stellen Sie sich vor, dass sich diese Stufen irgendwo hoch oben in den Wolken verlieren. Sie können nur die erste Stufe sehen, und diese Stufe ist die einzige, die Sie jetzt brauchen. Versuchen Sie nicht, sich die anderen vorzustellen. Jede Form der Anstrengung wird den Schreibfluss behindern.

Sagen Sie sich, bevor Sie zur Feder greifen, dass alles, was Sie schreiben, gut ist, selbst wenn Sie den größten Quatsch notieren.

Denken Sie daran, dass Sie so viele Übungen machen können, wie Sie wollen, bis Sie das Gefühl haben, dass das, was Sie hingeschrieben haben, stimmt. Niemand außer Ihnen braucht zu sehen, was Sie geschrieben haben. Ihre Übungen sind für Sie allein da, also überlassen Sie es doch Ihren Übungen, in welche Richtung sie sich bewegen.

Holen Sie tief Luft. Entspannen Sie sich. Denken Sie an nichts mehr. Nun stellen Sie Ihre Uhr. Wählen Sie irgendeine Übung aus. Welche, ist völlig egal. Denken Sie nicht nach. Schreiben Sie einfach los. Es geht nicht darum, ein Meisterwerk zu verfassen. Es geht auch nicht darum, etwas Gutes zu schreiben. Selbst anstrengen sollen Sie sich nicht. Tun Sie nichts außer schreiben. Planen Sie nicht, bewerten Sie nicht. Wenn Sie versehentlich Ihren Übungstext durchlesen, bevor die Uhr geklingelt hat, sollten Sie sofort weiterschreiben.

So. Die fünf Minuten sind um. Jetzt ist die Zeit gekommen, Ihren Übungstext zu lesen und zu bewerten. Doch wie Sie bereits wissen, geht es dabei nicht darum, ob das, was Sie da geschrieben haben, gut oder schlecht ist. Worauf es ankommt, ist allein, ob Ihre eigenen Worte Sie packen oder interessieren, welche *Gefühle* sie bei Ihnen auslösen.

Schauen Sie sich an, was Sie geschrieben haben. Finden Sie es aufregend? Möchten Sie unbedingt mehr schreiben? Wo steht Ihr Text auf der Energieskala? Wenn Sie ihn auf einer Zehnerskala bei sechs oder höher einstufen, können Sie davon ausgehen, dass Sie den Anfang geschafft haben. Stellen Sie wieder die Uhr, und fahren Sie so lange mit den Übungen fort, bis Sie einen Übungstext geschrieben haben, der hoch oben auf der Energieskala rangiert.

Nehmen wir einmal an, dass Sie eine Fünf-Minuten-Übung gemacht haben, der Sie den Energiepegel von sieben gegeben haben. Wie können Sie herausfinden, ob diese Übung der Anfang eines Romans ist? Schließlich ist eine Übung nur ein fünfminütiger Energieausbruch. Mit Sicherheit wissen können Sie das jetzt noch nicht, doch immerhin verfügen Sie über einen Text, den Sie aufregend finden oder der Sie so sehr interessiert, dass Sie weiterschreiben wollen. Er gibt Ihnen das Gefühl, dass das, was Sie vorhaben, möglich ist.

Was geschieht als Nächstes?

Sie haben nun den ersten Übungstext, mit dem Sie zufrieden sind. Die einfachste Art fortzufahren ist, wieder die Uhr zu stellen und sich zu fragen: Und was passiert jetzt? Und diese Frage beantworten Sie in der nächsten Fünf-Minuten-Übung. Wenn Sie dabei wieder das Gefühl haben, dass der Text aufregend ist und der Energiepegel bei sechs oder höher liegt, stellen Sie sich die Frage »Und was passiert jetzt?« noch einmal. Nach drei hochinteressanten Übungen haben Sie aller Wahrscheinlichkeit nach den Anfang geschafft. Doch bedenken Sie, dass nicht jede Übung, die Sie in Beantwortung der Frage »Was geschieht als Nächstes?« geschrieben haben, eine anfeuernde Wirkung auf Sie haben muss. Wenn aber beispielsweise drei von acht Übungen gelingen, dann dürfen Sie mit sich zufrieden sein. Hemingway sagte einmal, dass er gern dann mit dem Schreiben aufhöre, wenn er noch etwas zu sagen habe. Denn wenn er sich dann wieder ans Schreiben mache, könne er mit einem Gefühl der Spannung fortfahren. Folgen Sie Hemingway und erschöpfen Sie sich nicht in einer einzigen Sitzung. Es ist eine gute Idee, mit dem Schreiben aufzuhören, *bevor* die Energie versiegt.

Schreiben Sie über ...

Um sich für Übungstexte zu inspirieren, gibt es außer der Frage »Was geschieht als Nächstes?« noch andere Strategien. Sie können sich zusätzliche Anregungen aus der Liste in Teil II holen, solange Sie das Wort »Geschichte« in den Anweisungen ausklammern. (Es sei denn, Sie wollen einen längeren Text schreiben, der ganz aus Kürzestgeschichten zusammengesetzt ist.) Sie können übrigens auch auf die Fragen zu den Fotos im zweiten Teil zurückgreifen. Wie Sie die Anregungen auswählen, liegt ganz bei Ihnen. Versuchen Sie, dabei möglichst viel Spaß zu haben. Schließen Sie beim Wählen die Augen oder wählen Sie jede dritte Anregung von jeweils drei Gruppen. Es gibt keine falsche Methode. Mein Schüler John schreibt sich die Übungsanregungen auf Zettel, die er dann faltet und in ein Gefäß wirft. Nachdem er sie durcheinander gebracht hat, greift er einen Zettel heraus. So verhindert er, über jedes Thema nachzugrübeln, wenn er die Liste durchliest, sagt er. (Weitere Methoden für die Übungswahl finden Sie in Teil II.)

Viel wichtiger als die Wahl der Themen ist jedoch das, was Sie in den Übungstexten sagen. Bei einer neuen Übung sollten Sie die vorherige im Sinn behalten. Nicht groß darüber nachdenken, sich nur der Zeit, des Schauplatzes, der Figuren, der Umstände sowie der Erzählperspektive bewusst sein. Als Sie voneinander unabhängige Kürzestgeschichten schrieben, kam es nicht darauf an, ob und auf welche Weise die Texte zueinander in Beziehung standen. In einer Erzählung oder in einem Roman müssen sie aber auf irgendeine Weise in Verbindung stehen. Wahrscheinlich werden Sie, ohne sich groß darum zu bemühen, wenigstens einige, wenn nicht alle Bestandteile Ihres ersten Übungstextes wieder aufgreifen. Anders ausgedrückt, es ist sehr wahrscheinlich, dass Sie auch ohne bewusste Anstrengung in aufeinander folgenden Übungen dieselben Figuren, Schauplätze, Konflikte und dieselbe Erzählperspektive verwenden. Nutzen Sie jede neue Anregung, um Ihre Geschichte voranzutreiben.

Meine Schülerin Debbie Chapnick verwendete nach dem Zufallsprinzip ausgewählte Themen für eine Erzählung, die auf einem Erlebnis beruhte, das sie bei einer Verabredung mit einem Unbekannten hatte. Ihre Freundin Amy hatte das Ganze in bester Absicht eingefädelt, als Debbie bei ihr in Texas war, wohin sie vor all den Enttäuschungen geflüchtet war, denen sie in der »östlichen Zeitzone« ausgesetzt war. Debbie begann mit der Übung »Schreiben Sie etwas über eine Lüge«. Ich konnte die Lüge nicht gleich entdecken, als sie mir den Text vorlas. Später erklärte sie mir, das auslösende Moment für ihren Übungstext sei ihre Erwartung gewesen, alle Cowboys seien wie John Wayne, bis sie die Reise nach Texas machte und feststellte, dass Ihre Vorstellungen von Cowboys wenig mit der Wirklichkeit gemein hatten.

Es kann durchaus sein, dass Sie keine Ahnung haben, warum eine Anregung ausgerechnet den Text zur Folge hat, den Sie geschrieben haben. Es kann sogar sein, dass es Ihnen so vorkommt, als habe das, was Sie geschrieben haben, gar nichts mit der Übungsanweisung zu tun. Bedenken Sie, dass unterbewusste Kräfte am Werk sind, wenn Sie sich gestatten, spontan zu schreiben. Welche Assoziationen Sie dazu bringen, einen bestimmten Übungstext zu schreiben, mag Ihnen für immer verborgen bleiben. Letztlich kommt es nur darauf an, *was* Sie geschrieben haben, nicht, *wie* es dazu gekommen ist.

Nach dem Abendessen und einem Rodeo schiebt der Unbekannte, mit dem Debbies Erzählerin ausging, »den Hut in den Nacken« und schlägt vor, in eine Bar am Ort zu gehen.

»… Mein bester Freund Buddy wartet dort auf uns. Er möchte Sie kennen lernen.«
»Aber gern doch«, erwiderte ich. Ich hatte gerade erlebt, wie erwachsene Männer sich daran freuen, ein wehrloses Kälbchen einzufangen und zu fesseln. Ich war also auf so ziemlich alles gefasst.
»Warum will Buddy mich kennen lernen?«, fragte ich.
»Buddy will alle Mädchen kennen lernen, mit denen ich ausgehe. Wenn er Sie für okay hält, dann sind Sie auch okay. Buddy ist ein großer Menschenkenner.«

Als nächste Übung wählte Debbie »Schreiben Sie etwas über Trennung«, aber diese Anweisung spielte allenfalls eine indirekte

Rolle für den Text, den sie als Nächstes schrieb. Der wahre Auslöser scheint der Satz »Buddy will alle Mädchen kennen lernen, mit denen ich ausgehe« gewesen zu sein. Debbie fängt folgendermaßen an:

All seine Mädchen? Was war nur in Amy gefahren? Hatte dieser Mensch das Ausgehen zu seinem zweiten Beruf gemacht? Meinte Amy wirklich, dass wir uns verstehen würden, oder wollte sie mir nur einfach mal zeigen, wie gut es mir bisher ergangen war?

Sie sagt, in der verräucherten Bar sei kein Kopf ohne Cowboyhut zu sehen gewesen. Beim Anblick seines Freundes habe sich Buddy lautstark gemeldet.

»Hier rüber!« In der einen Hand hielt er eine Flasche Lone Star und in der anderen seinen Hut. Ich wusste, dass er einen Kleinlaster besaß, auf dessen Rückbank immer ein Gewehr lag.

Die dritte Übung lautete »Schreiben Sie etwas über einen unerwarteten Fund«. Bei Debbie scheint Buddys Freundin der unerwartete Fund zu sein. Es fängt damit an, dass Buddy die Hand der Erzählerin küsst.

Ich legte keinen Wert darauf, dass irgendein Teil meines Körpers mit dem Bierschaum in Kontakt kam, der auf seinem Schnauzer thronte.

Über Buddys Begleiterin schreibt sie:

Eine blondere Blondine – nachgeholfen wohlgemerkt, nicht Natur – war mir noch nie über den Weg gelaufen … Das Haar fiel ihr in Kaskaden über die Schultern hinab und verhedderte sich in den Kunstlederfransen ihrer Weste. Gott, wie hatte sie noch gesagt, dass sie hieß? Ich hätte besser aufpassen sollen, aber ihr Aussehen hatte meine ganze Aufmerksamkeit beschlagnahmt. Vorsichtig streckte ich ihr die Hand hin und versuchte, einer Verletzung durch die rubinroten Fingernägel zu entgehen.

Debbies Texte sind ein Beispiel dafür, dass es keine »falsche« oder »richtige« Verwendung der Übungsanweisungen gibt. Es kommt allein darauf an, dass Ihre Übungstexte Energie haben und miteinander verbunden sind. Klappt das bei Ihren Texten nicht, sind Sie vielleicht mit der folgenden Strategie besser bedient.

Vom Übungstext ausgehen

Ihre Übungstexte gehören automatisch zusammen, wenn einer aus dem anderen hervorgeht. Debbie bediente sich ungewollt dieser Methode, als sie den Satz »Buddy lernt gern alle Mädchen kennen, mit denen ich ausgehe« als Auslöser für ihren nächsten Text benutzte.

Schauen Sie sich Ihren ersten Übungstext genau an. Überarbeiten Sie ihn nicht, auch wenn Sie vielleicht allerlei Fehler entdecken. Versuchen Sie zu diesem Zeitpunkt nur, den Energiepegel zu bestimmen. Die Energie mag sich auf einen oder zwei Sätze konzentrieren, sie mag in einer Wendung, einem Bild oder auch in einer Idee stecken, die nur angedeutet wird. Konzentrieren Sie Ihre Aufmerksamkeit auf den Teil, der Sie anspricht, interessiert oder vielleicht sogar beunruhigt, unterstreichen Sie ihn und verwenden Sie ihn als Inspiration für Ihren nächsten Übungstext.

Mein Schüler Donald Corken wandte diese Methode an, um die erste Fassung seiner Geschichte »Der Anrufbeantworter« zu schreiben. Er begann mit dem Thema »Schreiben Sie über einen Wunsch«. Dann wählte er den energiereichsten Satz als Sprungbrett für den nächsten Übungstext. Hier folgen Teile von Donalds Übungen mit den Sätzen, die ihm als Sprungbrett dienten.

> Er saß am Telefon und wünschte, dass es klingelte. Dreimal war er in der Firma interviewt worden, und seiner Meinung nach hatte er eine echte Chance, den Job zu kriegen. »Ruf mich an, ruf mich an, ruf mich an«, sagte er laut. »Ruf mich an!« *Schon zweimal hatte er unnötige Besorgungen*

gemacht, nur weil er gehofft hatte, bei seiner Rückkehr die rote Lampe des Anrufbeantworters aufleuchten zu sehen. Beide Male erwartete ihn keine Nachricht, obwohl er das Gerät – in der Hoffnung, dass er beim Zwinkern mit den Lidern etwas verpasst haben könnte – einmal länger als eine ganze Minute mit offenen Augen angestarrt hatte. Stattdessen machte sich das Gerät einen Spaß daraus, seine rote Lampe nicht aufleuchten zu lassen...

Den kursiv gedruckten Satz benutzte Donald als Sprungbrett. Anders ausgedrückt, er konzentrierte sich einen Augenblick auf diesen Satz und war somit in der Lage, seine Geschichte frei assoziierend fortzusetzen.

Er suchte nach einem weiteren Grund, aus dem Haus zu gehen. Sollte er einen Freund anrufen, um mit ihm essen zu gehen? *Diese Idee verwarf er – er hatte keinen Appetit, sein Magen lag ihm wie ein Stein im Leib, und er war auch zu griesgrämig, um ein angenehmer Gesellschafter zu sein.* Ein Spaziergang um den Häuserblock? Der würde etwa zehn Minuten dauern, doch es könnten genau die zehn Minuten sein, die nötig waren, damit sein Anruf kam.

Wieder verließ er die Wohnung und sagte leise, aber mit Nachdruck und ohne die Lippen zu bewegen, den Namen des Mannes, auf dessen Anruf er wartete; er betete ihn lautlos wie einen Zauberspruch bei jedem Schritt, den er machte. »Da-vid. Da-vid. Da-vid.« Er probierte einige Visualisierungstechniken aus, die ihm ein Freund beigebracht hatte. Stell dir David an seinem Schreibtisch vor, dachte er, wie er deine Nummer sucht, deine Nummer findet, nach dem Telefon greift, die Nummer wählt, wie dein Telefon läutet...

Den Satz in Kursivschrift benutzte Donald als Anregung für die nächsten fünf Minuten.

Es waren keine fünf Minuten vergangen, da war er schon wieder an seiner Haustür, denn er war schneller als sonst gelaufen. Beim Betreten seiner Wohnung sah er die rote

Lampe aufleuchten. Ein Anruf! Er drückte auf den Abfrageknopf. »Hallo, hier ist Stephen. Ich wollte nur fragen...« Er unterbrach die Ansage. Er wusste, dass Stephen fragen wollte, ob er mit ihm essen gehen wollte oder so etwas in der Art. Plötzlich hasste er den Klang von Stephens Stimme. Er hasste Stephen! Der sollte doch wissen, dass er an einem Tag wie heute, wo es um Leben und Tod ging, nicht anrufen durfte, schließlich war er sein Freund! *Am liebsten hätte er das Gerät kurz und klein gehauen oder aus dem Fenster geworfen.*

Der letzte Satz diente als Inspiration für den nächsten Übungstext, der folgendermaßen beginnt:

Stattdessen hob er eine Zeitschrift auf und schleuderte sie mit aller Wucht an die Wand über der Couch ... wodurch er seine Katze aufweckte. Sie sah ihn vorwurfsvoll an und sprang vom Sofa ... »Was willst du von mir?«, schrie er sie an, aber dann hatte er ein schlechtes Gewissen...

Und so geht Donalds Geschichte weiter.

Davon abgesehen, dass Sie Teile Ihrer Übungstexte als Sprungbrett benutzen können, gibt es auch die Möglichkeit, Ihre eigenen Anweisungen zu erfinden. Sagen wir, der folgende Satz ist der energiereichste in einem Übungstext: »Sie fragte sich, wieso er nicht merkte, dass sie eine andere Haarfarbe hatte.« Sie könnten sich jetzt die folgende Anweisung erteilen: »Schreib über ihre Haarfarbe«. Oder »Schreib darüber, warum er ihre veränderte Haarfarbe nicht bemerkt.« Welche Formulierung Sie Ihrer Anweisung geben, ist letztlich nebensächlich, wichtig ist, dass Sie inspiriert werden.

Bei einem Übungstext, den Sie spannend finden, kann es schwierig sein, den Teil zu bestimmen, der die meiste Energie enthält. Er kann durchaus mehrere Teile, Elemente oder Ideen enthalten, die Sie aufregend finden. Wenn das der Fall ist, wählen Sie irgendetwas davon als Sprungbrett.

Falls Sie feststellen, dass Ihre Energie und Begeisterung nach mehreren Fünf-Minuten-Übungen gewachsen sind, können Sie ziemlich sicher sein, dass Ihnen der Anfang gelungen ist. Es kann aber auch vorkommen, dass Sie eine ganze Reihe von Übungstexten schreiben müssen, bis Sie drei oder vier haben, die Sie interessant genug finden.

Wenn Sie drei oder vier Übungstexte zusammen haben, die Sie für die Erstfassung Ihrer Erzählung oder Ihres Romans verwenden wollen, stellen Sie eine Liste von Bestandteilen zusammen, einschließlich Figuren, Handlungen, Bildern und Gedanken, die weniger wichtig sind, aber ebenfalls Ihr Interesse erregen. Vielleicht entdecken Sie diese weniger wichtigen Bestandteile in Übungstexten wieder, die Sie ausrangiert hatten. Es kann sein, dass Sie für spätere Übungstexte nützlich sind, besonders wenn Ihre Energie nachlässt.

Falls Sie nach der zweiten oder dritten Übung merken, dass die Methode, sich auf den aufregendsten Teil eines Übungstextes zu konzentrieren, nicht mehr klappt, sollten Sie sie ändern. Konzentrieren Sie sich nun auf einen Satz, eine Wendung oder ein Bild, das Sie eher banal finden. Oder wählen Sie irgendeinen Satz oder irgendeine zufällige Wendung aus und konzentrieren Sie sich darauf. Warten Sie ab, was das auslöst.

Achten Sie darauf, dass Sie bei diesem Verfahren Ihren Spaß haben. Meiden Sie eine strenge Routine. Meine Schülerin Naomi beschwerte sich eines Tages bei mir, weil sie das, was sie gerade schrieb, richtig aufregend fand und sich sehr überwinden musste aufzuhören, als plötzlich die Zeit um war. Ich erwähne dieses Beispiel, weil die Übungen keine Zwangsjacke sein sollen. Sie sind nur Hilfsmittel, die Ihren Schreibimpuls auslösen oder Sie »unter Strom« halten sollen. Wenn ein Übungstext Sie wirklich mitreißt und Sie nach fünf Minuten noch mehr zu sagen haben, dann bleiben Sie doch einfach am Ball. Variieren Sie getrost Ihre Verfahrensweisen. Eine Methode ist jederzeit durch eine andere ersetzbar.

Anfangen mit Plan

Vielleicht wollen Sie ja lieber nach einem Plan arbeiten. Dagegen ist nichts einzuwenden. Sie müssen sich nur bewusst sein, dass sich Ihr Plan im Verlauf des Schreibens verändern kann, da neue Ideen, neue Figuren, neue Situationen oder Szenen auftauchen können. Wenn Sie dann nicht flexibel reagieren, sehen Sie sich irgendwann der frustrierenden Aufgabe gegenüber, Dinge in einen bestehenden Plan »einpassen« zu müssen.

Unter Plan verstehe ich ein Schema oder einen Entwurf für Ihren Text; Überlegungen, wie Sie die Teile anordnen wollen, sodass die Erzählung oder der Roman ein stimmiges Ganzes ergibt. Ein Plan ermöglicht Ihnen eine Gesamtschau Ihres Textes, bevor das Ganze geschrieben ist. Der beste Ansatz ist, den Plan im Verlauf der Zeit mitwachsen oder sich verändern zu lassen. Schreiben ist ein organischer Vorgang. Es ist etwas Lebendiges. Wie lebendig, das zeigt Ihnen die Fünf-Minuten-Methode ganz deutlich. Das Verfertigen eines Plans kann genauso lebendig und spontan sein wie das Schreiben von Übungen. In diesem Kapitel haben Sie die Gelegenheit zu sehen, wie spontan ein funktionierender Plan sein kann.

Plan eins

Plan eins ist ganz einfach. Sie brauchen nichts weiter zu tun, als die folgenden Fragen zu beantworten:

1. Wie beginnt die Geschichte?
2. Was geschieht in der Mitte?
3. Was geschieht am Ende?

Denken Sie daran, dass es in einer Erzählung oder in einem Roman um einen Konflikt oder um ein Problem geht, das sich zu einem Höhepunkt steigert und das gegen Ende auf irgendeine Weise gelöst wird. Bedenken Sie, dass das meiste von diesem

Drama sich in der Mitte ereignet. Deshalb müssen Sie dort vielleicht noch Schlüsselszenen oder zusätzliche Ereignisse einfügen. Nachdem Sie nun die drei Fragen gelesen haben, wenden Sie sich wieder der ersten zu und beginnen mit dem Schreiben. Die Uhr brauchen Sie nicht zu stellen, nur sollten Sie so schnell schreiben, wie Sie können. Vielleicht schreiben Sie ja eine Idee auf, die Ihnen seit langem im Kopf herumspukt, oder Sie nehmen die Fragen zum Anlass, etwas Neues zu kreieren. Denken Sie nicht über Ihre Antworten nach, schreiben Sie, was Ihnen in den Sinn kommt.

Sie können in ganzen Sätzen schreiben, wie Patty McCormick es im Folgenden getan hat, oder in Fragmenten oder Kürzeln, die nur Ihnen verständlich sind. Machen Sie das, was Ihnen das Gefühl gibt, für Sie das Richtige zu sein. Wenn Sie die erste Frage beantwortet haben, gehen Sie zur dritten über.

Patty hat ihrem Roman eine Idee zugrunde gelegt, über die sie schon eine ganze Weile nachgedacht hatte. Sie hatte sogar schon mit der Recherche begonnen. Hier sind Pattys Antworten, so wie sie sie aufschrieb.

Wie fängt die Geschichte an?

Ein junges Mädchen, frustriert, dass sie keinen Beitrag zum Bürgerkrieg leisten kann, schließt sich zögernd der Underground Railroad* an.

Was geschieht in der Mitte?

Sie gewährt einem entlaufenen jungen Mann – ihr Alter – Unterschlupf, sie lernen einander kennen und stellen fest, dass sie gar nicht so verschieden sind. Ihr Mut wird auf die Probe gestellt, als ein Kopfgeldjäger Verdacht schöpft.

* Anmerkung d. Übers.: Die Underground Railroad verhalf afrikanischen Sklaven in den USA vor und während des Bürgerkriegs zur Flucht. Das Bemerkenswerte an der Underground Railroad war, dass sie nicht organisiert war. Die Operationen wurden in der Eisenbahnersprache abgewickelt. So waren »Schaffner« Begleiter von Einzelflüchtlingen oder kleinen Gruppen. »Bahnhöfe« waren bestimmte Treffpunkte, wo Hilfe wartete.

Was geschieht am Ende?

Das Mädchen führt den Kopfgeldjäger an der Nase herum und bringt ihren neuen Freund in Sicherheit. Der Krieg geht zu Ende – ihre Familie ist zerstört –, aber der entlaufene junge Mann ist in Sicherheit.

Sie verfügen über einen rudimentären Plan, wenn Sie die drei Fragen beantwortet haben, so wie ich das an Pattys Beispiel demonstriert habe. Der Plan taugt jedoch nichts, wenn er keine Energie hat. Wenn Sie das, was Sie geschrieben haben, nicht spannend finden, müssen Sie die Fragen noch einmal beantworten. Verändern Sie den Plan so lange, bis Sie ihn aufregend finden. Als Patty las, was sie geschrieben hatte, fand sie das Wort *zerstört* in der dritten Antwort zu stark und ersetzte es durch *verändert.* Zögern Sie nicht, Ihre ursprünglich gewählten Ausdrücke zu verändern. Wörter sind nicht sakrosankt, nur weil sie Ihnen spontan in den Sinn kamen. Scheuen Sie sich nicht, verschiedene Ideen auszuprobieren, und haben Sie Ihren Spaß dabei. Machen Sie sich die Fragen zunutze, um zu entdecken, wo Ihre Energien liegen. Ihr Plan muss so viel Energie wie Ihre Übungstexte haben.

Nehmen wir nun einmal an, dass Sie wissen, wie Ihre Geschichte anfängt, was in der Mitte und was am Ende los ist. Hier folgen nun vier weitere grundsätzliche Fragen, deren Beantwortung Ihnen helfen wird, die Gestalt Ihres Textes vor sich zu sehen.

1. Wer erzählt die Geschichte?
2. Welche Charaktere kommen vor?
3. Wo und wann spielt die Handlung?
4. Über welchen Zeitraum?

Es kann sein, dass die Antworten darauf schon in Ihrem Plan enthalten sind. Falls das der Fall ist, brauchen Sie sie nur dem Plan zu entnehmen. Wenn nicht, müssen Sie eine Antwort finden, bevor Sie fortfahren.

Patty gab folgende Antworten:

Wer erzählt die Geschichte?

Meg, ein fünfzehnjähriger Wildfang

Welche Charaktere kommen vor?

Meg, Mutter, Sklave, Kopfgeldjäger, Lehrer, Hund, Luke und Tom

Wo und wann spielt die Handlung?

In einem pennsylvanischen Landstädtchen von Mai 1863 bis 1865

Über welchen Zeitraum?

Zwei Jahre

Nach Beantwortung dieser Fragen wenden Sie sich wieder Ihrem Plan zu und wählen das energiereichste Wort oder den energiereichsten Satz aus Ihrer Antwort auf die erste Frage. Verwenden Sie nun dieses Wort oder diesen Satz als Inspirationsquelle für eine Fünf-Minuten-Übung.

Patty fand das Wort *zögernd* aufregend, das sie bei der Beantwortung der ersten Frage gebraucht hatte. Hier ist die Übung, die daraus entstand:

Die Gefahr war enorm. Sie wusste, dass es gegen das Gesetz verstieß, einem flüchtigen Sklaven Unterschlupf zu gewähren. Wer dabei erwischt wurde, musste mit einer Strafe von 500 Dollar rechnen – oder sogar mit Gefängnis. Hatte ihre Mutter sie aber nicht gelehrt, dass es ihre Christenpflicht sei, Menschen in Not zu helfen? Stimmt. Aber ihre Mutter hatte auch gesagt, dass es reiner Wahnsinn sei, dass ein paar Leute sich in den Kopf gesetzt hätten, die Sklaverei abzuschaffen. Nun, sie würde einen großen Bogen um diese Untergrundleute machen. Schlimmes kam dabei heraus, wenn brave Leute versuchten, Recht und Gesetz in die Hand zu nehmen. Sie würde Luke und Tom einfach sagen, dass sie mit ihrer Bande von Gesetzesbrechern nichts am Hut hatte.

Wird Patty diesen Abschnitt tatsächlich in ihrem Roman verwenden? Möglich. Vielleicht aber auch nicht. Er hat ihr auf jeden Fall zu einem Start verholfen. Wenn sie will, kann sie nun das Wort oder den Satz auswählen, in dem die meiste Energie steckt und daraus ein Sprungbrett machen. Sie kann mit dieser Methode fortfahren, bis sie zwischen drei und sechs Übungstexte hat, die sie aufregend findet. Sie kann natürlich die Fünf-Minuten-Methode auch ganz über Bord werfen und einfach drauflosschreiben, bis sie langsamer wird oder ganz stecken bleibt. Dann kann sie sich wieder ein aufregendes Wort oder einen aufregenden Satz suchen und mit deren Hilfe einen neuen Schreibimpuls auslösen. Hören Sie unter keinen Umständen mit dem Schreiben auf, nur weil die fünf Minuten um sind.

Weitere Pläne

Statt Plan eins zu verwenden, können Sie auch die gleich im Detail aufgeführten Fragen unter den folgenden Überschriften beantworten: »Wählen Sie einen Charakter«, »Wählen Sie ein Problem«, »Wählen Sie einen Vorfall«, »Wählen Sie einen Schauplatz«. Sie können auch alle vier Fragen probieren. Sie können in allen vier Übungstexten die selbe Figur verwenden, dasselbe Problem behandeln und denselben Vorfall oder denselben Schauplatz wählen. Jeder Satz Fragen gibt Ihnen die Möglichkeit, dieselbe Sache aus einem anderen Blickwinkel zu sehen. In einer Erzählung oder in einem Roman stehen die Einzelelemente nicht für sich allein – Sie können eine Figur nicht von einem Problem, von einem Vorfall oder vom Schauplatz trennen. Was Sie allerdings tun können, ist den Schwerpunkt verschieben und sich auf eines der Einzelelemente konzentrieren.

Sehen Sie sich die folgenden vier Gruppen an und entscheiden Sie sich für eine der Überschriften. Lesen Sie jede Frage, aber halten Sie nicht inne, um darüber nachzudenken. Schreiben Sie die Antworten schnell hin. Ein Wort oder ein paar Wörter genügen.

Falls nicht, schreiben Sie einen Absatz. Es liegt ganz bei Ihnen, wie ausführlich Sie sind. Aber arbeiten Sie ihren Plan nicht aus. Stephanie entschied sich für »Wählen Sie einen Schauplatz« und sie beantwortete die Frage »Welcher Schauplatz?« wie folgt:

> *Der San Luis Pass, eine Wasserstraße zum Golf von Mexico. Ang- lerstrand mit einer Pier. Der Strand ist trostlos, Dünen und schwarze Brandung. Der Strand ist bekannt für seine weißen Forellen und Katzenwelse und zieht die Fischer an. Bei den Un- tiefen stehen gelbe Schilder mit der Aufschrift: Gefährliche Strö- mung.*

Meine Schülerin Claire beantwortete dieselbe Frage folgender- maßen:

> *Eine Bar*

Wenn Sie merken, dass Sie zögern, überspringen Sie die Frage einfach und gehen Sie zur nächsten über. Sie müssen nicht gleich beim ersten Mal alle Fragen beantworten. Sie können Ihren Plan auch noch überarbeiten. Wenn Sie Lücken entdecken oder mit Ihren Antworten nicht zufrieden sind, fangen Sie ruhig noch ein- mal von vorn an, aber schreiben Sie das Neue rasch hin und seien Sie auch schnell, wenn Sie etwas verändern. Ein Muss ist die Be- antwortung der Frage: »Was finden Sie an … aufregend?«, denn sie kann Ihnen helfen, dass Sie sich in den Übungstexten, die Sie nach Fertigstellung Ihres Planes schreiben, auf den Teil mit der stärksten Energie konzentrieren.

Wählen Sie einen Charakter

Sofern Sie mehrere Hauptfiguren haben, können Sie die folgen- den Fragen auf jede anwenden.

1. Wer ist der Charakter?
2. Wo ist der Charakter?
3. Welches Problem hat der Charakter?
4. Was finden Sie an dem Charakter aufregend?

Wählen Sie ein Problem

1. Wer hat das Problem?
2. Worum dreht es sich bei dem Problem?
3. Wo und wann kommt dieses Problem zum Tragen?
4. Was finden Sie an diesem Problem spannend?
5. Wie wird das Problem gelöst?

Wählen Sie einen Vorfall

Sie können die folgenden Fragen auf jeden Vorfall Ihres Textes anwenden.

1. Um welchen Vorfall handelt es sich?
2. Wo und wann ereignet er sich?
3. Wer ist darin verwickelt?
4. Was finden Sie an diesem Vorfall aufregend?
5. Wie sieht das Ergebnis aus?

Wählen Sie einen Schauplatz

1. Wie sieht der Schauplatz aus?
2. Welche Figuren sind an diesem Schauplatz?
3. Was geschieht an diesem Schauplatz?
4. Was finden Sie an diesem Schauplatz spannend?

Legen Sie die Fragen zur Seite, wenn Sie sie beantwortet haben. Jetzt sind Sie auf die Übungen vorbereitet. Doch diesmal werden Sie etwas anders als bisher vorgehen. Stellen Sie Ihre Uhr auf fünf Minuten. Statt sich auf eine bestimmte Antwort zu konzentrieren, können Sie schreiben, was Sie wollen – über die Figur, den Vorfall oder Schauplatz –, solange eine Beziehung zu Ihrem Plan vorhanden ist. Doch auch wenn sich Ihr Übungstext nicht streng an Ihren Plan hält, rangieren Sie ihn nicht aus. Solange Ihre Übung Energie hat, sind Sie auf der richtigen Fährte.

Für Ihre zweite Übung wählen Sie den energiereichsten Satz des ersten Übungstextes und nehmen ihn als Sprungbrett. Dasselbe machen Sie, wenn Sie eine Inspiration für die dritte Übung brauchen.

Sie brauchen nicht gleich die ganze Geschichte in den ersten Übungstexten unterzubringen. Bedenken Sie, dass Sie einen längeren Text schreiben wollen – Stück für Stück. Eine längere Erzählung entfaltet sich allmählich. Susan, die an das Schreiben von Kürzestgeschichten gewöhnt war, entschied sich dafür, Ihre Übungen zum Thema »Problem« zu machen, klagte aber später darüber, dass es ihr nie gelinge, etwas über das Problem, das in ihrem Plan beschrieben war zu produzieren. Die Klasse war völlig anderer Meinung, nachdem sie Susans Text gehört hatte. Susans erste Übung beginnt folgendermaßen:

> Peter saß auf der Couch und sah mit leerem Blick fern. Er fühlte sich beengt. War das Zimmer immer so klein gewesen? Mit seiner Frau auf der einen Seite und seiner halbwüchsigen Tochter auf der anderen gab es kein Entrinnen für ihn. Er wusste, dass sie an den Gestalten, die auf dem Bildschirm herumhüpften, genauso wenig interessiert waren wie er, sie saßen nur da, um ihn zu beschützen.

In den folgenden Übungen zeigt Susan, wie sich der Mann immer mehr in der Falle fühlt. Er will flüchten, aber Frau und Tochter lassen ihn keine Sekunde allein, er kann sich noch nicht einmal mehr etwas zu trinken aus der Küche holen.

Nachdem ich Susans Übungen gehört hatte, fragte ich sie, welches Problem sie denn gewählt habe. Sie sagte, der Mann sei selbstmordgefährdet. Ich fand, dass sie den gefährdeten Mann sehr gut geschildert hatte. Meiner Meinung nach war ihr ein starker Anfang gelungen. Die von ihr geschaffene Situation war spannend, klaustrophobisch und faszinierend.

Auch mein Schüler Morrison hatte sich entschlossen, einen Plan über ein Problem zu entwerfen. Darin fällt ein Mann auf der Straße plötzlich hin, und ein Freund hilft ihm auf. Hinterher weiß der Mann nicht, was geschehen ist. Doch Morrison hatte das Gefühl, dass er die Fragen »falsch« beantwortet habe. Er meinte, dass ein Sturz kein Problem sei, aber niemand in der Klasse konnte seine Zweifel nachvollziehen.

Sie müssen immer daran denken, dass es keine richtigen oder falschen Antworten auf Ihre Fragen gibt. Es gibt nur Antworten, die Energie haben, und Antworten, die keine haben. Wenn Sie ihre Übungstexte auf der Energieskala über sechs einordnen, ist Ihnen der Anfang gelungen, auch wenn Ihre Übungen vielleicht nicht Ihren Vorstellungen von dem entsprechen, was Sie Ihrer Meinung nach hätten schreiben sollen. Wenn nur ein oder zwei Übungstexte auf der Energieskala hoch rangieren, sollten Sie weitermachen, bis Sie drei oder vier mit ausreichender Energie geschrieben haben.

Die Schriftstellerin Kim Connell brauchte nur wenige Minuten, um den folgenden Plan zum Fragenkomplex Problem zu entwerfen.

1. Wer hat ein Problem?

   Ein Englischprofessor, der Alkoholiker ist

2. Worin besteht das Problem?

   Die Polizei sucht ihn. Er hat ungewollt seine Frau in einem Blackout umgebracht.

3. Wo und wann ereignet sich das Ganze?

   Im Staat New York, Anfang der 90er Jahre

4. Was fasziniert Sie an diesem Problem?

   Stellt er sich oder bringt er sich um?

Wie sieht die Lösung aus?

   Selbstmord

Kim schrieb den folgenden Fünf-Minuten-Übungstext nach diesem Plan:

Durch das schmutzige Fenster der Bar sah er zu dem Polizeiauto hinüber, das vor der Ampel wartete. Sein Puls raste, er stürzte seinen Scotch herunter und bestellte sich noch einen. Die Sonne ging unter und warf einen rosa Schatten auf den schmutzigen Schnee, der am Rand des Bürgersteigs aufgehäuft war. Endlich sprang die Ampel um, und das Polizeiauto fuhr weiter. Aufseufzend *fragte er sich, in welchem Motel er absteigen sollte.* Die Nacht bei einem Freund zu verbringen, kam nicht in Frage, denn in der Kleinstadt hatte sich die Neuigkeit schnell herumgesprochen.

Die zweite Übung wurde durch den kursiven Satz inspiriert.

Die gestrige Nacht hatte er in einem »Motel 6« verbracht. Dort konnte er sein Auto hinter dem Gebäude parken, sodass es von der Straße nicht zu sehen war. Er hatte einen falschen Namen angegeben und bar bezahlt. Er nippte an seinem Whisky. *Er konnte sich entweder einen Anwalt nehmen oder auf die Autobahn fahren und die Region verlassen.* Mit den 12 000 Dollar, die er von der Bank abgehoben hatte, würde er in einen anderen Bundesstaat fahren, sich dort eine neue Versicherungsnummer geben lassen und als Schreiner arbeiten. Oder ob er eine Stelle als Lehrer finden könnte? Vielleicht, aber das würde Geschick erfordern.

Der kursive Satz war das Sprungbrett in die dritte Übung.

Er achtete darauf, dass er nicht schneller als hundert fuhr. Nach Pennsylvania waren es nur noch ein paar Meilen. Aufblitzende Scheinwerfer zogen in einem Strom an ihm vorbei. In der Dunkelheit war sein brauner Chevy Citation ein Auto wie jedes andere, doch als er an einem Polizeiauto vorbeikam, das sich hinter dem Mauervorsprung einer Straßenüberführung versteckt hatte, beschleunigte sich sein Puls.

Konnte das, was er hier tat, wirklich wahr sein? Er ließ eine angesehene Stellung im Stich, um ein völlig neues Leben anzufangen? Er würde seine Freunde nie wieder sehen und auch nicht das große alte Bauernhaus, das er eigenhändig renoviert hatte?

Wenn er wegen Totschlags verurteilt wurde, wie viele Jahre würde er dann wohl kriegen?

Kims Übungen sind voller Energie. Wenn Sie feststellen, dass das bei Ihren Übungen nicht der Fall ist, oder wenn Sie das Interesse an dem Charakter, dem Problem, dem Vorfall oder dem Schauplatz verlieren, wenden Sie sich einer anderen Idee zu oder wählen Sie einen anderen Blickwinkel und fangen Sie von vorn an. Ihr Ziel ist, eine Figur, ein Problem, einen Vorfall oder einen Schauplatz zu finden, der Sie so interessiert, dass Sie eine Erzählung oder einen Roman darüber schreiben wollen.

Machen Sie sich nicht an das nächste Kapitel, bevor Sie nicht wenigstens drei Übungen geschrieben haben, die Sie persönlich aufregend finden. Schreiben Sie aber auch nicht mehr als sechs. Sollten ein oder zwei Übungstexte zu einem späteren Zeitpunkt spielen, dann arrangieren Sie Ihre Übungen in einer provisorischen Reihenfolge. Diese Übungen geben Ihnen ein Ziel vor, auch wenn Sie sich noch nicht so ganz sicher sind, wie Sie es erreichen werden.

9
Einen Schritt zurück und einen Schritt nach vorn

Ich unterrichtete noch nicht lange, als ich eine talentierte, fantasiereiche Schülerin namens Lynn hatte. Ihren Roman schrieb sie, ohne einen Plan dafür gemacht zu haben. War eine Szene fertig, überarbeitete sie sie, bis sie perfekt war, und machte sich dann an die nächste. Sie verfasste die Texte nicht in chronologischer Reihenfolge, sondern wie sie ihr in den Sinn kamen. Problematisch an ihrem Verfahren war, dass Lynn sich weigerte, noch einmal einen Blick auf die bereits überarbeiteten Szenen zu werfen, bevor sie sich an die nächste machte. Ich versuchte, sie zu überreden, ihr Manuskript in eine provisorische Reihenfolge zu bringen. Sie hätte einen besseren Überblick, gab ich ihr zu bedenken, wenn sie die Szenen alle nacheinander lesen würde, würde die Lücken in ihrem Roman finden oder die Stellen entdecken, an denen sie noch arbeiten müsse. Unnötige Wiederholungen, ungewollte Veränderungen im Ton und – am wichtigsten – das Fehlen eines Höhepunktes würden ihr bei einem Szenenvergleich sofort auffallen.

Doch Lynn wollte sich darauf nicht einlassen. In der Vergangenheit hatte sie einmal an einer Schreibblockade gelitten und befürchtete nun, die mühelosen Fünf-Minuten-Ausbrüche könnten plötzlich versiegen. Beim Schreiben von Fünf-Minuten-Texten gelang es ihr nämlich, ihre Selbstzensur zu überwinden. Sie konnte auch problemlos jeden einzelnen Übungstext bis zur Perfektion überarbeiten. Nur das Ganze durchzulesen, das brachte sie nicht über sich. Am Ende würde schon alles irgendwie zusammenpassen, dachte sie; wie die Teile eines Puzzles. Doch leider geschah dieses Wunder nicht. So großartig die Einzelteile waren, ein einheitliches Ganzes ergaben sie nicht. Bis Lynn sich das endlich eingestand, hatte sie bereits zweihundert Seiten perfekte Prosa geschrieben. Der Gedanke, das alles überarbeiten zu müssen, war zu viel für sie. In der Tat wäre wirklich eine ganze Menge zäher Arbeit auf sie zugekommen. Lynn warf das Handtuch.

Ich erwähne diese traurige Geschichte – wobei ich noch immer hoffe, dass Lynn den Roman zu Ende bringt –, weil ich darauf aufmerksam machen möchte, wie wichtig es ist, dass Sie Ihre bereits fertigen Übungstexte stets vor Augen haben. Gerade wenn Sie keine Lust verspüren, das, was Sie geschrieben haben, noch einmal zu lesen, möchte ich Ihnen einmal mehr ans Herz legen, Ihren Unlustgefühlen nicht nachzugeben.

Wenn Sie sechs oder mehr Übungstexte geschrieben haben, die auf der Energieskala einen hohen Rang einnehmen, ist es Zeit, eine Bestandsaufnahme zu machen. Es sei denn, Sie sind wie mein Schüler Chris. Der kann einfach nicht anders, als weiterzuschreiben. Er fängt zwar mit einer Fünf-Minuten-Übung an, doch wenn seine Zeit abgelaufen ist, stellt er fest, dass er gerade erst am Anfang ist. Es gehört zu seiner Schreibroutine, etwa zwanzig Seiten ohne Unterbrechung zu schreiben. Hat er die beendet, überarbeitet er das Geschriebene.

Sie brauchen also nicht unbedingt immer dann aufzuhören, wenn Sie sechs Übungstexte verfasst haben. Sie können auch fünfzehn statt fünf Minuten schreiben und erst dann aufhören, wenn Sie vier, acht oder noch mehr Übungen hinter sich gebracht haben. Passen Sie den Schreibprozess getrost Ihren eigenen Bedürfnissen an. Doch wie auch immer Sie vorgehen mögen, achten Sie unbedingt darauf, dass Sie Ihre Texte häufig überarbeiten. Das ist entschieden besser, als zweihundert Seiten zu schreiben und dann mittendrin aufzugeben. Selbst mein Schüler Chris, der einen guten Instinkt und ein sicheres Gefühl für die

Richtung hat, in die er sich bewegt, stößt immer wieder auf nicht ausreichend entwickelte Figuren und langatmige Szenen.

Der Schritt zurück

Die Aufforderung, einen Schritt zurück zu machen, kaum dass Sie einen nach vorn getan haben, klingt vielleicht ein wenig verrückt. Ich denke aber, Sie kommen selbst dahinter, dass dieser Eindruck trügt. Immer weiterzumachen, einen Übungstext nach dem anderen zu schreiben und wie Lynn darauf zu hoffen, dass am Ende der gewünschte Roman dabei herauskommt, ist etwas zu simpel. Selbst wenn Sie die langweiligen Übungstexte aussortieren und nur diejenigen behalten, die Sie spannend finden, ist das keine Garantie dafür, dass die verbleibenden Teile eine Erzählung oder einen Roman ergeben.

Die Auswahl von energiereichen Übungstexten ist nur der erste Schritt. Der zweite besteht darin, sich wieder mit dem zu befassen, was Sie geschrieben haben, und eine Struktur für das zu finden, was Sie sagen wollen. Die Struktur ist die übergreifende Ordnung Ihres Werks. Auf den folgenden Seiten zeige ich Ihnen, wie man sie findet.

Betrachten Sie Ihre Übungen als Gruppe

Ob Sie nach einem Plan vorgehen oder nicht, beim Schreiben geben Sie Ihrer Erzählung oder Ihrem Roman eine Form. Wenn Sie etwa sechs energiereiche Übungstexte fertig haben, sollten Sie sie aus der Distanz in ihrer Gesamtheit betrachten, um zu erkennen, in welchem Verhältnis sie zueinander stehen.

Vielleicht hilft es Ihnen, wenn Sie sich vorstellen, im Flugzeug zu sitzen und auf Ihre Übungen hinunterzuschauen. Betrachten Sie Ihre Texte alle auf einmal und behalten Sie sie im Sinn. Wie sehen sie aus? Liegen sie alle in einer Reihe nebeneinander?

201

Oder sind sie übereinander geschichtet? Die Form kann verschwommen, nur halb ausgebildet sein. Mein Schüler Dave sah seine Übungen von einer gepunkteten Linie umrandet, die an einigen Stellen unterbrochen war. Julie sah eine Reihe Quadrate. Stellen Sie sich jede Form vor, die Ihnen gefällt, solange nur alle Ihre Übungen darin enthalten sind. Erlauben Sie dieser Form, sich beim Schreiben zu verändern und zu erweitern.

Stellen Sie Fragen

Die Fragen, die ich Ihnen in diesem Kapitel vorgebe, sollen Ihnen helfen, schwache Stellen im Aufbau und in der Handlungsführung zu entdecken. Besonders nützlich sind diese Fragen, wenn Sie das Gefühl haben, dass etwas nicht ganz stimmt, und Sie sich nicht sicher sind, wie Sie das ändern können.

Behalten Sie die unten aufgeführten Fragen im Sinn, während Sie Ihre Übungen noch einmal durchlesen. Doch bevor Sie damit anfangen, sollten Sie dieses Kapitel erst ganz gelesen haben. In dem Abschnitt mit der Überschrift »Worauf Sie achten müssen, wenn Sie Ihren Übungstext durchlesen« gehe ich auf jede Frage noch einmal ausführlich ein.

- Sind Ihre Übungstexte miteinander verbunden?
  Wenn ja, wie?
- Sind Sie mit der Progression Ihrer Übungstexte zufrieden?
- Klappt es mit der Erzählperspektive?
- Fesselt Ihr Anfang den Leser?
- Geschieht zu viel oder zu wenig auf einmal?
- Haben Sie Zeit und Ort der Handlung eingeführt?
- Haben Sie einen Konflikt eingeführt?
- Haben Sie für Spannung gesorgt?
- Haben Sie unbeabsichtigt die Stimme, den Ton, den Rhythmus oder die Distanz verändert?
- Haben wichtige Teile mehr Gewicht als weniger wichtige?

- Ist das Tempo einzelner Teile zu langsam oder zu schnell?
- Führt ein Ereignis zum nächsten?
- Hat die Geschichte Lücken?
- Kommt es zu überflüssigen Wiederholungen?
- Erreicht der Konflikt einen Höhepunkt?
- Haben Sie das richtige Ende gefunden?

Begnügen Sie sich mit unfertigen Übungstexten

Zu Beginn sollten Sie sich damit befassen, den Handlungsverlauf herauszuarbeiten und die Struktur zu finden. Den Text zu überarbeiten und jedes Wort auf Hochglanz zu bringen, dazu haben Sie später noch genug Zeit. Ein unfertiger Übungstext lässt Ihnen die Möglichkeit, damit zu spielen und neue Wege einzuschlagen. Sie bleiben für neue Ideen aufgeschlossen. Erlauben Sie Ihren Überarbeitungen ein gewisses Maß an Unfertigkeit. *Je mehr Sie an Ihren Wörtern hängen, umso schwerer wird es Ihnen später fallen, Veränderungen vorzunehmen.* Selbst mit der Reihenfolge der Abschnitte brauchen Sie sich noch nicht zu befassen, es sei denn, eine Umstellung würde den Sinn des Ganzen verändern.

Es fällt Ihnen vielleicht schwer, sich an meinen Rat zu halten, aber je besser es Ihnen gelingt, über Ihren Schatten zu springen, desto leichter haben Sie es später. Es kann Ihnen nämlich durchaus passieren, dass Sie sehr wenig von dem übernehmen, was Sie beim ersten Durchgang geschrieben haben.

Betrachten Sie sich als einen Entdecker, der das Neuland zwar betreten, aber dort keine Wurzeln schlagen will, da Sie nicht wissen, wohin Ihr Weg führt und wie Sie Ihr Ziel erreichen.

Worauf Sie achten müssen, wenn Sie einen Schritt zurück tun

Solange Sie Fünf-Minuten-Übungen machen, übernimmt Ihr Unterbewusstsein das Kommando, doch wenn Sie Ihren Text überarbeiten, sollten Sie auch den inneren Kritiker ins Spiel bringen. Sie müssen merken, ob Sie versehentlich von der ersten Person zur dritten gewechselt haben, wie es beispielsweise meiner Schülerin Abby passierte. Sie müssen das, was Sie geschrieben haben, möglicherweise verbessern. In einer Erzählung oder in einem Roman hängt alles zusammen. Beim Schreiben können Sie den Konflikt nicht von der Erzählperspektive trennen. Beim Überarbeiten geht das aber sehr wohl – mit den richtigen Fragen. Auf diese Fragen, die ich bereits genannt habe, will ich nun genauer eingehen. Sie werden Ihnen helfen, alltägliche Probleme zu erkennen und so in den Griff zu bekommen, dass sie lösbar werden.

Sind Ihre Übungen miteinander verbunden?

Bei der Durchsicht Ihrer Übungstexte sollten Sie sich fragen: Gehören sie zur selben Erzählung oder zum selben Roman? Gibt es einen roten Faden, etwa ein gemeinsames Thema, dieselben Charaktere, dieselbe Situation, denselben Konflikt, dieselbe Stimmung oder Stimme? Wenn Sie sich nicht ganz sicher sind, machen Sie eine Liste der gemeinsamen Bestandteile. Vielleicht entdecken Sie welche, die in der obigen Aufzählung enthalten sind. Wenn nicht, haben Sie möglicherweise sechs interessante Übungstexte, denen jedoch wenig oder gar nichts gemeinsam ist. Es ist nicht sinnvoll, eine Geschichte oder einen Roman mit mehreren völlig unterschiedlichen Ideen zu beginnen. Bedenken Sie aber, dass Übungstexte auch auf eine nichtlineare Weise miteinander verbunden sein können. Das war bei meiner Schülerin Julia der Fall. Deren Übungen bewegen sich zeitlich vor und zurück, sind aber dennoch durch die erwachsene Stimme der Erzählerin verbunden, die auf verschiedene Abschnitte ihrer Vergangenheit zurückblickt.

Wenn Sie keinen roten Faden entdecken können oder keinen, von dem Sie das Gefühl haben, dass er stark genug sein könnte, wählen Sie einen der sechs Texte aus und nehmen Sie diejenigen Sätze als Sprungbrett, die Sie persönlich inspirierend finden. Sie können sich aber auch fünf weitere Übungstexte einfallen lassen.

Ganz umgehen können Sie das Problem, indem Sie sich von Anfang an zum Ziel setzen, in allen Übungen über dasselbe Thema und dieselben Charaktere oder Ereignisse zu schreiben. Alison erfand beispielsweise Dr. K., eine Figur, die glaubt, alle Krankheiten heilen zu können. Worum es auch immer in Alisons Übungstexte ging, stets spielte Dr. K. oder einer seiner Patienten eine Rolle.

Falls Sie keine Verbindung zwischen Ihren Figuren finden, sich aber nicht von ihnen trennen wollen, müssen Sie sich etwas ausdenken. Sind sie alle Raketenspezialisten? Ehemalige Nazis? Freunde aus der Kindheit? Versuchen Sie doch einmal zum Spaß, Ihre Figuren auf verschiedene Weise zu verbinden. Erfinden Sie ein Ereignis, das sie alle zusammenbringt. Sie könnten sich auf einem Kreuzfahrtschiff treffen oder bei einer Séance. Benutzen Sie Ihre Fantasie. Schreiben Sie ein, zwei Minuten, um Ihren bereits existierenden Übungstexten »verbindendes Gewebe« einzupflanzen. Oder schreiben Sie ganz neue Übungen. Deutlich auszuführen brauchen Sie die Verbindung zwischen den Charakteren nicht, es reicht ein Hinweis. Möglicherweise fesseln Sie sogar das Interesse des Lesers gerade dadurch, dass er herausfinden will, in welcher Beziehung die einzelnen Figuren zueinander stehen.

Meine Schülerin Gail bezeichnete ihre sechs ersten Übungen als »Ausflüge in alle Richtungen«. Der rote Faden sei ihr aber bekannt, sagte sie. Sie hielt die Erzählerin für den roten Faden, weil die Charaktere alle zu ihrer großen Familie gehörten. In jeder Übung stellte sie andere Verwandte vor, die bei verschiedenen Vorfällen zu unterschiedlichen Zeitpunkten zugegen waren. Zum Beispiel ging es in einem Übungstext um die Hochzeit einer der Kusinen der Erzählerin, in einem anderen um den Streit zwischen den Eltern des Bräutigams und dem Mann der Erzählerin.

In wieder einer anderen um das Begräbnis des Großvaters. Und so ging es weiter. Als sie etwas länger darüber nachdachte, war sich Gail ihres roten Fadens dann aber doch nicht mehr so sicher. Ich schlug ihr vor, die Ereignisse in eine chronologische Reihenfolge zu bringen, damit sie feststellen konnte, was zuerst passierte, was als Nächstes und so fort. Ob sie ihre Geschichte dann auch chronologisch erzählen würde, war zu diesem Zeitpunkt noch unerheblich. Die Chronologie half Gail, das Material zu ordnen. Und so konnte sie herausfinden, was sie noch schreiben musste: »Dieser Übungstext muss an diese Stelle, dann ist da eine große Lücke, die ich füllen muss, dann kommt dieser Übungstext, dann kommt wieder eine große Lücke, dann kommt wieder ein Übungstext« und so fort. Ich bat sie, in den Lücken zwischen den Übungen die Themen einzutragen, die sie behandeln wollte, und sie ebenfalls in eine chronologische Reihenfolge zu bringen. Auf ihrer Liste standen Themen wie »die Feier bei Tante Maud«, »Franks Herzanfall« oder »Irma und Joels ablehnende Haltung gegenüber Heddy«. Nachdem sie diese Liste gemacht hatte, die noch weit davon entfernt war, endgültig zu sein, fragte ich Gail, was diese Figuren denn noch miteinander verbinde. Sie sagte, die Religion. Alle seien Anhänger des mosaischen Glaubens. Der Konflikt der Erzählerin bestand darin, dass ihre Abkehr vom Judentum bedeutet hätte, dass sie sich gegen ihre Familie entscheidet. Mit der Erkenntnis, dass der eigentliche rote Faden ihres Romans die Religion war, fiel Gail die Beurteilung leichter, welche Charaktere und Vorfälle wirklich notwendig waren. Dabei hatte sie ursprünglich nichts weiter tun wollen, als eine vorläufige Reihenfolge für ihre Übungstexte zu finden.

Sind Sie mit der Abfolge Ihrer Übungstexte zufrieden?

Ordnen Sie wie Gail Ihre Übungstexte in einer vorläufigen Reihenfolge an. Wenn Sie sich nicht sicher sind, was Ihre Übungen miteinander verbindet, kann Ihnen die Reihenfolge vielleicht einen Hinweis geben. Denken Sie immer daran, dass der rote Faden, den Sie suchen, an diesem Punkt noch nicht viel mehr als ein *Gefühl* sein kann.

Spielen Sie mit der Reihenfolge. Was geschieht, wenn Sie sie verändern? Entscheiden Sie sich für die Reihenfolge, die Ihrem *Gefühl* nach die richtige ist. Bedenken Sie, dass Sie die Reihenfolge, mit der Sie angefangen haben, nicht unbedingt beibehalten müssen.

Die von Ihnen gewählte Reihenfolge muss sich nicht unbedingt nach Zeitkriterien richten. Wenn Sie jedoch keine andere Idee haben, ist die chronologische Anordnung die einfachste. Deshalb würde ich sie an Ihrer Stelle auf jeden Fall erst einmal ausprobieren, auch wenn andere Verfahrensweisen denkbar sind. Sie könnten auch unterschiedliche Erzählperspektiven zum Ordnungskriterium machen. In den ersten Übungen spricht A, in den nächsten Übungen übernimmt B die Erzählstimme.

Vielleicht stellen Sie ja auch fest, dass Ihre Geschichte mehrere parallele Handlungen enthält, das heißt, dass mehrere Stränge desselben Fadens parallel verlaufen. Wenn das der Fall ist, könnten Sie daraus ein regelmäßiges Muster machen, indem eine Geschichte auf die andere folgt. Ihr Roman könnte also aus drei Handlungssträngen bestehen, der erste Übungstext wäre Nummer eins, der zweite Nummer zwei, der dritte Nummer drei. In der vierten Übung würde Nummer eins fortgesetzt usw. Oder Sie verweben eins, zwei und drei nach dem Zufallsprinzip.

Klappt es mit der Erzählperspektive?

Als Liz ihre Übungstexte zum ersten Mal chronologisch ordnete, hatte sie das Gefühl, da sei ein Bruch, aber sie wusste nicht so recht, warum. Es dauerte eine ganze Weile, bis ihr auffiel, dass sie immer wieder die Erzählperspektive gewechselt hatte. Ihr Roman handelte von einem heranwachsenden Mädchen. Einige Texte hatte sie aus der Perspektive des Kindes geschrieben, andere aus der einer Erwachsenen, die sich an ihre Kindheit erinnert. Liz musste sich entscheiden. Die kindliche Perspektive bedeutete eine Einschränkung der Sicht der Welt auf die Wahrnehmung eines Kindes:

> Gestern Abend zogen sich die Mädchen in meiner Hütte aus und spielten Modenschau. Keine Kleider, nur nackte Körper.

Aus der Perspektive einer Erwachsenen könnte sie sowohl über die Kindheit als auch das Heranwachsen schreiben, aber nicht aus kindlicher Sicht.

> Meine beste Freundin war Nadine. Mit zehn war sie eine große Fichte von einem Mädchen.

Donald schlug vor, die Erzählperspektive allmählich vom Kind zur Erwachsenen zu ändern. Die Erzählerin würde also mit dem Kind im Roman älter werden. Joanne schlug einen allwissenden Erzähler vor oder jemanden, der Dinge über das Mädchen wusste, die es selbst nicht wissen konnte. Andere Vorschläge waren, die Geschichte aus dem Blickwinkel der Schwester, des Bruders oder der besten Freundin Nadines zu erzählen. Oder aus der Perspektive von zwei oder mehreren dieser Figuren. Zu guter Letzt beschloss Liz, den ursprünglichen Erzählstandpunkt beizubehalten und die Erzählerin allmählich älter werden zu lassen.

Auch in der Geschichte meines Schülers Peter war die Erzählperspektive nicht gewahrt, aber sein Problem war etwas anders gelagert. Bei ihm war der Erzähler der Sohn eines Mannes, der umkommt, als sein Lastwagen explodiert. Der Sohn berichtete jedoch Dinge, die nur jemand wissen kann, der bei der Explosion dabei war. Da der Sohn im ursprünglichen Übungstext nicht am Unglücksort war, musste Peter entscheiden, ob er den Erzähler allwissend machen oder den Sohn im Lastwagen an die Seite des Vaters setzen wollte. Da ihm das Erzählen aus dem Blickwinkel des Sohnes lag, entschied er sich dafür, dass der Sohn den Vater begleiten, aber mit knapper Not davonkommen sollte.

Dieselbe Geschichte aus verschiedenen Perspektiven zu erzählen kann eine reizvolle Aufgabe sein. Wenn Sie sich jedoch für zwei Erzähler entscheiden, müssen Sie aufpassen, dass Sie nicht mitten in der Szene die Perspektive wechseln. Wechseln Sie nur, wenn Sie eine neue Szene beginnen. Im Roman meines Schülers Donald sieht Brian, der in Joans großer Wohnung im westlichen Manhattan ein Zimmer gemietet hat, die Welt aus einem leicht ironischen Blickwinkel, wohingegen die ältere Joan eine der Welt müde Zynikerin ist.

Falls Ihre Geschichte von zwei Erzählern berichtet wird, achten Sie unbedingt darauf, dass jeder eine eigene Stimme hat, anders denkt und die Welt anders sieht. Wenn Sie mit der Stimme einer Figur schreiben wollen, müssen Sie selbst zu dieser Figur werden. Versuchen Sie sich vorzustellen, dass Sie in der Haut ihrer beiden Gestalten stecken. Hier ist Donald, der aus Brians Perspektive beschreibt, wie Brian zum ersten Mal die Christopher Street in Greenwich Village hinunterläuft.

> Ihm fielen die Männer in ihren engen Jeans und Stiefeln auf, die an ihm vorbeischlenderten, die karierten Ärmel ihrer Hemden lässig hochgerollt. Dann sah er sein eigenes Spiegelbild in den Schaufensterscheiben – groß und schlacksig, in sackartigen Khakihosen, billigen Halbschuhen und einem Hemd aus der Schnäppchenabteilung. War es möglich, dass er irgendeinem dieser Muskelmänner mit ihren säuberlich gestutzten Schnurrbärtchen begehrenswert vorkam?

Hier schreibt Donald aus Joans Perspektive:

> Joan betrat das zu grell beleuchtete Restaurant und war-
> tete auf die Gastgeberin, wie es das Schild gleich hinter
> der Eingangstür nahelegte. ‚Gastgeberin', dachte Joan, das
> klang reichlich vornehm für diese Art Restaurant.

Die Erzählperspektive ist eine sehr grundsätzliche Sache. Wenn
Sie nicht hundertprozentig hinter der von Ihnen verwendeten
Erzählperspektive stehen, kann ich Ihnen nur anraten, verschiedene Erzählstandpunkte auszuprobieren. Analysieren Sie, wie jeder Ihre Geschichte verändert. Schreiben Sie Ihren Übungstext
noch einmal, diesmal in der ersten Person, der dritten Person, allwissend oder aus mehrfacher Erzählperspektive.

Nehmen Sie einmal an, Sie schreiben über eine Hochzeit. Der
Brautvater wird die Hochzeit anders sehen als die Cousine, die
den Bräutigam heiraten wollte und einen Korb bekam. Sie können Ihren Text entweder aus der Perspektive eines unbeteiligten
Beobachters oder einer Figur schreiben, die zutiefst in das Geschehen verwickelt ist. Eine Mutter sieht ihren kranken Sohn aus
einer anderen Perspektive als die Krankenschwester, die seine
Temperatur misst. Was passiert, wenn Sie das Tempus wechseln
und Ihre Geschichte statt in der Vergangenheit in der Gegenwart
erzählen? Vielleicht stellen Sie ja fest, dass Sie die Gegenwart vorziehen, weil sie Ihrer Geschichte größere Unmittelbarkeit gibt.

Ob Sie sich für eine oder mehrere Erzählperspektiven entscheiden, ist gleichgültig, achten Sie nur darauf, dass Sie sich durchgängig an Ihre Entscheidung halten.

Fesselt Ihr Anfang den Leser?

In einer von Alisons Geschichten wurde der Vater der Erzählerin
in höchster Eile ins Krankenhaus eingeliefert. Von Anfang an
kreist alles um die Frage, ob er überleben wird? Doch Alison
spricht diese Frage nicht direkt aus. Hier ist ihr erster Satz und ein

Teil ihres ersten Abschnitts:

> Als sie ins Krankenhaus kam, war das Erste, was sie sah,
> Schmutz, allgegenwärtiger Schmutz ... Die Wände waren
> verschmiert. Der Boden sah klebrig aus ... Wie hatte es nur
> passieren können, dass man ihren Vater hierher gebracht
> hatte? ...

Es dauert nicht lange und der Leser erfährt, dass ihr Vater wieder
einmal einen Herzanfall erlitten hat. Die Prognose sieht nicht
gut aus. Das schmutzige Krankenhaus verbessert seine Chancen
nicht gerade. Wäre Zeit gewesen, hätte man ihren Vater in ein
sauberes, ordentliches Krankenhaus gebracht, aber dieses war
ganz in der Nähe gewesen. Sie beschreibt die blutigen Zellstoff-
reste und den Staub auf dem Boden. Sie ist geradezu besessen
von dem Schmutz, dem sie sich leichter stellen kann als der Vorstellung, dass ihr Vater sterben könnte.

Sehen Sie sich Ihre Übungen noch einmal an. Haben Sie einen
Anfang gewählt, der den Leser packt? Fragen Sie sich, ob Sie den
Leser *gefesselt* haben. Eine ungewöhnliche Stimme, eine überraschende Aussage oder Frage, eine ungewöhnliche Erzählperspektive können das Interesse des Lesers ebenso wecken wie ein
dramatisches Ereignis.

Geschieht zu viel oder zu wenig auf einmal?

Meine Schülerin Marie führt gleich eine ganze Reihe von Charakteren und Situationen in einem einzigen Übungstext ein. Sie stellt
Shawn und seinen Kumpel Roddy vor, beides Zimmerleute, die
frisch aus Irland nach New York gekommen sind, um ein neues
Leben zu beginnen. Marie beschreibt die ersten Tage der beiden in
der Stadt. Im selben Text kommt Mathilde, die Shawn liebt, aus
Irland an, und Shawns seit langem verstorbener Großonkel erscheint ihm im Traum. Er sagt, dass Roddy schlechte Gewohnheiten habe, über die Shawn Bescheid wissen müsse. Außerdem wird
noch die Rolle des Großonkels bei der Belagerung von Leningrad

beschrieben und wie er später nach Südamerika auswanderte und Bergführer wurde.

In diesem einen Übungstext steckt eine ganze Reihe möglicher Szenen. Eine könnte Shawns und Roddys ersten Tagen in New York gewidmet sein. Andere könnten Shawns Freundschaft mit Roddy zum Gegenstand haben, Shawns Beziehung zu Mathilde, Shawns Großonkel, Shawns Traum, Roddys schlechte Gewohnheiten oder sogar die Vergangenheit in Irland, vor der sie geflüchtet sind.

Schauen Sie sich Ihre Übungen an. Wo haben Sie die meisten Figuren und Ereignisse platziert? Sind einige Ihrer Übungen überfrachtet? Zählen Sie die Charaktere und Geschehnisse in jedem Ihrer Übungstexte. Sollte eine Übung so überladen sein wie die von Marie, machen Sie sich eine Liste der Begebenheiten oder möglichen Begebenheiten. Markieren Sie diejenigen, auf die Sie später noch genauer eingehen können. Wählen Sie nicht mehr als zwei oder drei Figuren und einen einzigen Vorfall aus. Dann schreiben Sie einen Fünf-Minuten-Text.

Wenn Sie gleich eine ganze Reihe von Charakteren und Ereignissen in einer einzigen Übung unterbringen, können Sie über die einzelnen Figuren und Vorfälle nicht viel sagen. Wenn Sie den Text jedoch noch einmal durchlesen, haben Sie die Gelegenheit, sie erneut gründlich zu durchdenken. Einige dieser Charaktere könnten Sie entwickeln oder aber einen Vorfall in mehreren Übungstexten verwenden. Die restlichen Figuren und Geschehnisse sollten Sie für später aufheben, um sie allmählich einzuführen.

Es kann aber auch sein, dass in Ihrer Erzählung oder Ihrem Roman zu wenig geschieht statt zu viel. Wenn Sie ganze Seiten darauf verwenden, in einem Haus mit zwanzig Zimmern jedes Möbelstück zu beschreiben, wird der Leser das Interesse längst verloren haben, bevor Sie ihm den Grund für diese Inventaraufnahme verraten, falls es überhaupt einen gibt. Der Leser wehrt sich gegen eine Welt, die stehen geblieben ist. Er möchte das Gefühl haben, dass ihn der Roman irgendwo hinbringt. Statische Passagen sind am wirkungsvollsten, wenn sie sich mit handlungsreichen Passagen abwechseln. Sprechen Sie Ihren Text auf Kassette und hören Sie ihn sich an. Fragen Sie sich, ob Sie zu viel beschreiben und erklären und ob vielleicht zu wenig geschieht.

Haben Sie Zeit und Ort der Handlung eingeführt?

Mein Schüler Charles schrieb eine Geschichte, die von einem Junkie erzählt wird, der gerade aus dem Entzug kommt. Es beginnt damit, dass der Junkie zufällig die Frau trifft, die er liebt. Er sieht sie zum ersten Mal, seit sie einige Monate vor ihm aus der Klinik entlassen wurde. Voller Verzweiflung sagt der Junkie, der erneut auf Drogen ist, sie habe eine rote Rose in der Hand gehabt, wahrscheinlich ein Geschenk von ihrem Geliebten. Als ich das las, fragte ich mich, wie viel Zeit zwischen der Begegnung und der Erwähnung der Begegnung durch den Junkie vergangen sein mochte. Eine kohärente Geschichte von einem inkohärenten Erzählstandpunkt aus zu schreiben ist keine leichte Aufgabe. Wäre der Junkie wirklich high gewesen, hätte die Geschichte einen anderen Erzähler gebraucht, aber Charlie versicherte mir, dass sein Junkie wusste, wo er war. Das bringt mich auf ein anderes Problem: Der Leser wusste nicht, wo sich der Junkie aufhielt, als er seine Geschichte erzählte.

Zeit und Ort geben der Geschichte oder dem Roman ein Gerüst. Manchmal verzichten Autoren darauf und beschreiben nur das Innenleben ihrer Figuren. Damit Ihnen das nicht passiert, fragen Sie sich am besten, zu welcher Zeit Ihre Übungstexte spielen. Liegen sie alle im selben Zeitrahmen? Sie sollten sich fragen, von wann bis wann Ihre Erzählung oder ihr Roman spielt. Passiert alles an einem Tag, in einer Woche, in einem Monat oder in einem Jahr? Ort und Zeit geben Ihrer Erzählung eine Struktur, innerhalb derer Sie arbeiten können. Sie begrenzen eine Erzählung, die ansonsten endlos und formlos geraten könnte.

Der Leser kann auch durch Zeitsprünge aus der Bahn geworfen werden, die aller Wahrscheinlichkeit zu Lücken in Ihrer Geschichte führen. Sehen Sie sich Ihre Übungstexte daraufhin an. Wird sich der Leser fragen, wie viel Zeit wohl zwischen dem einen und dem anderen Ereignis verstrichen ist? Wenn mehrere Monate zwischen zwei Ereignissen liegen, ist es ratsam, die Lücke zu füllen. Die Überbrückung kann einfach sein, Sie brauchen nur hinzuzufügen »Einige Monate später« oder »Eine Weile später« oder »Drei Tage später«. Wenn Sie eine längere Zeit überspringen, könnte eine Zusammenfassung der Ereignisse hilfreich sein, bevor Sie fortfahren. Schauen Sie sich Ihre Übungstexte an. Fragen Sie sich, wie viel Zeit in jeder Szene verstreicht.

Nachdem Sie die Zeit eingeführt haben, sollten Sie sich auch fragen, *wo* ihr Roman spielt. Es kann sein, dass Ihre Übungstexte verschiedene Schauplätze enthalten. Ändert sich der Schauplatz, sollten Sie dafür sorgen, dass sich der Leser dessen bewusst ist. Fehlt der Schauplatz ganz, hat Ihr Leser wahrscheinlich das Gefühl, durch Ihre Erzählung zu »schweben«. Eine Geschichte, die ganz ohne Ort und Zeit oder auf eine bestimmte Zeit beschränkt ist, aber keinen Ort hat, gibt dem Leser das Gefühl, dass er nicht Fuß fassen kann.

Charles wählte mit Absicht die bevölkerten Straßen Manhattans als Schauplatz seiner Geschichte. Dass die Erinnerungen seines Protagonisten, des Junkies, von Zeit zu Zeit durch Dinge, die er sieht, sowie Geräusche und Gerüche gestört werden, ist genau das, was Charles braucht. Der Zusammenstoß seines Helden mit einem Fußgänger oder der Beinahe-Zusammenstoß mit einem Auto bilden einen Kontrast zum inneren Monolog des Junkies und stellen ihn in einen örtlichen Kontext, sodass der Leser seinen Gedanken folgen kann und dennoch weiß, wo er ist.

Haben Sie einen Konflikt eingeführt?

Es ist typisch für literarische Texte, dass etwas »nicht stimmt«. Entweder gibt es eine Frage, die beantwortet, oder ein Problem, das gelöst werden muss. Einander widerstrebende Kräfte führen zu Spannungen. Aus dem Konflikt entsteht die Handlung, die sich zu einem Höhepunkt steigert.

Der Konflikt kann ein innerer sein. Eine Figur kann zwei Seelen in ihrer Brust haben. Stellen Sie sich ein junges Mädchen vor, das einerseits sofort mit seinem Freund schlafen, andererseits bis zur Ehe warten will. Immer wenn eine Figur widersprüchliche Standpunkte vertritt oder Widersprüchliches tun oder glauben will, entsteht ein Konflikt.

Der Konflikt kann aber auch ein äußerer sein. Ein Charakter kann gegen einen anderen Charakter, eine Gruppe oder die Natur antreten. Ein Mädchen kann einen Konflikt mit seiner Mutter austragen. Ein Bandenchef kann gegen seine Bande sein. Ein Seemann mag etwas gegen die See haben.

Bei einer längeren Erzählung oder in einem Roman brauchen Sie den Konflikt nicht gleich in den ersten paar Sätzen einzuführen, ja noch nicht einmal im ersten Übungstext. Wenn Sie jedoch schon eine ganze Reihe Übungen geschrieben haben und sich noch immer kein Konflikt eingestellt hat, müssen Sie einen erfinden. Der einfachste Weg ist, zwei Charaktere auszuwählen und sich vorzustellen, dass sie gegensätzlicher Auffassung sind. Fragen Sie sich, worin ihre Meinungsverschiedenheiten bestehen könnten. Warum kommen sie nicht miteinander aus? Während Sie sich ihre Übungstexte noch einmal ansehen, sollten Sie versuchen, den Konflikt in einem Satz zu beschreiben, gehen Sie von dem aus, was Sie bisher geschrieben haben. Das Formulieren könnte Ihnen helfen, den Konflikt schärfer zu sehen.

Haben Sie für Spannung gesorgt?

Ohne Konflikt keine Spannung. In Alisons Geschichte über den Vater, der einen Herzanfall erleidet, baut sich die Spannung auf, als die Tochter in dem schmutzigen Krankenhaus wartet und nicht weiß, ob ihr Vater überleben oder sterben wird. Vielleicht interessiert Sie, wo in Donalds Schwulengeschichte die Spannung herrührt, da es in ihr ja nicht um Tod oder Leben geht. Was bringt den Leser dazu, weiterzulesen?

Um ehrlich zu sein, auf Donalds ersten fünfzig Seiten war von Spannung nicht viel zu spüren. Deshalb bat ich ihn, mir in einem Satz zu sagen, worum es in der Geschichte geht. Seine Antwort lautete, es gehe um die Beziehung zwischen Brian, einem jungen Schwulen, der sich selbst finden will, und einer älteren Frau namens Joan, die ihm ein Zimmer ihrer Wohnung vermietet. Die Antwort ist mir zu vage. Ich frage weiter, was denn an der Beziehung so wichtig sei und worin der Konflikt bestehe? Donald erwiderte: Als Brian und Joan enge Freunde werden, mischt sich Joan in Brians Leben ein und hindert ihn daran, unabhängig zu sein. Auf meine Frage, warum in den ersten fünfzig Seiten kein Hinweis darauf zu finden sei, in welche Richtung sich der Roman entwickelt, erwiderte Donald, er sei noch dabei, den Roman aufzubauen.

Manchmal zögern Schriftsteller, die Katze aus dem Sack zu lassen. Sie schreiben zweihundert Seiten und sind noch immer nicht beim Thema ihrer Geschichte angelangt. Die Spannung geht verloren, weil der Schreibende auf Zeit spielt. Auch das Thema geht auf diese Weise in die Binsen. Donalds Geschichte spielte sich ungefähr nach folgendem Muster ab: Er tat dies, er tat das, er tat dies, er tat das. Alles blieb flach, nichts ragte irgendwie hervor. Keine Figur schien mit ihren Handlungen ein Ziel zu verfolgen. Falls Sie feststellen, dass Ihre Übungen ohne Spannung sind, sollten Sie in einem Satz zusammenfassen, worum es in Ihrer Geschichte gehen soll. Schreiben Sie den Satz so lange um, bis er den Hauptkonflikt auf den Punkt bringt. Dann legen Sie sich den Zettel in Greifweite und lesen ihn sich immer wieder durch.

In einer von Donalds Übungen hat Joan Streit mit ihrem Chef. Sie läuft Gefahr ihren Job zu verlieren. Statt mit der Episode Spannung zu schaffen, geht Donald darüber hinweg. Joan sagt zu einer Kollegin, dass es ihr egal sei, ob sie gefeuert werde, denn sie warte ohnehin auf eine Versetzung in ein anderes Büro. Alison machte David darauf aufmerksam, dass er sich mit dieser Szene einiges hatte durch die Lappen gehen lassen.

In der überarbeiteten Fassung besteht nach wie vor die Möglichkeit, dass Joan ihre Stelle verliert, und noch immer sagt sie zu ihrer Kollegin, dass ihr das egal sei. Doch diesmal weiht Donald den Leser in Joans Gefühle ein, die sie vor ihrer Kollegin versteckt hält. Joan bangt nämlich um ihre Pension. Sie macht sich Vorwürfe, weil sie ihren Chef angefahren hat. Die Frage ist dieselbe wie in der ursprünglichen Fassung: Wird Joan ihre Stelle verlieren? Doch diesmal steht etwas auf dem Spiel. Der Leser hat mehr Veranlassung, sich Gedanken um Joan zu machen.

Es ist ein ständiges Problem in einem Roman, das Interesse des Lesers aufrecht zu halten. Ein Roman lebt von der Spannung, nicht nur am Anfang, sondern vom Anfang bis zum Ende. Wenn Sie Ihre Karten auf den Tisch legen, braucht der Leser nichts mehr herauszufinden. Damit die Spannung, der Zustand innerer Unruhe, erhalten bleibt, muss für eine oder mehrere Figuren etwas auf dem Spiel stehen.

Der Streit zwischen Joan und ihrem Chef ist ein Beispiel für so eine kleine Komplikation. Sie brauchen dafür nur eine Frage in den Raum zu stellen, etwas unausgesprochen zu lassen oder dem Leser Informationen vorenthalten.

Meine Schülerin Diane lässt beispielsweise ihre Figur Susan eine Ansichtskarte aus Australien in der Tasche verstecken, damit ihr Mann Michael sie nicht sieht. Der Leser erfährt erst später, wer die Postkarte geschickt hat und aus welchem Grund.

Falls Sie dem Leser eine Information vorenthalten, dürfen Sie

sie später unter keinen Umständen vergessen! Achten Sie darauf, dass Sie in einer anderen Übung darauf eingehen. Es kann Fälle geben, wo Sie gut beraten sind, bis ganz zum Schluss zu warten. Eine weitere Taktik, Spannung zu schaffen, ist, auf Zukünftiges anzuspielen. Hier ist ein Satz aus Joannes Geschichte:

> Wenn Alice geahnt hätte, was für Folgen es haben würde, dass sie Al ihre Telefonnummer gab, hätte sie es niemals getan.

Verwenden Sie eine oder mehrere dieser Methoden, um den Leser in jeder Übungsgruppe zu ködern. Bringen Sie ihn dazu, weiterzulesen, indem Sie nie zu viel auf einmal verraten.

Haben Sie unbeabsichtigt die Stimme, den Ton, den Rhythmus oder die Distanz verändert?

Wenn Sie sich nicht regelmäßig ans Schreiben setzen, sondern lange Pausen machen oder von einem Teil Ihrer Geschichte zum nächsten springen, ist es ziemlich wahrscheinlich, dass Sie beim Durchlesen Ihrer Übungen auf unbeabsichtigte Veränderungen in der Stimme, im Ton, im Rhythmus oder in der Distanz stoßen. Versuchen Sie, immer an einem einzigen Kapitel zu arbeiten, damit Sie ein besseres Gespür dafür entwickeln, in welchem Verhältnis die einzelnen Übungen zueinander stehen.

Ungewollte Verschiebungen stellen sich ein, wenn Ihnen die Stimmung Ihrer Geschichte entglitten ist. Dieses Problem umgehen Sie, indem Sie sich Ihre bereits geschriebenen Übungen sorgfältig durchlesen, bevor Sie weiterschreiben. Nehmen Sie sich Zeit und machen Sie sich die Mühe, wieder richtig in Ihre Geschichte einzusteigen, besonders wenn Sie sie eine Weile aus der Hand gelegt hatten. Versenken Sie sich ganz in sie, bevor Sie wieder den Stift zur Hand nehmen. Möglicherweise müssen Sie fürs Schreiben in einer bestimmten Gemütsverfassung sein. Gestatten Sie sich, diesen Zustand wieder zu erreichen. Holen Sie tief Luft und entspannen Sie sich. Vergegenwärtigen Sie sich Ihre bereits geschriebenen Übungen. Erwarten Sie nicht, dass Sie automatisch dort fortfahren können, wo Sie aufgehört haben. Wenn Sie einfach weiterschreiben, ohne sich darum zu kümmern, was Sie bereits geschrieben haben, verschwenden Sie aller Wahrscheinlichkeit nach Ihre Zeit.

In der Geschichte meines Schülers Craig verfolgt ein kleiner Angestellter eine Frau namens Maggie, die in einem Büro in seiner Nähe arbeitet. Spricht der Angestellte über seinen Job, klingt seine Stimme gereizt, doch beim Anblick »seiner Liebsten« wird sie weich. Irgendwann reicht es ihm nicht mehr, sie nur zur Mittagszeit zu sehen, und so fängt er an, ihr in der U-Bahn nach Hause zu folgen. Hinter einem Gebüsch versteckt beobachtet er sie eines Abends:

> Etwas an der Art, wie sie ausschritt, etwas an ihrer Körperhaltung war freier, wirklicher. Lag doch die verlogene Welt Manhattans hinter uns, wo man jemand sein musste, der man gar nicht war, oder jemandem den Arsch küssen musste. Nun gab es nur noch uns beide.

In der nächsten Übung ist der gereizte Unterton verschwunden. Der Angestellte klingt schmalzig und romantisch. Die unerwünschte Veränderung in der Stimme verlangsamt die Geschichte.

> Ich konnte sehen, wie sie ganze Nachmittage allein in ihrem Zimmer verbrachte, las oder aus dem Fenster blickte. »Ich weiß, dass du mich spüren kannst, meine Liebste«, flüsterte ich vor ihrem Haus. »Ich bin hier, meine Liebste, ich bin hier.«

Bei der Durchsicht Ihrer Übungen sollten Sie sich fragen, ob die Stimme in all Ihren Übungen dieselbe ist. Zur Stimme gehören die Wortwahl, die Wahrnehmung der Figuren und die Art und Weise, wie sie die Welt sehen. Achten Sie auf Brüche. Der Erzähler darf nicht ohne Grund in der einen Übung Umgangssprache benutzen und in der anderen nicht. Wenn es keinen Grund für den Wechsel gibt, sollten Sie die Stelle korrigieren.

Ton und Stimme sind leicht zu verwechseln, denn der Ton, die Haltung, die aus Ihrer Geschichte oder Ihrem Roman spricht, ist ein Teil der Stimme. Es gibt Fälle, in denen eine Veränderung des Tons durchaus plausibel ist. Dafür ist die Geschichte meiner Schülerin Sandra ein gutes Beispiel. Nach dem Verlust seiner Hand verlor der Mann der Erzählerin die Freude am Leben. Zu Beginn klingt die Erzählerin verbittert, aber gegen Ende hat sich ihre Haltung geändert. Nachdem sie nämlich beobachtet hatte, wie ein Fremder ihrem geistig zurückgebliebenen Sohn Mut machte, wird ihr klar, dass ihr Mann auch deshalb die Lebensfreude verloren hat, weil sie ihn aufgegeben hat. Diese Entdeckung gibt ihr geradezu Hoffnung für die Zukunft. Achten Sie also darauf, ob sich der Ton Ihres Erzählers oder Ihrer Erzählerin ändert, und wenn ja, sehen Sie zu, dass es dafür einen triftigen Grund gibt.

Wie kann man sich sicher sein, dass es zu keinen unerwünschten Veränderungen in der Stimme, im Ton, im Rhythmus oder in der Distanz gekommen ist? Eine Methode, das festzustellen, ist, eine Kassettenaufnahme von dem zu machen, was Sie geschrieben haben. Achten Sie dabei auf Stellen mit viel oder mit wenig Gefühl, auf Ihre Wortwahl und Ihren Satzrhythmus. Achten Sie auch darauf, wo Sie Atem holen. Gebrauchen Sie eher mehrsilbige oder einsilbige Wörter? Sind Ihre Sätze einen Abschnitt lang schnell und dann wieder langsam? Sind einige Sätze lang und andere kurz? Unterschiede bedeuten nicht automatisch, dass etwas schlecht oder falsch ist. Es ist aber wichtig, dass Sie ein Gespür für Unterschiede bekommen und dafür sorgen, dass sie eine Funktion haben.

Wie dicht stehen Sie bei Ihren Figuren? In einer Szene sind Sie vielleicht nahe genug, um die Wimpern Ihres Protagonisten zu sehen und ihn flüstern zu hören. In einer anderen Szene sehen Sie ihn auf einem Schiff mitten im Atlantik als winzige Gestalt, die sich über die Reling beugt. Ich wiederhole, diese Verschiebungen Ihres Standortes sind nicht automatisch schlecht oder falsch, wichtig ist nur, dass Sie merken, wann und wo sie auftreten. Einschränkend ist allerdings zu sagen, dass jähe Distanzveränderungen störend wirken können.

Haben wichtige Teile mehr Gewicht als weniger wichtige?

Wenn alles in Ihren Übungen gleichrangig ist, ragt nichts heraus. Nichts scheint wichtig zu sein. Alles ist nivelliert. Alles ist zum *Hintergrund* geworden. Beim Durchlesen jeder Übungsgruppe sollten Sie die wichtigste Szene oder das wichtigste Ereignis heraussuchen.

In der Geschichte meiner Schülerin Wanda geht es um ein Kindermädchen. Es ist bei dem Ehepaar D. angestellt, das sich nicht mehr versteht. Das Kindermädchen kümmert sich um die kleine Scotty. Jeannies Konflikt besteht darin, dass sie nicht weiß, ob sie kündigen oder bleiben soll. Immer wenn sie Mr. D.'s Verhalten gegenüber seiner Frau miterlebt, wird Jeannie an ihre eigene Kindheit erinnert. Sie mag weder Mr. D. noch Mrs. D., doch für die kleine Scotty empfindet sie Zuneigung. Zu guter Letzt beschließt sie zu bleiben, weil das kleine Mädchen sie braucht.

Dem Leser wird erst etwa in der Mitte der Geschichte klar, dass die Frage, ob sie gehen oder bleiben soll, für Jeannie ein großer Konflikt ist. Bis dahin weiß der Leser nur, dass sie mit ihrer Arbeit unzufrieden ist. Selbst als sie sich endlich zu einer Entscheidung durchringt, sind die wesentlichen Zeilen in einem Absatz versteckt, in dem das Rauchen einer Zigarette ebenso viel Gewicht hat, wie Jeannies Entschluss zu kündigen.

> Ich stand richtig früh auf, so gegen fünf Uhr, zündete mir eine Zigarette an und beugte mich aus dem Fenster. Da Mrs. D. es nicht gern sah, wenn man in ihrem Haus rauchte, musste ich es vor ihr verbergen. Heute würde ich es tun. Nie wieder würde ich Scotty abholen müssen. Als

ich fertig war, drückte ich die Zigarette auf der Fensterbank aus, schob die Asche in einen Umschlag und versteckte ihn unter meiner Matratze.

Außerdem schneidet sich Jeannie in diesem Absatz noch das Haar und färbt es. Später jedoch, als Jeannie gerufen wird, damit sie Scotty zur Schule bringt, weil Mrs. D. ein blaues Auge hat, ändert sie ihre Entscheidung.

Beim ersten Lesen der Geschichte übersah ich Jeannies Entscheidung zu kündigen, deshalb ergab ihr Entschluss am Ende der Geschichte, doch zu bleiben, keinen Sinn für mich. Die Klasse war der Meinung, die Geschichte solle mit Jeannies Entschluss zu gehen beginnen. Dann wäre ihr Meinungswechsel am Ende überzeugender.

Heute würde ich es tun. Nie wieder würde ich Scotty abholen müssen.

Durch die Verschiebung der Zeilen an den Anfang gab Wanda ihnen eine ganz andere Betonung. Das ist aber beileibe nicht die einzige Methode, einem Satz mehr Gewicht zu verleihen.

Wenn beispielsweise die Unterhaltung zwischen zwei Gästen bei einem Abendessen der wichtigste Bestandteil Ihres Übungstextes sein soll, dürfen Sie nicht genauso lange über andere Gäste sprechen. Ich habe immer wieder festgestellt, dass Anfänger unwichtigen Details zu viel Aufmerksamkeit widmen. Die Hauptereignisse werden beiläufig abgehandelt zugunsten von Dingen, die mehr oder weniger unnötig sind. Fragen Sie sich, welche Teile in Ihren Übungen wichtig sind. Fragen Sie sich, welches die *wichtigste* Stelle ist. Verlassen Sie sich auf Ihr Gefühl. Wenn Sie sich dann noch immer nicht sicher sind, greifen Sie *irgendetwas* heraus. Ändern können Sie es immer. Bis es so weit ist, werden Sie verstanden haben, wie man seine Übungstexte so gestalten muss, dass ein Teil mehr Gewicht als der andere hat.

Gleichgültig, welchen Teil Sie herausgegriffen haben, Sie müssen ihn auf jeden Fall *erweitern*.. Fügen Sie Text hinzu und gehen

Sie in die Tiefe, indem Sie »Schreiben Sie über…« – Anregungen benutzen oder die aufregendsten Sätze oder Wendungen weiteren Übungen zugrunde legen. Wenn Sie ursprünglich eine Seite geschrieben hatten, versuchen Sie jetzt vier oder fünf Seiten zusammenzubekommen. Ein wichtiges Ereignis kann zu einer Szene von vielen Seiten Länge werden.

Räumen Sie weniger wichtigen Einzelheiten und Vorkommnissen weniger Gewicht ein, indem Sie ihren Umfang beschneiden. Kürzen Sie bei Handlungen, Ereignissen, Beschreibungen und Erklärungen, die weder die Geschichte voranbringen noch etwas für die Entwicklung der Figuren leisten. Wenn Sie jedoch in einem ganz bestimmten Stück, das Sie geschrieben haben, Energie fühlen und sich sagen, das gefällt mir, sollten Sie versuchen, es in die Geschichte zu integrieren, bevor Sie sich ans Kürzen machen. Jede Szene muss ihre Existenzberechtigung haben. Wenn Sie sich nicht darüber im Klaren sind, ob es sich lohnt, an etwas festzuhalten, sollten Sie sich fragen: Was bringt dieser Teil für die Geschichte? Warum muss der Leser das wissen?

Achten Sie darauf, ob Sie eine Handlung erklären, die Sie Ihrem Publikum bereits vorgeführt haben. Wenn Sie beschreiben, wie Mrs. Saunders eine Bratpfanne durch die Küche schleudert und anschließend sagen, dass sie wütend ist, haben Sie ein und dieselbe Sache gezeigt und gesagt. Entscheiden Sie sich für eines von beiden.

Wenn Sie wichtigen Teilen mehr Gewicht einräumen und weniger wichtige Teile streichen oder kürzen, bedeutet das, dass Sie Ihren Text formen. Es ist vielleicht eine gute Idee, wenn Sie sich eine Liste der wichtigen Teile anlegen, während Sie schreiben. Sie kann Ihnen helfen, die Form Ihrer Geschichte zu bewahren, und verhindern, dass Sie in die falsche Richtung marschieren.

Ich stelle häufig fest, dass chronologisch aufgebaute Erstlingsromane wie Tagebücher klingen, besonders wenn sie aus Autobiografischem schöpfen. Der Autor scheint zu meinen, dass alles, was sein Held in seinem Leben getan hat, erwähnt werden muss.

Einen Höhepunkt gibt es nicht. Der Text geht einfach immer weiter.

Es ist nicht unbedingt schlecht oder falsch, dass sich ein Roman wie ein Tagebuch liest. Ein Roman kann die Form eines Tagebuchs haben. Das Problem ist jedoch die Gleichförmigkeit, die daher rührt, dass nichts betont wird und nichts nebensächlich ist. Angenommen wir haben zwei Szenen. In der einen kauft sich der Held eine Zeitung, in der anderen verändert sich sein Leben für immer, weil er von einer Bande mit dem Messer bedroht wird. Die beiden dürfen einfach nicht gleichgewichtig sein. Die Kernszene muss mehr Gewicht bekommen und alles andere muss entsprechend heruntergespielt werden. Man könnte die Zeitungsszene vielleicht ganz streichen, falls sie nicht gerade auf irgendeine Weise mit der Schlüsselszene verbunden ist. Hat aber der Held eine Vorahnung, dass irgendetwas Schlimmes in der Luft liegt, als er anhält, um die Zeitung zu kaufen, könnte die Szene nützlich sein, um Spannung aufzubauen.

Ist das Tempo einzelner Teile zu langsam oder zu schnell?

Jeder literarische Text entwickelt sich in einem bestimmten Tempo. Manchmal schreitet er schnell voran, manchmal wird er langsamer. Wichtige Ereignisse wirken sich in der Regel verlangsamend aus. Man schreibt sie so, als sei der Leser dabei. Die Zahl der Einzelheiten ist größer. Der Leser kann in der Szene verweilen.

Es kann sein, dass Sie für eine wichtige Szene mehrere Übungstexte brauchen. Nehmen wir an, Sie schreiben etwas über einen Sohn, der seine Mutter besucht, die in seinem Leben mal vorhanden ist und mal nicht. Seine Gefühle für sie sind gespalten. In einer Szene macht er die Tür auf und durchquert vorsichtig das Zimmer bis zu einem Stuhl, der neben seiner Mutter steht. Tatsächlich dauert diese Handlung vielleicht eine Minute, aber wenn Sie auf des Jungen Gedanken und Gefühle bei der Durchquerung des Zimmers eingehen wollen, könnten Sie zehn oder sogar zwanzig Seiten voll schreiben. Andererseits können Sie den dreimonatigen Aufenthalt des Jungen bei seiner Großmutter auf dem Land in einem einzigen Satz zusammenfassen, wenn der Aufenthalt nicht weiter wichtig ist. Für weniger wichtige Ereignisse darf man weniger Zeit aufwenden.

Führt ein Ereignis zum nächsten?

In einem fiktionalen Text geschieht etwas als Folge von etwas anderem. Jedes Mal wenn Sie sechs weitere Übungen schreiben, kann es sein, dass Sie zurückgehen und das, was Sie geschrieben haben, an das Neue anpassen müssen.

Es gibt Gründe für das Verhalten von Figuren. Irgendwelche Dinge stoßen ihnen körperlich und/oder geistig zu. Hätte Betty, Toms erste große Liebe, ihm nicht den Laufpass gegeben, würde Tom jetzt mehr Neigung zeigen, Linda zu heiraten. Doch wenn der Leser keine Ahnung von Betty hat, versteht er Toms ausweichende Haltung vielleicht nicht.

Oder wenn Tom Bill in der einen Übung mag in einer anderen aber nicht ausstehen kann, muss der Leser erfahren, was inzwischen geschehen ist und Toms Meinung über Bill verändert hat. Vielleicht hat Bill Tom überredet, in ein zweifelhaftes Geschäft zu investieren, und Tom hat durch ihn Geld verloren.

In einem Roman kann es zu vielen Komplikationen kommen. Figuren brauchen Motive für ihre Handlungen. Der Leser muss verstehen, warum sie etwas tun. Wenn Sie ohne Plan Übungen schreiben und sich Ihre Figuren anders verhalten, als Sie es erwarteten, müssen Sie wieder an den Anfang des Textes gehen und Gründe für ihre Handlungen in frühere Übungstexte einfügen. Anders ausgedrückt, Sie müssen Handlungen oder Ereignisse vorbereiten, nachdem sie stattgefunden haben. Manchmal reichen Anspielungen oder Hinweise aus, manchmal müssen Sie aber auch umfangreichere Eingriffe vornehmen. Sie müssen beispielsweise zeigen, wie sich eine Figur in einer ähnlichen Situation in der Vergangenheit verhielt.

Wenn Bill Marty irgendwann in einer Bar verprügelt, müssen Sie sich fragen, ob Bills Handlung plausibel ist, wenn Sie zugrunde legen, was Sie dem Leser bisher über die beiden Männer berichtet haben. Wenn Sie Bill als einen Hitzkopf eingeführt haben, der zudem noch nachtragend ist, fällt es leichter, sich vorzustellen, dass er Marty verprügelt, besonders wenn Marty ein Frauenheld ist, der einige Jahre zuvor Bill die Freundin ausgespannt hat.

Hat die Geschichte Lücken?

Beim Durchlesen Ihrer Übungstexte können Sie auf Lücken stoßen, auf ungeschliffene oder zusammenhanglose Passagen oder auf Stellen, wo Sie mit der Tür ins Haus fallen. Sie spüren, dass irgendetwas keinen Sinn ergibt.

Lücken können sowohl in der Handlungsabfolge auftreten als auch bei Schilderungen. Das fehlende Stück mag kurz sein, doch die wenigen Wörter, etwa eine Überleitung, sind für das Verständnis womöglich unentbehrlich.

Eine Lücke entsteht, wenn entweder ein Teil des roten Fadens oder des Aufbaus fehlt. Wenn Sie den Telefonanruf auslassen, mit dem Derek Mona seine Rückkehr ankündigt, wird sich der Leser fragen, warum Mona nicht überrascht ist, wenn sie Derek nach fünfzehn Jahre zum ersten Mal wiedersieht.

Kurz: Überleitungen stellen Verbindungen her und bauen dem Leser eine Brücke. Wenn Sie die Überleitung auslassen, lassen Sie einen Teil der Struktur aus. Auch wenn Sie einen Roman schreiben, der zwei Geschichten gleichzeitig erzählt, stellen diese Verbindungen beim Szenenwechsel eine Brücke für den Leser dar.

Selbst dort, wo eine Überleitung nur eine untergeordnete Rolle spielt, kann ihr Fehlen störend wirken. In der Geschichte meiner

Schülerin Wanda führt die Heldin Jeannie, ein Kindermädchen, ein langes Telefongespräch mit ihrer besten Freundin Bingo, die ebenfalls Kindermädchen ist. Bingo erzählt Jeannie, dass Jeannies Arbeitgeber, die Ds., gesehen wurden, wie sie ein Pornolokal verließen. Plötzlich sieht Bingo ihren eigenen Arbeitgeber und muss auflegen. Ohne Pause stürzt sich Jeannie in eine lange Schilderung des Ehepaars D. Später fiel Wanda auf, dass der Leser gar keine Zeit hat, sich auf den Szenenwechsel einzustellen, und sie fügte die folgenden Zeilen hinzu:

> Ich legte den Hörer auf und überlegte, was Bingo mir eben erzählt hatte. Ich konnte an gar nichts anderes mehr denken. Warum nur sind die Ds. in ein Pornolokal gegangen?, fragte ich mich.

Durch die Überleitung wird der Leser auf Jeannies nun folgende Schilderung eingestimmt. Vielleicht wundern Sie sich, warum so etwas Offenkundiges wie die Tatsache, dass Jeannie den Hörer auflegte, besonders erwähnt werden muss. Das ist deshalb der Fall, weil hier ein Szenenwechsel stattfindet. Eine Überleitung ist wie ein Hals, der Kopf und Körper miteinander verbindet. Ohne den Hals wissen wir nicht, dass der Körper zum Kopf gehört.

Lesen Sie sich Ihre Übungen laut vor und nehmen Sie sie auf Kassette auf. Stellen Sie fest, an welchen Stellen Ihr Text ins Stocken gerät. Wenn Sie auf Lücken stoßen, flicken Sie sie mit verbindendem Gewebe oder versuchen Sie, Mini-Übungen zu schreiben, für die Sie Ihre Uhr auf eine oder zwei Minuten statt der üblichen fünf stellen.

Kommt es zu überflüssigen Wiederholungen?

Möglicherweise geben Sie dieselben Informationen in mehreren Übungen, weil Sie noch nicht genau wissen, welchen Platz welcher Übungstext zu guter Letzt einnehmen soll. Wandas Übungstexte enthalten jeweils Fragmente einer anderen Situation. Da sie beim Schreiben noch nicht wusste, wie die Reihenfolge dieser Fragmente aussehen würde, wiederholte sie sich mehrmals.

In dem einen Übungstext geht es darum, dass Jeannie ihr Haar rot färbt und dabei an ihren Vater denken muss. In der nächsten Übung fällt Jeannie wieder etwas über ihren Vater ein. Da Wanda sich noch nicht über die Reihenfolge ihrer Übungstexte im Klaren war, schrieb sie Jeannies zweite Erinnerung an den Vater wieder so, als hätte sie ihn noch nicht eingeführt. Sie wiederholte beispielsweise, wie er aussah und dass er Jeannie vor etlichen Jahren im Stich gelassen hatte. Ein drittes Mal wiederholte sie das in einer Übung, in der es um die Beerdigung von Jeannies Mutter ging und Jeannie ihren Vater zum letzten Mal sah.

Wandas Übungstexte überschnitten sich. Die überflüssigen Wiederholungen verhinderten, dass sich der Leser vom Vater ein Bild machen konnte, bis Wanda alle Einzelinformationen über Jeannies Vater aus den verschiedenen Übungstexten entfernte und sie im folgenden Abschnitt zusammenfügte.

> Bei der Beerdigung meiner Mutter brachte ich es nicht über mich, ihn anzusehen. Er war Haut und Knochen und als wir vor dem Bestattungsinstitut warteten, rauchte er wie ein Schlot. Er hatte einen hässlichen Messerschnitt und trug unter seiner Anzugjacke eines dieser Tarn-T-Shirts. Auf dem Friedhof kam er zu mir, und ich drehte durch und fing an zu schreien. Er sagte immer wieder: »Es tut mir Leid, Jeannie, lass mir etwas Zeit, lass mir etwas Zeit.« Er steckte einen Zettel in meine Jackentasche und entfernte sich rasch. Zu Hause habe ich mir den Zettel angesehen, es stand nichts weiter als eine Telefonnummer mit Vorwahl darauf. Die Nummer habe ich nachgeschlagen, es war ein Ort in Nevada. Aber angerufen habe ich ihn noch immer nicht.

Nach der Streichung der Wiederholungen war Wanda ganz überrascht, wie wenig sie erst geschrieben hatte. Als sie die Bruchstücke zusammengeführt hatte, fand sie, dass sie die Szene noch ausbauen könne. Sie beschloss, noch mehr Übungstexte über den Vater *und* die Mutter zu schreiben.

Sie bekommen das Problem mit den Wiederholungen leicht in den Griff, wenn Sie jede neue Übungsgruppe in eine provisorische Reihenfolge bringen und anschließend nach Wiederholungen suchen. Es könnte hilfreich sein, wenn Sie dasselbe Material unterschiedlich anordnen, um herauszufinden, an welcher Stelle die jeweilige Übung am besten platziert ist. Wenn Sie sich nicht sicher sind und noch nichts streichen wollen, können Sie ja die Wiederholungen markieren und später darauf zurückkommen.

Oder versuchen Sie die folgende Methode. Wenn Sie drei oder vier Übungstexte haben, in denen sich etwas wiederholt, streichen Sie es in allen Übungstexten. Das so gewonnene Material können Sie zu einem neuen Text erweitern oder in einen bereits vorhandenen einbauen. Im Anfangsstadium ist es egal, in welchem Übungstext Sie die Wiederholungen unterbringen, solange Sie sich auf einen beschränken. Viele Texte werden noch geändert werden müssen, wenn Ihre Erzählung oder Ihr Roman sich erst einmal entwickelt hat, sodass Sie fast mit Sicherheit davon ausgehen können, den endgültigen Ort in diesem Stadium kaum finden zu können.

Es kann durchaus passieren, dass das, was Sie wiederholen, so mit dem Rest des Übungstextes verwoben ist, dass Sie nicht streichen können, ohne Teile zu verlieren, die Sie eigentlich behalten wollen. Wenn Sie mehr streichen müssen, als Sie wollen, notieren Sie sich vor dem Streichen die Teile, die Sie retten wollen, in ein Heft oder auf ein extra Blatt.

Wenn Sie immer wieder dieselben Gedanken oder Ideen präsentieren, investieren Sie eine Menge Energie. Versuchen Sie doch, mit Ihren Wiederholungen eine oder mehrere zusätzliche Übungstexte auszulösen. Warten Sie ab, was passiert. Wenn etwas immer wieder auftaucht, gibt es einen guten Grund dafür. Wahrscheinlich müsste da noch mehr gesagt werden. Ihr Unterbewusstsein will Ihnen vielleicht mitteilen, dass dieser spezielle

Teil besondere Aufmerksamkeit verdient. Nicht jede Wiederholung ist es jedoch wert, genau untersucht zu werden. Schauen Sie sich nur diejenigen Teile an, die immer wieder auftauchen.

Erreicht der Konflikt einen Höhepunkt?

Debbies Cowboygeschichte spielt in einer Bar in Texas, wie Sie sich vielleicht erinnern. Die Erzählerin, aus dem Osten der USA und auf Urlaub, ist mit dem ihr vorher nicht bekannten Billy Bob in eine Bar gegangen, um Billys besten Freund Buddy und seine Freundin Susie kennen zu lernen, eine Stripperin aus Lulu's Love Lounge. Von Anfang an ist klar, dass die Erzählerin und Billy nicht zueinander passen. Im Laufe des Abends steigt die Spannung zwischen den beiden. Das lüsterne Gerede Buddys über Susie macht die Erzählerin zornig. Buddy wirft ihr vor, Feministin zu sein. Er fordert sie auf, ihm zu beweisen, dass Susie kein Sexobjekt sei. Die Erzählerin will für Susie eintreten und bezeichnet sie als Unterhalterin, gibt aber irgendwann auf. Als Buddy Susies Stuhl herumschwenkt und Susies Brust begrapscht, hat die Erzählerin genug. Sie steht auf und geht. Billy Bob folgt widerwillig. Es kommt zum Höhepunkt, als Susie, die den ganzen Abend kaum ein Wort gesagt hat, hinter den beiden herrennt und schreit:

> »Ihr wollt mich doch nicht etwa mit dem Typ allein lassen?«

Nur mit Mühe verbirgt die Erzählerin ihre Überraschung.

> »Sie wollen nicht bei Buddy bleiben?«
> »Bei ihm bleiben? Den kenn ich doch überhaupt nicht.«
> »Das soll wohl ein Witz sein«, sagte ich.
> »Fünfundsiebzig Dollar hat er mir dafür gezahlt, dass ich so tu, als wären wir ein Paar.«

Buddy ist mittlerweile viel zu betrunken, um hinter Susie herzurennen. Er lehnt sich an die Bartür und brüllt, Susie solle zurückkommen, damit er etwas für sein Geld kriegt. Dabei sacken seine Beine langsam unter ihm weg. Auf Billy Bobs Bemerkung zu seiner Begleiterin, er wolle dem auf dem Boden liegenden Buddy helfen, erwidert die Erzählerin, das sei reine Zeitverschwendung, noch tiefer könne Buddy nicht sinken.

Debbies ursprüngliche Übungstexte enthielten drei entscheidende Ereignisse. Als Erstes wird die Erzählerin wegen Buddys Bemerkungen über Susies Körper so zornig, dass sie die Beherrschung verliert und ihn anschreit. Als Zweites betatscht Buddy Susies Brüste. Als Drittes folgt Susies Erklärung auf dem Parkplatz. Jedes Ereignis nahm denselben Raum ein und war gleich wichtig.

Beim erneuten Durchlesen ihrer Texte wurde Debbie klar, dass Susies Erklärung der Höhepunkt der Geschichte war, der Gipfel all dessen, was sich ereignet hatte. Der Höhepunkt kann sowohl eine Tat als auch eine Erkenntnis oder beides sein. Der Leser wartet auf diese Szene.

Um dem Höhepunkt mehr Gewicht zu verleihen, erweiterte Debbie zum einen die Szene auf dem Parkplatz und nahm zum anderen dem Streit zwischen der Erzählerin und Buddy etwas von seiner Heftigkeit. Letzteres war auch deshalb klug, weil sich der Leser sonst nämlich gefragt hätte, warum die Erzählerin das Lokal nicht schon früher verlassen hat. Der zweite Zwischenfall, Buddys widerliches Grapschen, ist zwar für sich genommen gar nicht so bedeutend, als Auslöser für den empörten Aufbruch der Erzählerin aber doppelt wichtig, weil die Geschichte dadurch direkt zum Höhepunkt geführt wird.

Betrachten Sie Ihre Übungen als ein Ganzes und fragen Sie sich, ob alle Handlungen auf einen Höhepunkt zustreben. Sollten Sie keinen Höhepunkt finden, lesen Sie ihre Übungen noch einmal durch und machen Sie sich eine Liste der wesentlichen Ereignisse. Wählen Sie eines gegen Ende aus und erweitern Sie es. Sie können dafür den Satz oder Begriff mit der meisten Energie zugrunde legen oder sich Anregungen aus der Liste »Schreiben

Sie etwas über...« holen. Erweitern Sie auf diese Weise das Schlüsselereignis zu einem Höhepunkt. Gehen Sie in die Tiefe. Geben Sie ihm mehr Bedeutung. Sie können es auch extremer machen.

Haben Sie erst einmal einen Höhepunkt, gehen Sie zurück zum Anfang und überarbeiten jede Szene so, dass sie zum Höhepunkt beiträgt. Sie können sich aber auch vom Schlüsselereignis nach vorn – also rückwärts – arbeiten. Das Verfahren soll Ihnen Freude bereiten. Fragen Sie sich, inwieweit jede Szene die Geschichte voranbringt. Ist die Antwort nicht zufrieden stellend, streichen Sie die Szene oder überarbeiten Sie sie. Fürchten Sie sich nicht davor, Szenen zu streichen, zu verändern oder neue Szenen hinzuzufügen.

Manchmal gewinnt eine Passage allein dadurch, dass in einem früheren Teil der Geschichte etwas heruntergespielt wird. So trägt Susies zurückhaltendes Schweigen in der Bar mit dazu bei, dass ihr Ausbruch am Ende umso überraschender ist. Rückblickend kann man sagen, dass ihr Verhalten völlig logisch ist. Sie wehrt sich deshalb nicht gegen Buddys Gerede, weil er für ihre Gesellschaft bezahlt hat. Das ist der Grund dafür, dass sie so lange aushält, wie sie kann.

Bringen Sie den Leser nicht um seinen Genuss, indem Sie den Höhepunkt zu rasch verstreichen lassen. Ein einzelner Absatz in einer Erzählung oder eine einzige Seite in einem Roman reichen für den Höhepunkt nicht aus. Sie und der Leser haben eine Menge Zeit und Mühe investiert, diesen Punkt zu erreichen, also sorgen Sie dafür, dass es sich lohnt.

Haben Sie das richtige Ende gefunden?

Das Ende ist das endgültige Ergebnis Ihres Textes, unabhängig von dessen Länge. In Erzählungen können Höhepunkt und Schluss zusammenfallen – ein Beispiel dafür ist Debbies Erzählung. Kommt das Ergebnis erst nach dem Höhepunkt, wie es bei

Romanen und einigen Erzählungen der Fall sein kann, dann in der Regel *bald* danach.

Das Ergebnis erwächst aus dem Erzählten. Es muss den Anschein des Unvermeidlichen haben, auch wenn es möglichen Erwartungen zuwiderläuft. Bei einem Roman erreicht die Handlung am Ende einen Schlusspunkt; die letzten Fäden werden verknüpft. Auch wenn das Ende nicht der Ort ist, Neues einzuführen, kann es sein, dass Ihre Schlussfolgerungen für den Leser überraschend kommen.

Sollten Sie Schwierigkeiten mit dem Ende haben, suchen Sie sich die letzte Zeile, die noch Energie enthält, stellen Sie Ihre Uhr und schreiben Sie ein paar Übungstexte. Sie sind vielleicht gut beraten, ein-, zwei- oder dreiminütige und nicht die üblichen fünfminütigen Übungen zu schreiben. Halten Sie so lange durch, bis Sie eine energiegeladene Übung produziert haben. Überarbeiten Sie sie nicht, sondern lassen Sie sie so, wie sie ist, und legen Sie sie für mehrere Tage oder länger beiseite. Nach einem weiteren Durchlesen prüfen Sie, ob Sie noch immer der Meinung sind, dass sich die Übung als Ende eignet. Ist Ihre Erzählung oder Ihr Roman noch im Entstehen, können Sie das Ende mehrmals verändern. Hängen Sie also nicht Ihr Herz ans erste Ende, das Ihnen einfällt. Erst wenn Sie ein Gefühl für Ihr Werk als Ganzes haben, sollten Sie Zeit ins Ende investieren.

Betrachten Sie das Ende als die letzten Stiche an einer Stickerei, mit denen dem Betrachter das ganze Bild geschenkt wird. Um sicherzugehen, dass Ihr Schluss stimmig ist, sollten Sie sich eine Reihe von Fragen stellen. Ist eindeutig klar, wo und wann das Ende spielt? Gibt es eine innere Logik zwischen den Ereignissen am Ende und dem, was vorher geschah? Ergeben die einzelnen Facetten des Textes am Ende ein Gesamtbild? Sind Erzählperspektive und Stimme durchgängig gewahrt? Stimmt der Ton?

Peter schrieb eine Erzählung über eine Zeit in der nicht allzu fernen Zukunft, in der der Verkauf natürlicher Nahrungsmittel verboten ist und die Menschen notgedrungen Fertiggerichte online vom Lebensmittelkanal bestellen. Der Erzähler ist der Sohn eines Mannes, der für den Vertrieb von illegal erzeugten Nahrungsmitteln sorgt. Der Mann kommt ums Leben, als sein Lastwagen von Regierungsagenten in die Luft gesprengt wird. Nach dem Tod des Vaters wissen der Erzähler und seine Familie, dass ihnen keine andere Wahl bleibt, als ihre Lebensmittel auch online zu beziehen. Peter lässt seine Erzählung mit einem Jingle enden, das ständig auf dem Lebensmittelkanal gespielt wird. Ganz am Schluss finden sich die folgenden Zeilen:

> Mein blasses Schwesterchen singt das Jingle jeden Tag bei Tisch, während mein Bruder und ich das nächste Essen bestellen. Ich muss zugeben, dass das Jingle ganz schön ins Ohr geht, aber ich könnte mir vorstellen, dass mein Vater lieber gestorben wäre, als es zu pfeifen.

Es wäre ein unverzeihlicher Bruch, diese traurige Geschichte mit einem Scherz, in diesem Fall mit einem Wortspiel zu *gestorben*, enden zu lassen. Das erweckt den Anschein, als sei der Erzähler kalt und gefühllos. Das folgende Ende ist wehmütiger:

> Das Jingle ist zugegebenermaßen ganz schön ansteckend, aber ich kann mir vorstellen, was mein Vater gesagt hätte, wenn er mich dabei ertappt hätte, wie ich es pfeife.

Schwierigkeiten mit dem Ende können auch dazu beitragen, dass man auf Ungereimtheiten in anderen Teilen aufmerksam wird. So wurde Peter zum Beispiel klar,. dass der Erzähler bei der Wiedergabe des Höhepunkts, der Explosion des väterlichen Lastwagens, viel zu distanziert und gefühllos klingt.

Wie merken Sie, ob Sie wirklich das richtige Ende gefunden haben? Diese Gewissheit gibt Ihnen Ihr Gefühl. Sie werden es spüren, wenn Sie den natürlichen Weg zum Schluss gefunden haben. Sollten Sie aber noch immer nicht zu Rande kommen, können Sie noch einige weitere Übungstexte schreiben, jedoch erst, nachdem Sie noch einmal alles überflogen haben oder den Anfang noch einmal durchgelesen haben.

Noch einige weitere Vorschläge zur Anwendung dieses Verfahrens

Bei allem, was Sie tun, sollten Sie Ihren Text nicht zu ernst nehmen! Denken Sie immer daran, dass niemand Sie zum Schreiben zwingt. Sie schreiben nur für sich. Versuchen Sie nicht, den Ablauf des Schreibens zu beschleunigen. Ungeduld führt nur dazu, dass Sie sich nicht mehr im Zentrum des Schreibens befinden. Während Sie schreiben, ist Ihr Text der Ort, an dem Sie freiwillig leben. Sie können nicht mit Herz und Seele bei der Arbeit sein und gleichzeitig Überlegungen anstellen, wie lange Sie wohl noch brauchen, bis Sie fertig sind. Sie können nicht im Schreiben *aufgehen*, wenn Sie sich wünschen, Ihr Roman wäre zu Ende. Wenn Sie das Schreiben langweilt, unterbrechen Sie es oder wenden Sie sich einem anderen Textteil zu, einem, wo Sie Energie verspüren. Es folgen nun noch einige weitere nützliche Tipps.

Tippen Sie Ihre Originalübungen genau so ab, wie Sie sie geschrieben haben

Donald und Abby, Schüler meines sonntäglichen Kurses, stellten fest, dass sie ihre Übungen einfacher und schneller überarbeiten konnten, wenn sie ihr Originalmanuskript zu Hause mit allen Schwächen und Fehlern in die Maschine tippten. »Es war eine große Hilfe, alle Übungen auf einmal zu lesen, während ich sie abtippte«, sagte Donald.

Setzte er sich nämlich anschließend an die Überarbeitung, hatte er alles genau vor Augen. Er wusste, was er ergänzen und was er weglassen musste, und auch Wiederholungen hatte er sich gemerkt. Früher hatte er jede einzelne Übung schon beim Abtippen überarbeitet, aber bei dieser Methode hatte er nie einen Gesamteindruck gewonnen. »Anfangs ist es mir sehr schwer gefallen, nicht sofort verbessernd einzugreifen«, sagte er, »aber letztlich hat sich meine Zurückhaltung ausgezahlt.«

Achten Sie auf diejenigen Stellen, wo Ihre Gedanken wandern

Beim Durchlesen einiger Texte für ihren Roman über ein Mädchen aus dem Norden, das im Bürgerkrieg in die Underground Railroad verwickelt wird, fiel meiner Schülerin Patty auf, dass sie mit ihren Gedanken nicht bei der Sache war. Es war in dem Abschnitt, wo sich ihre Heldin Meg von ihrer besten Freundin Greta verabschiedet. Greta fährt an die Front, wo sie als »Regimentstochter« verwundete Soldaten der Unionstruppen pflegen will. Beim Aufzeichnen der Stelle auf Kassette merkte Patty, dass der Abschied zwischen Meg und Greta viel zu langatmig und sentimental war. Noch wichtiger war Pattys Entdeckung, dass sie vergessen hatte zu erwähnen, wie sehr Meg ihre Freundin Greta beneidete. Immerhin war Megs Wunsch, einen Beitrag zum Bürgerkrieg zu leisten, die Triebfeder des Romans. Die Feststellung, an welcher Stelle ihre Gedanken wandern, führte Patty zum Kern des Problems. Sie musste in dieser Szene nicht nur mehr Gewicht auf Megs Neid legen, sondern auch auf Megs Frustration eingehen, zu Hause bleiben zu müssen.

Für das Wandern Ihrer Gedanken kann es vielerlei Gründe geben. Es könnte beispielsweise sein, dass die von Ihnen gelieferten Informationen unnötig sind. Die Stelle könnte aber auch überflüssig oder schlecht geschrieben sein. Vielleicht fehlt es an erzählerischer Dynamik. Ich habe festgestellt, dass vor allem Anfänger zu langen Schilderungen neigen. Beachten Sie, wo genau Ihre Aufmerksamkeit nachlässt. Lesen Sie sich diese Stelle laut vor und zeichnen Sie sie auf. Unterbrechen Sie lange beschreibende oder erklärende Abschnitte durch Handlungen und Ereignisse.

Geben Sie anfallende Probleme an Ihr Unterbewusstsein weiter

Solange Ihr Text noch im Anfangsstadium ist, sollten Sie Ihre Entscheidungen rasch fällen. Halten Sie sich nicht mit Problemen auf. Wenn Sie sich nicht sicher sind, was Sie tun sollen, tun Sie am besten gar nichts. Wenden Sie sich einem anderen Teil Ihres Textes zu und arbeiten Sie später an der schwierigen Stelle weiter. Mein Schüler Will zermartert sich manchmal richtiggehend das Hirn, wenn er auf ein Problem stößt. Sollte es Ihnen genauso ergehen, möchte ich Ihnen Folgendes empfehlen: Behalten Sie das Problem im Kopf, ohne irgendetwas daran zu »tun«. Widerstehen Sie dem Drang, etwas »tun« zu müssen, und verschieben Sie das Problem in Ihr Unterbewusstsein. Stellen Sie sich bildlich vor, wie Sie es daran abgeben. Sie können sich Ihr Unterbewusstsein als eine Art Gefäß vorstellen. Dieses Weiterreichen Ihres Problems an Ihr Unterbewusstsein ist möglicherweise genau das, was Sie brauchen, um Ihre Unruhe loszuwerden und den nötigen Freiraum für eine Lösung zu erlangen.

Erweitern Sie getrost Ihre Übungen

Beim Schreiben Ihrer Übungstexte überspringen Sie vielleicht Einzelheiten, Dialoge oder Handlungen, weil Sie schnell arbeiten und die Wörter aus Ihnen herausströmen. Stehen die Übungstexte erst einmal auf dem Papier, können Sie sich wieder daran setzen und entscheiden, ob Sie nicht noch mehr sagen möchten.

Wenn Sie zu sehr an dem hängen, was Sie bereits geschrieben haben, fällt es Ihnen vielleicht schwer, Ihre Übungen zu erweitern, weil Sie befürchten, bestimmte Teile zerstören zu müssen. Notieren Sie sich deshalb die Passagen, die Sie zu verlieren fürchten, bevor Sie mit dem Erweitern anfangen. Schreiben Sie sie an anderer Stelle auf. Auf diese Weise gehen Sie Ihnen nicht verloren, funken Ihnen aber auch nicht bei dem dazwischen, was Sie gerade tun. Später können Sie diese Teile dann als Stimuli zu weiteren Übungstexten benutzen oder Sie können sie in einer anderen Geschichte verwenden. Vorerst sollten Sie sie aber unbesorgt entfernen, sonst könnte der Fluss Ihrer Erzählung oder Ihres Romans ins Stocken kommen.

Wenn Sie Ihre Texte erweitern, sollten Sie eine oder mehrere der im vorherigen Kapitel beschriebenen Methoden anwenden. Entweder benutzen Sie einen energiereichen Teil als Stimulus oder Sie wählen eine Anregung aus der Liste. Schreiben Sie so viele oder so wenige Übungen, wie Sie wollen. Bevor Sie sich an eine Erweiterung machen, können Sie Ihre Uhr auf ein, zwei oder drei Minuten stellen statt der üblichen fünf. Es kann aber auch durchaus der Fall sein, dass Sie feststellen, dass es völlig ausreicht, wenn Sie hier oder da eine Zeile hinzufügen.

Wenn Sie mit den Erweiterungen fertig sind, achten Sie unbedingt darauf, dass Sie Ihren neuen oder erweiterten Übungen einen Platz in Ihrer provisorischen Reihenfolge geben. Denn die Erweiterungen können dazu führen, dass Sie die Reihenfolge ändern müssen. Da in einem literarischen Werk alles miteinander in Verbindung steht, kann es schwierig sein, die Ergänzung auch nur eines einzigen Teils in allen Konsequenzen im Voraus zu beurteilen. Aus diesem Grund ist es wichtig, stets wieder an den Anfang zu gehen. Gestatten Sie Ihrem Unterbewusstsein, bei diesem Prozess seine Rolle zu übernehmen. Gestatten Sie den Veränderungen, sich zu ereignen. Betrachten Sie Ihr Schreiben als ein Abenteuer. Erlauben Sie sich, mehrere Möglichkeiten zu eruieren, selbst wenn Sie von vornherein wissen, dass zumindest einige nicht funktionieren werden.

Heben Sie alle Ihre Überarbeitungen auf

Wenn Sie Ihre Überarbeitungen aufheben, können Sie jederzeit zur ursprünglichen Fassung zurückkehren. Damit Ihnen diese Beweglichkeit bleibt, schlage ich vor, jeden Entwurf aufzuheben oder zu speichern. Vielleicht stöhnen Sie ja, wenn Sie das lesen, aber Ihre gespeicherten oder aufgehobenen Entwürfe sind Ihr Sicherheitsnetz. Sie können nicht besonders tief abstürzen, wenn Sie Ihren Weg zurück finden. Wenn Sie merken, dass Ihre Energie nachlässt, wenden Sie sich erneut dem Entwurf zu, der noch

Energie hat. Wenn Sie Ihre Überarbeitungen aufbewahren, brauchen Sie sich keine Sorgen zu machen, wenn Sie gelegentlich in die falsche Richtung marschieren. Haben Sie lieber Mitleid mit dem Bildhauer oder der Bildhauerin, die ein Stückchen Holz oder Stein zu viel wegmeißeln. Dies Material ist für immer weg, Ihre Wörter hingegen können nicht verloren gehen.

Tun Sie so, als sei das Überarbeiten ein Spiel

Wenn Sie die Einstellung haben »Das muss jetzt klappen oder ich sterbe«, errichten Sie sich eine völlig überflüssige Hürde. Nicht alles, was Sie tun, wird sofort so sein, wie Sie es sich wünschen. Es macht gar nichts, wenn es nicht gleich klappt. Irgendwann wird es klappen. In der Zwischenzeit sollten Sie Ihren Spaß damit haben. Wenn Sie spielen, lassen Sie Überraschungen zu. Wenn Sie darüber grübeln, wie »gut« oder »schlecht« Ihre Texte sind, haben Sie den Draht zu Ihren Übungen verloren. Wenn Sie nervös oder besorgt sind, *fühlen* Sie nicht, was Sie geschrieben haben. Jeder Fehler hat seinen Wert. Nichts ist umsonst. Alles, was geschieht, ist Teil Ihres Schreibprozesses. Wie viel Zeit auch immer Sie brauchen, es ist genau die Zeit, die nötig war.

Eine andere Überarbeitungsmethode: Machen Sie sich Notizen für zukünftige Überarbeitungen

Statt Ihre Übungen direkt zu überarbeiten, können Sie sich auch Notizen machen. Die Methode ist allerdings nur dann sinnvoll, wenn keine umfangreichen Änderungen vonnöten sind, da diese Ihrer Erzählung oder Ihrem Roman wahrscheinlich eine neue Richtung geben würden. Sind die Korrekturen, die Sie vornehmen wollen, jedoch nicht besonders umfangreich und machen Sie sich lieber Notizen, dann legen Sie getrost los – allerdings erst, wenn Sie sich wirklich sicher sind, dass Sie mit der von Ihnen gewählten Erzählperspektive zufrieden sind, denn die

Erzählperspektive gehört zu den wirklich entscheidenden Dingen.

Lesen Sie Ihre Übungen noch einmal durch und ändern Sie die Notizen, während sich Ihre Erzählung entfaltet und Sie immer mehr über Ihre Figuren und Situationen erfahren. Bei Bedarf sollten Sie sogar Ihre Notizen ständig verändern. Streichen Sie durch und scheuen Sie sich nicht vor Unordnung. Ihre Notizen brauchen nur für Sie selbst lesbar zu sein.

Eine weitere Variante der Überarbeitung: Skizzieren Sie zukünftige Szenen

Wenn Sie bereits beim Schreiben zukünftige Szenen entwerfen wollen, sollten Sie vielleicht nicht zu weit vorauseilen. Skizzieren Sie nicht mehr als eine oder zwei Szenen, bevor Sie schreiben, und belassen Sie es bei Andeutungen, damit Sie noch genügend Freiraum für Unerwartetes haben. Ihre Skizze kann eine Liste sein oder eine Art Karte oder ein kurzer Satz oder Abschnitt. Sie können auch ganz traditionell vorgehen und Ihren Entwurf mit Hilfe von römischen Zahlen und zusätzlichen Überschriften gliedern, solange Sie nicht zu sehr ins Detail gehen und sich auf weniger als eine Seite beschränken.

Wenn es wirklich nicht anders geht und Sie mehr als ein oder zwei Szenen auf einmal planen müssen, vergessen Sie nicht, dass Ihre Übungen immer für eine Überraschung gut sind. Falls eine neue Figur auftaucht oder sich die Geschichte in eine unvorhergesehene Richtung entwickelt, werden Sie die vorausgehenden und auch die nachfolgenden Übungen anders sehen. Ich würde mich nicht wundern, wenn Sie Skizzen für eine Zeitverschwendung halten. Ich habe jedoch eine Schülerin namens Barbara, die auf Skizzen schwört, weil sie ihr ein Gefühl der Sicherheit geben. Paradoxerweise gibt ihr der Gedanke, dass sie weiß, wo es lang geht, die Freiheit, von ihrem Entwurf abzuweichen, wenn sie das Bedürfnis hat.

Lernen Sie, Ihren Text zu überfliegen

Das Überfliegen der Übungstexte ist gar nicht so viel Arbeit, wie man im ersten Augenblick meint. Mein Schüler Donald schrieb beispielsweise immer ein paar Übungen, überarbeitete sie je nach Lust und Laune oder machte sich Notizen dazu. Dann überflog er die vorherige Gruppe von Übungen und überarbeitete sie unter Berücksichtigung der neuen.

Mit dem Roman wuchs auch die Zahl der Übungstexte an. Irgendwann hatte Donald an die sechzig. Die genaue Zahl war nicht so ohne weiteres feststellbar, weil zwischenzeitlich viele Übungen miteinander »vermischt« oder grundlegend geändert worden waren.

Las Donald seine Übungstexte immer alle erst sorgfältig durch, bevor er die nächsten sechs schrieb? Nein. Wenn Sie nämlich erst einmal eine Gruppe von Übungen zwei- oder dreimal gelesen haben, haben Sie diese Gruppe im Kopf, es sei denn, Sie haben eine lange Pause eingelegt. Statt jede Übung durchzulesen, müssen Sie lernen, sie zu überfliegen. Legen Sie dabei Tempo vor. Versuchen Sie, ein Gefühl für die Form Ihres Romans oder Ihrer Erzählung zu bekommen. Es fallen Ihnen dann wahrscheinlich Stellen auf, die Unbehagen bei Ihnen auslösten. Achten Sie auf Ihr Gefühl. Halten Sie jedoch nur inne, wenn Sie auf etwas stoßen, das Sie wirklich stört. Und selbst dann sollten Sie nicht groß Zeit ins Überarbeiten oder in die Veränderung Ihrer Notizen investieren. Halten Sie inne und denken Sie nach, aber nicht länger als einige Minuten. Fällt Ihnen nicht gleich eine Lösung ein, sollten Sie die Stelle kennzeichnen und weitermachen. Steht die erste Fassung Ihrer Erzählung oder Ihres Romans erst einmal von Anfang bis Ende, können Sie sich wieder mit dieser Stelle befassen und das Problem lösen. Die Vorwärtsbewegung Ihres Textes hat Priorität. Die Integration Ihrer Übungen erfolgt nach und nach.

10
Die Überarbeitung längerer Texte

Sie können sich an die Überarbeitung machen, wenn die erste Fassung Ihrer Erzählung oder Ihres Romans von Anfang bis Ende vorliegt. Ich zögere, von einer *ersten* Fassung zu sprechen. Wenn Sie sich an die im vorherigen Kapitel vorgestellte Methode gehalten haben und jede Gruppe von Übungstexten durchgegangen sind, haben Sie Ihr Manuskript ja schon mehrmals überarbeitet. Wenn ich also von einer ersten Fassung spreche, verstehe ich darunter nicht eine Fassung, die aus gänzlich unbearbeiteten Texten besteht, sondern eine Fassung der *gesamten* Erzählung oder des *gesamten* Romans auf dem Weg zur Fertigstellung.

Diese Fassung ist zwar noch nicht ausgefeilt, aber Handlungsablauf und Aufbau sind vorhanden, und Sie wären in der Lage, in ein oder zwei Sätzen den Inhalt wiederzugeben. Der Erzähler steht fest, desgleichen der grundsätzliche Konflikt und die großen Ereignisse, und wenn Sie sich das Gebilde vorstellen, haben Sie ein Gefühl für die Gesamtgestalt. Sie wissen, wie sich die Erzählung entfalten wird, wissen mehr oder weniger genau, was auf dem Höhepunkt passiert, und Sie sehen vielleicht sogar, wie die Geschichte ausklingt, auch wenn das Ende zu diesem Zeitpunkt vielleicht nichts weiter als eine grob formulierte Idee ist.

Wenn Sie noch immer Bedenken wegen des Aufbaus, des Handlungsverlaufs, des Konflikts, des Höhepunkts oder der Erzählperspektive haben, rate ich Ihnen, noch einmal zurück zum neunten Kapitel zu gehen. Das kostet Sie zwar Zeit, aber die sollten Sie sich auf jeden Fall zugestehen. Versuchen Sie nicht, den Schreibprozess zu beschleunigen. Stehen hingegen die Grundlagen Ihrer Geschichte fest, dann lesen Sie doch weiter.

Wie man einen Text in Kapitel untergliedert

Bevor ich darauf eingehe, wie Sie an Ihrem Text feilen können, möchte ich noch ein Wort darüber verlieren, wie man *Kapitel* einrichtet. Bisher bin ich auf diesen Begriff nicht gesondert eingegangen, weil ich das Gefühl hatte, er wäre zusammen mit *Übungen* und *Szenen* zu verwirrend. Jetzt aber ist der Zeitpunkt gekommen, über Kapitel nachzudenken.

Der eine oder andere von Ihnen hat vielleicht festgestellt, dass es beim Schreiben zu natürlichen Unterbrechungen kommt. Donald fiel beispielsweise auf, dass er aus jeder Szene, die zwischen acht und dreizehn Übungstexte umfasste, ein Kapitel machte. Vielleicht wollen ja auch Sie aus jeder Szene ein Kapitel machen. Sie können sogar aus jeder Übung ein Kapitel machen. Ihre Kapitel können Sie in der Länge nach Bedarf variieren und sie mit Überschriften versehen oder nicht.

Experimentieren Sie damit, welche Übungen Sie zu Kapiteln zusammenfassen. Suchen Sie die Stellen, wo Sie unterbrechen können. Finden Sie heraus, wo eine Unterbrechung am besten ist. Das ist keineswegs eine mechanische Aufgabe. Betrachten Sie jedes Kapitel als eine Einheit Ihres Romans – es schließt etwas ab und öffnet gleichzeitig das Tor für etwas Neues.

Der Prozess des Ausfeilens

Das Ausfeilen Ihres Textes ist ebenso wichtig wie das Aufzeichnen Ihrer Gedanken zu Beginn. Die Fähigkeit, mit der Sprache umzugehen, hat jedoch nicht unbedingt etwas mit der Fähigkeit zu tun, eine gute Geschichte zu erzählen. Chris hatte beispielsweise kein Problem damit, seine Volljährigkeitsgeschichte zu Papier zu bringen. Wie bereits erwähnt, schrieb er Fünfzehn-Minuten- statt der üblichen Fünf-Minuten-Übungen. Sein Material produzierte er in großen Schreibschüben. Mit der Energie hatte er keine Probleme. Er wusste auch instinktiv, wie man eine Geschichte erzählt und Figuren kreiert, die voller Überraschungen, sympathisch und ausreichend glaubwürdig waren, um das Interesse zu fesseln. Sein Roman hatte so viel Energie und die Handlung und die Personen waren so stark, dass man seinen schwerfälligen Stil überhörte, insbesondere wenn Chris, der früher einmal Schauspieler gewesen war, sein Werk selbst vortrug.

Als ich den Roman jedoch aufmerksam im stillen Kämmerlein las, konnte ich über seinen schlechten Stil nicht hinweglesen. Grammatische Fehler, falsche Interpunktion und Rechtschreibfehler waren mühelos feststellbar. Aber da hörten Chris' Schwierigkeiten nicht auf. Neben Pronomen ohne Bezug, endlosen Sätzen, sinnentstellenden Kommata und Klischees stieß ich auf falsche Bilder, ungeschickte Wendungen, ein paar Kapitel, in denen er schwafelte, eine Szene, in der er sprachlich zu viel des Guten getan hatte, und alles in allem auf eine Unmenge Erklärungen. Da wartete noch eine Menge Feinarbeit auf Chris.

Was genau ist unter Ausfeilen zu verstehen? Gemeint ist der Prozess der Perfektionierung dessen, was Sie geschrieben haben. Man streicht Wörter, fügt welche hinzu, ersetzt Wörter, verschiebt sie. Man nimmt Nuancen wichtig und streicht jedes überflüssige Wort. Das Ausfeilen ist an der Reihe, wenn die Furcht vor der Niederschrift des Grundsätzlichen verflogen ist.

Die Nahaufnahme

Für einige meiner Schüler und Schülerinnen ist das Ausfeilen das Schönste am Schreiben. Vielleicht auch für Sie. Mussten Sie sich doch bisher zurückhalten, nicht jeder Übung oder jeder Szene ihre endgültige Gestalt zu geben, weil die Erstfassung Ihres Textes noch nicht fertig war. Nun ist jedoch der Punkt erreicht, wo Sie die sprachlichen Probleme eines jeden Teils Ihres Textes in Angriff nehmen dürfen. Endlich ist der Zeitpunkt gekommen, die wunderschönen Sätze zu schreiben, nach denen es Sie dürstet, sich mit den Feinheiten zu beschäftigen.

Doch passen Sie ja auf, dass Sie dabei nicht über Bord gehen! Einige Einschränkungen gibt es nämlich doch noch. Jedes Wort Ihres Textes muss seinen Grund haben. Sie dürfen nicht zu viel des Guten tun, dürfen auf keinen Fall die Stimme ändern, die Sie bereits festgelegt haben. Um mit den Füßen auf dem Boden zu bleiben, sollten Sie jeden Satz und jeden Abschnitt zur jeweils größeren Einheit – Übungstext, Szene, Kapitel und letztlich zum Gesamttext – in Beziehung setzen. Denn so wunderbar der Einzelsatz auch formuliert sein mag, wenn er in keiner Beziehung zum Ganzen steht, ist er entbehrlich.

Beim Ausfeilen Ihres Textes sollten Sie wirklich alles sehr gründlich unter die Lupe nehmen. Widmen Sie sich jedem Absatz, und achten Sie darauf, wo er endet, denn der Erzählrhythmus hängt unter anderem von der Absatzlänge ab. Nehmen Sie sich jeden Satz vor und klopfen Sie ihn auf Aufbau, Länge und Rhythmus ab. Befassen Sie sich mit jedem einzelnen Wort und fragen Sie sich, ob jeder Satz wirklich die Bedeutung hat, die Sie ihm geben wollten.

Die Erfahrungen, die Sie bei der Überarbeitung von Kürzestgeschichten gesammelt haben, kommen Ihnen auch beim Ausfeilen längerer Texte zugute. Die Probleme, auf die Sie bei den kurzen Texten gestoßen sind, werden Sie auch hier wieder antreffen. Denken Sie daran, das fünfte Kapitel »Form und Feinschliff von Kürzestgeschichten« in Teil I dieses Buches zurate zu ziehen, wenn Sie sich an das Ausfeilen Ihres langen Textes machen.

Bevor Sie sich jedoch jeden einzelnen Teil Ihrer Erstfassung vornehmen, müssen Sie den großen Überblick haben.

Der Blick aufs Ganze

Überfliegen Sie rasch das gesamte Manuskript. Markieren Sie dabei Abschnitte, Absätze, Sätze oder Wendungen, die Sie stören, aber halten Sie nicht inne, um sich etwas zu notieren oder Veränderungen vorzunehmen. Damit würden Sie nämlich eine Unterbrechung herbeiführen, die Sie daran hindern würde, Ihre Erzählung oder Ihren Roman als Ganzes wahrzunehmen.

Wahrscheinlich werden Ihnen einige Probleme auffallen, wenn Sie die Erstfassung vor sich sehen. Nach dem Lesen sollten Sie sich fragen, ob die einzelnen Teile reibungslos ineinander übergehen oder ob Sie noch Verbindungsstücke schreiben müssen. Achten Sie auf Textstellen, die sich Ihnen beim Lesen eingeprägt haben.

Sollte es Ihnen Schwierigkeiten bereiten, problematische Textstellen zu entdecken, während Sie den Text überfliegen, sollten Sie den Text noch einmal von Anfang an sorgfältig lesen. Wahrscheinlich stoßen Sie dann auf Probleme, die Ihnen vorher entgangen sind. Einige werden Ihnen wahrscheinlich bekannt vorkommen. Möglicherweise sind es dieselben, die Sie in früheren Stadien Ihres Manuskripts gefunden haben. Zu den am häufigsten auftretenden gehören:

- Anfänge, die sich endlos hinziehen,
- Figuren, die eingeführt und dann fallen gelassen wurden,
- Szenen, die noch ausgearbeitet werden müssen,
- weitschweifige Kapitel,
- sprachlich übertriebene Szenen,
- Dialoge, die nicht zur jeweiligen Figur passen,
- langatmige Szenen,
- fehlende, zu lange oder zu plötzliche Übergänge,
- Handlungen, die früher vorbereitet werden müssen,
- Nebenhandlungen, die nie zu Ende geführt wurden,
- Figuren, denen es an Farbe fehlt,
- Passagen, in denen Sie erzählen, statt direkt zu zeigen.

Vielleicht sollten Sie sich das neunte Kapitel noch einmal anschauen, um einige dieser Schwierigkeiten zu lösen.

Selbst in der Endphase sollte man für Unerwartetes bereit sein. Das bedeutet nicht, dass Sie eine negative Einstellung gegenüber Ihrem Text haben, sondern dass Sie für die Möglichkeiten und

Gelegenheiten aufgeschlossen bleiben, die Ihnen in früheren Stadien nicht aufgefallen sind. Je mehr Sie schreiben, desto mehr wird Ihnen auffallen. Das Ausfeilen eines Textes ist nicht gerade etwas Feinsäuberlich-Ordentliches. Es bedeutet, dass Sie in Ihrem Manuskript ständig vor- und zurückgehen müssen. Eine einzige Veränderung kann zu vielen anderen führen, an die Sie gar nicht gedacht haben. Benutzen Sie vor allem Ihren gesunden Menschenverstand. Wenn Sie vorhaben, einen langatmigen Anfang zusammenzustreichen, eine Szene aufzubauen oder darüber nachzugrübeln, was da wohl sonst noch im Argen liegen mag, sollten Sie sich nicht bei irgendwelchen Kommata aufhalten.

Das Ausbalancieren der Teile

In einer Kürzestgeschichte drängen sich die Schwierigkeiten in einem Kleinstzusammenhang, ist der Text jedoch länger, können Ihnen Probleme entgehen, wenn Sie sich nur auf einen Ausschnitt Ihres Textes konzentrieren. Nur wenn Sie das gesamte Manuskript vor Augen haben, können Sie beurteilen, ob Sie zu viel erklären oder zu wenig Handlung haben. Sie müssen jeden Teil im Gesamtzusammenhang sehen. Das ist ein Vorgang, der höchste Sensibilität verlangt und bei dem es mehr auf Ihr Gefühl denn auf Ihren Verstand ankommt.

Bei einem ausgewogenen literarischen Text hat man das Gefühl, dass Beschreibungen, Handlungen, Erklärungen und Dialoge in einem harmonischen Verhältnis zueinander stehen. Wie Sie das erreichen, dafür kann ich Ihnen kein Rezept geben. Es ist nämlich durchaus denkbar, dass Sie einen Roman schreiben, der hauptsächlich aus Dialog besteht und wenig Beschreibung, Handlung oder Erklärungen hat und dennoch das Gefühl von Ausgeglichenheit hervorruft.

Wenn Ihre Erzählung diese vier Bestandteile in einer ausgeglichenen Mischung in sich vereinigt, wird sie nirgendwo langsamer oder kommt gar unerwartet ganz zum Stillstand. Sollten

Sie sich langweilen, können Sie das als Zeichen dafür werten, dass die einzelnen Bestandteile unausgewogen sind. Es kann aber auch sein, dass Ihr Text nicht kontrastreich genug ist. Ihre Geschichte kann unter einem Übergewicht an Erläuterungen und Beschreibungen leiden und nicht genug Handlung oder Dialog haben.

Richten Sie Ihr Augenmerk auf jeden der einzelnen Bestandteile. Stellen Sie sich die folgenden Fragen:

• Gibt es zu viele oder zu wenige Beschreibungen?
• Gibt es zu viel oder zu wenig Handlung?
• Gibt es zu viele oder zu wenige Erläuterungen?
• Gibt es zu viel oder zu wenig Dialog?

Denken Sie daran, dass Erstlingsromane häufig daran kranken, dass zu viel erläutert wird, also zu viel gesagt und zu wenig gezeigt wird.

Wenn bei Ihnen zu viele Erläuterungen oder Beschreibungen vorkommen und Sie so eine Passage in eine mit Handlung umschreiben müssen, machen Sie das am besten mit einer Fünf-Minuten-Übung. Nehmen Sie aus dem Abschnitt, den Sie ändern wollen, ein Wort, eine Wendung oder einen Satz, und setzen Sie ihn als Impuls für einen Übungstext ein. Geben Sie sich die Anweisung, eine Handlungsszene zu schreiben. Zeigen Sie, statt zu sagen. Denken Sie aber daran, die Textstelle erst durchzulesen, bevor Sie anfangen. Es kann etwas Unerwartetes geschehen, aber Sie dürfen es nicht darauf anlegen, etwas anderes zu schreiben. Alles, was Sie tun, ist dem, was Sie bereits haben, neuen Raum zu geben.

Bringen Sie Ihre neuen Übungstexte auf dasselbe Niveau wie den Rest Ihrer Erstfassung, aber arbeiten Sie sprachlich erst dann daran, wenn Sie den Rest ausgefeilt haben.

Das schrittweise Ausfeilen der einzelnen Teile

Wenn Sie das gesamte Manuskript überflogen und so viele Probleme wie irgend möglich gefunden haben, können Sie sich endlich an das Ausfeilen Ihres Manuskripts machen. Dabei arbeiten Sie sich von einem Teil zum nächsten vor, wobei ich unter »Teil« entweder einen Übungstext, eine Szene oder ein Kapitel verstehe.

Beim Ausfeilen müssen Sie sich jedes Wort, jeden Satz, jeden Abschnitt einzeln *und* im Kontext ansehen. Sie müssen darauf achten, wie jeder Teil in das Gesamtgefüge passt. Denken Sie daran, dass eine Veränderung, die in einer einzelnen Szene durchaus stimmig ist, auf das Manuskript insgesamt bezogen vielleicht doch nicht klappt.

Beginnen Sie am Anfang. Lesen Sie alles, was Sie ausfeilen wollen. Sie können so vorgehen, dass Sie erst einmal die Veränderungen vornehmen, die Ihnen leicht von der Hand gehen, dann können Sie sich allmählich zu schwierigeren Problemen vorarbeiten, von denen Sie wissen, dass sie zeitaufwändiger und mühsamer sind. Sie können aber auch jedes Problem der Reihe nach lösen, unabhängig davon, ob es schwierig oder leicht ist. Wenn Sie fertig zu sein glauben, könnten Sie das Ganze noch einmal von Anfang an Zeile für Zeile durchgehen, um die letzten Fehler auszumerzen.

Ausfeilen heißt mehr als nur ein Wort, eine Wendung, einen Satz oder Absatz zu verändern. Häufig bedeutet es, dass Sie auch Vorhergehendes und Nachfolgendes ändern müssen. Nichts besteht unabhängig für sich allein. Man könnte eine Geschichte sogar mit einem Körper vergleichen. Wenn Sie einen Teil bewegen, betrifft das auch den Rest. Wenn Sie beispielsweise den Kopf drehen, bewegen sich auch Ihr Hals und Ihre Schultern, Ihr Rumpf verschiebt sich und so weiter. Schreiben ist etwas Organisches. Einige wenige Hinzufügungen können sich nachhaltiger auf die Geschichte auswirken, als Sie sich träumen lassen.

Wenn Sie sich beim Ausfeilen Teil für Teil vornehmen, können Sie leicht den Blick fürs Ganze verlieren und sich in Einzelheiten verlieren, besonders wenn Sie nach Perfektion streben. Deshalb ist es unerlässlich, dass Sie in regelmäßigen Abständen Ihr Werk aus der Distanz sehen.

Lesen Sie den einen oder anderen Teil laut vor, während Sie arbeiten, selbst wenn es nur hier und dort mal ein Absatz ist. Lesen Sie vielleicht ein Stück vom Anfang, während Sie über einer Passage im Mittelteil brüten. Danach könnten Sie einen Absatz vom Ende lesen. Das wird Ihnen helfen, das Ganze unter Kontrolle zu behalten, während Sie sich schrittweise weiter vorarbeiten. Das Hören der unzusammenhängenden Ausschnitte wird Ihnen die Sicherheit geben, dass Sie nicht aus Versehen in eine andere Stimme, Erzählperspektive oder einen anderen Stil gerutscht sind. Betrachten Sie das Vorlesen willkürlich gewählter Teile als Kontrolluntersuchungen Ihrer Arbeit.

Wahrscheinlich feilen Sie an jedem Teil Ihres Manuskriptes mehrmals herum. Jedes Mal sehen Sie es vielleicht etwas anders. Wie bereits gesagt, das Ausfeilen ist alles andere als ein geradliniger Vorgang. Es kann sogar passieren, dass Sie ganze Blöcke streichen, *nachdem* Sie sie ausgefeilt haben. War das Ausfeilen folglich eine Zeitverschwendung? Ich würde das verneinen. Alles, was sich abspielt, gehört zu Ihrem Schreibprozess. Betrachten Sie alles, was Sie schreiben, als einen Weg, Erfahrungen zu machen. Allein durch stetige Übung erlernen Schriftsteller ihre Fertigkeit. Falsche Entscheidungen versetzen Sie in die Lage, eines Tages die richtigen zu finden.

Was tun, wenn Sie nicht wissen, was nicht stimmt?

Wie erkennen Sie überhaupt die kleineren Unstimmigkeiten in Ihrem Text? Sie haben es im *Gefühl*, dass da etwas nicht stimmt. Ich habe es in diesem Buch bereits unzählige Male gesagt, achten

Sie auf Ihr Gefühl, selbst wenn Sie nicht genau wissen, was da nicht stimmt oder warum etwas so nicht geht. Versuchen Sie, so nahe wie möglich an die Seite, den Absatz, den Satz oder das Wort heranzukommen, das Sie stört. Je genauer Sie sind, desto besser. Wenn Sie nur ganz grob sagen können, wo das Problem liegt – sagen wir, in welchem Kapitel –, dann sollten Sie über dieses Kapitel »brüten«. Das kann auf verschiedene Weise ablaufen. Lesen Sie es mehrmals leise durch. Lesen Sie es laut vor und zeichnen Sie es auf. Noch besser, lesen Sie es jemand anderem laut vor. Auch wenn der Zuhörer nicht viel Ahnung vom Schreiben hat, kann es durchaus sein, dass Ihnen durch seine Gegenwart plötzlich ein Licht aufgeht. Wenn Sie sich danach noch immer nicht sicher sind, was nicht stimmt, legen Sie das Manuskript für eine Weile zur Seite, und arbeiten Sie zwischenzeitlich an einer anderen Stelle.

Sie können den problematischen Bereich auch an Ihr Unterbewusstsein weitergeben, bevor Sie abends einschlafen. Haben Sie ja keine Angst, Ihr Unterbewusstsein zu befragen, was nicht stimmt und was Sie dagegen tun sollen. Meine Schülerin Barbara schwört, dass sie aufwacht und die Antworten parat hat. Es klappt allerdings nicht unbedingt gleich beim ersten Mal. Aber ob Sie nun den problematischen Bereich gezielt Ihrem Unterbewusstsein überlassen oder nicht, es wird sich sowieso damit beschäftigen. Es kann geschehen, dass Sie gerade eine Besorgung machen, eine Tasse Kaffee trinken oder eine Illustrierte anschauen, und plötzlich dämmert Ihnen, was mit dem Kapitel, das Ihnen Kopfzerbrechen macht, nicht stimmt. Ganz wichtig ist, dass Sie sich nicht endlos mit dem Problem auseinander setzen, denn das ist ein sicherer Weg, sich verrückt zu machen.

Wenn mein Schüler Will ein Problem nicht mehr loslassen kann, schicke ich ihn in die Turnhalle. Intensives Trainieren lenkt ihn vom Schreiben ab. Jede Tätigkeit ist als Ablenkung geeignet, vom Kochen, Miteinanderschlafen bis zum Videoansehen, solange Sie darüber Ihr Problem vergessen.

251

Es kann sein, dass Sie feststellen müssen, dass Ihr Problem, wenn Sie es denn endlich gefunden haben, größer ist, als Sie dachten. Dass es sogar so grundsätzliche Dinge wie die Grundstruktur, den Handlungsverlauf oder den Konflikt betrifft. Wenn das wirklich der Fall sein sollte, versuchen Sie nicht, das Problem zu beschönigen. Nehmen Sie sich das neunte Kapitel noch einmal vor. Das ist kein Schritt zurück, sondern ein notwendiger Zwischenstopp.

Aufgehen in einer Geschichte

Wenn Sie in einem Roman *ganz und gar aufgehen*, sind Sie so in die Geschichte eingetaucht, dass Sie sich nicht einmal mehr der Wörter auf der Seite bewusst sind. Stattdessen sehen Sie alles mit den Augen des Erzählers oder der Erzählerin. Sie sehen, hören, fühlen, berühren und riechen, was die Figuren in der Erzählung oder im Roman sehen, hören, fühlen, berühren oder riechen. Wenn Sie in der Welt, die der Autor geschaffen hat, aufgehen, dringt nichts mehr zu Ihnen durch. Sie vergessen Ihr Zimmer, die Geräusche von der Straße, die Rechnungen, die Sie bezahlen müssen, die Besorgungen, die Sie machen müssen, und die Termine, die Sie einhalten müssen.

Suchen Sie in dem, was Sie geschrieben haben, die Stellen, in denen Sie ganz und gar aufgehen. Das sind die Passagen, bei denen alles stimmt. Nehmen Sie sie zum Vorbild. Fragen Sie sich, inwieweit sie sich vom Rest Ihres Manuskripts unterscheiden.

In diesem Buch habe ich Sie immer wieder aufgefordert, auf Ihr Gefühl zu achten. Stimmt Ihr Gefühl, stimmt auch der Text. Hier gehe ich noch einen Schritt weiter und behaupte, wenn alles stimmt, *existiert der Roman oder die Erzählung unabhängig vom Autor.* Wenn Sie in dem, was Sie geschrieben haben, völlig aufgehen, ist das ein Beweis dafür, dass das, was Sie geschrieben haben, ein Eigenleben hat.

Wie wissen Sie, wann Sie aufhören müssen?

Irgendwann erreichen Sie einen Punkt, wo es nicht mehr in Ihrer Macht liegt, Ihr Werk noch weiter zu verbessern. Jede Veränderung wird sich nun gegen Sie richten. Wenn Sie auf Ihr Gefühl achten, werden Sie diesen Punkt erkennen und aufhören. Wenn Sie nervös und ängstlich sind, werden Sie aller Wahrscheinlichkeit dennoch weiterfeilen. Doch dann machen Sie alles nur schlechter. Sie verändern zwar noch, aber die Veränderungen sind nicht länger Verbesserungen. Sie fühlen sich nicht richtig an. Es funktioniert nicht.

Wenn der Prozess umkippt, müssen Sie das als einen Hinweis des Textes an Sie verstehen, dass er so gut ist, wie er nur sein kann. Aufhören bedeutet häufig, dass man seine Hände in den Schoß legen und das, was man gemacht hat, in dem Bewusstsein akzeptieren muss, dass man sein Möglichstes getan hat. Einige von Ihnen werden diese Grenze vielleicht erst überschreiten, um zu sehen, dass weitere Verbesserungen nicht mehr möglich sind. Wenn Ihnen das passiert, sollten Sie noch einmal Ihre Überarbeitungen durchgehen und die letzten heraussuchen, die noch stimmten. Das wird nicht weiter schwierig sein, wenn Sie Ihre Überarbeitungen alle aufgehoben haben, wie ich Ihnen im vorherigen Kapitel ans Herz legte. Wenn Ihre früheren Fassungen mit Datum versehen oder durchnummeriert sind, können Sie genau feststellen, wann Sie den Punkt überschritten haben. Wenn Sie erst einmal die Absätze wieder eingefügt haben, die Sie irrtümlicherweise entfernt hatten, sollten Sie sich gestatten, Ihr Werk in Ruhe zu lassen, auch wenn Sie das Gefühl haben, dass es alles andere als perfekt ist. Vielleicht legen Sie ja zu hohe Maßstäbe an. Legen Sie Ihr Manuskript doch für einige Wochen beiseite und lesen Sie es dann noch einmal durch. Es kann durchaus sein, dass Sie eine angenehme Überraschung erleben.

Ein Beispiel für den Überarbeitungsprozess

Erster Übungstext

Es war Brians zweite Woche in Joans Wohnung. Sein Zimmer war nun genau so, wie er sich das wünschte, und er hatte sich an seinen neuen Lebensrhythmus gewöhnt. Jeden Abend wenn er von seiner Arbeit nach Hause kam, ging er in sein Zimmer, stellte den Fernseher an und ließ sich für ein Nickerchen zwischen den Nachrichten auf sein Bett plumpsen. Einige Male hatte Joans zaghaftes Klopfen an seiner Tür ihn geweckt, gefolgt von ihrem weniger zaghaften »Brian, Brian, bist du da?«.

Das eine Mal wollte sie ihm das Neueste aus ihrem Ikonenmalereikurs zeigen. Das andere Mal sollte er ein paar schwere Kartons aus ihrem Schlafzimmer in das leer stehende Zimmer tragen. Es machte ihm nichts aus, denn Joan hatte immer etwas Nettes zu erzählen.

Zweiter Übungstext

Brian war gerade während der Nachrichten um halb sieben eingeduselt, als er ein zaghaftes Klopfen an der Tür hörte, das von einem weniger zaghaften »Brian, Brian, bist du da?« gefolgt wurde. Es war Zeit für Joans abendlichen Besuch. Er versuchte, richtig wach zu werden, und fragte sich, was sie wohl dieses Mal von ihm wollte. Wieder eine Ikone aus ihrer Malgruppe zeigen? Oder vielleicht sollte er wieder eine der scheinbar endlosen Zahl von Kartons wegräumen, die sie über die ganze Wohnung verteilt hatte. Er wohnte seit zwei Wochen bei Joan und hatte sich schon an diesen Ablauf gewöhnt.

Dritter Übungstext
(nachträglich geschrieben und eingefügt)

Joan tat gern so, als wolle sie Brian etwas zeigen oder als brauche sie Hilfe bei irgendeiner Kleinigkeit, um eine Möglichkeit zu haben, mit Brian zu sprechen. Er hatte den Verdacht, dass sie hinter ihrer griesgrämigen Fassade einsam war. Ihm war aufgefallen, dass sie nie angerufen wurde, und seit er eingezogen war, hatte sie jeden Abend allein zu Hause verbracht, sofern er das beurteilen konnte.

Vierter Übungstext

Heute Abend war er besonders müde, weil es am Abend vorher mit Martha spät geworden war und er einen harten Tag auf der Arbeit hinter sich hatte. Er wollte nichts weiter als allein sein und sich entspannen – vielleicht würde sie ja weggehen, wenn er nicht antwortete. Wenn sie ihn später fragte, konnte er ja sagen, er habe geschlafen.

»Brian«, ertönte Joans Stimme durch die Tür, »bist du da?«

Es hatte keinen Zweck. Nun war er sowieso wach. »Ja?«, rief er, noch immer auf dem Rücken im Bett liegend.

»O, dann bist du also doch da. Ich wollte nur wissen, ob du mit mir zu Abend essen willst. Ich brate ein Hühnchen, und ich habe mehr, als ich allein schaffen kann.«

Brian wurde munter, als er das hörte. Nun hatte er ein bisschen ein schlechtes Gewissen. »Das klingt gut«, sagte er, als er aufstand. Er öffnete die Tür, um Joan anzusehen, die auf dem Vorplatz vor seinem Zimmer stand. »Ich hatte gerade überlegt, was ich heute Abend esse.«

Fünfter Übungstext

Er folgte Joan um die Ecke in die Küche.

»Ich muss nur diese Schlegel braten«, sagte sie, als sie zum Herd hinüberging. »Ich dachte, heute Abend verwöhne ich mich. Ich habe auch etwas Kopfsalat gekauft.«

Brian sah hinüber zu dem Salatkopf auf der Küchentheke. »Soll ich den Salat machen?«, fragte er. »Ich habe ein paar Tomaten, die ich zur Verfügung stellen könnte.«

Er und Joan hatten getrennte Kühlschränke, sie standen auf dem Vorplatz vor Brians Zimmer. Joans war neu und weiß, Brians war älter und avocadogrün. Inzwischen hatte Brian gelernt, dass Joan gern denselben Gegenstand zwei oder mehrmals hatte. Brian hatte inzwischen gelernt, dass

Joan der Meinung war, dass es nicht schaden könne, etwas zweimal zu haben, oder noch besser, dreimal.

Sechster Übungstext

»Das wäre wunderbar«, sagte Joan und klang von Herzen dankbar.

Brian sah, dass Kochen eine richtige Anstrengung für sie war. Er kam gerade rechtzeitig wieder zum Spülstein, um mitzuerleben, wie Joan den Inhalt einer Dose Mandarinen auf die Hühnerschlegel goss, die in einer Pfanne auf dem Herd lagen. Joan hatte die Angewohnheit, immer ein erstauntes Gesicht zu machen, wenn sie etwas in der Hand hielt – und so sah sie auch diesmal aus, als sie die Mandarinen ausschüttete. Den Arm hielt sie durchgestreckt und sah überrascht aus, als die Mandarinen herausplumsten. Sie schien ehrlich überrascht, dass sie überhaupt in der Pfanne gelandet waren. Sie schaute ihn an und sah, dass er sie beobachtete. »Hühnchen à l'orange« sagte sie, rollte mit den Augen und wackelte affektiert mit dem Kopf. »Ich weiß, dass es nicht mehr in ist, Früchte aus der Dose zu nehmen, aber ich liebe Mandarinen und frisch kann man sie in dieser Jahreszeit nicht kriegen.«

Siebter Übungstext

»Meine Großmutter kauft immer Dosenpfirsiche«, sagte Brian, um Joans Geschmack zu entschuldigen. Er unterließ den Zusatz, dass er die Konsistenz des Fruchtfleisches von Dosenfrüchten nicht ausstehen konnte.

»In den fünfziger Jahren habe ich bei einem der besten Köche New Yorks kochen gelernt. Wo auch Craig Claiborne und alle anderen hingegangen sind«, sagte sie und rührte die Hühnerschlegel und die zerfallenden Mandarinenscheibchen in ihrem leichten Sirup.

»Das ist ja beeindruckend«, sagte Brian und schnitt die Tomaten auf der Küchentheke in Scheiben. »Waren Sie jemals als Köchin angestellt?«

»Nein, nicht richtig. Mein Mann mochte nur ganz bestimmte Sachen. Fleisch und Kartoffeln, wissen Sie,« sagte sie mit einem Schulterzucken. »Für ihn wäre jede Anstrengung vergebliche Liebesmüh gewesen. Und dann kam Bobby zur Welt, und ich konnte natürlich nicht mehr arbeiten.«

Achter Übungstext

»Bobby. Sie haben einen Sohn?«, sagte Brian überrascht. Joan hatte ihn noch nie erwähnt. Für den Bruchteil einer Sekunde überlegte er, ob Bobby tot sein könnte oder so – auf etwas Deprimierendes war er nicht scharf.
»Natürlich. Aber das können Sie ja nicht wissen. Das da ist sein Zimmer, gegenüber von meinem«, sagte Joan. Sie meinte eine Tür, die immer geschlossen war. Er hatte eine Abstellkammer dahinter vermutet. »Wo ist er?«
»An der Uni. Er studiert am John Reed College in Oregon. Sein Vater bezahlt das natürlich, das ist schließlich das Mindeste, was er unter den Umständen tun kann.«
Brian wusste nicht so genau, was das für Umstände waren, er war nur einfach völlig platt, dass jemand nicht über den eigenen Sohn sprach, der auf der Uni war. Joan war wirklich die am wenigsten mütterliche Frau, die er sich vorstellen konnte. »Wie alt ist er?«
»Einundzwanzig. Im Juni macht er Examen und dann kommt er zurück, und ich kann Ihnen versichern, dass ich nicht vor Ungeduld sterbe. Er wird wieder hier wohnen und erwarten, dass ich für ihn koche, und er wird immer die Hand aufhalten, weil er Geld braucht. Ich habe ihm gut zugeredet, doch noch länger zu bleiben, um seinen Master zu machen, aber seine Entscheidung steht fest, er kommt nach Hause zurück«, sagte sie mit einem Seufzer.

Das überarbeitete Kapitel

Siebtes Kapitel

Brian wohnte nun in der zweiten Woche bei Joan. Sein Zimmer war genau so, wie er es sich wünschte, und er gewöhnte sich an seinen Tagesablauf. Jeden Abend, wenn er von der Arbeit kam, ging er in sein Zimmer, stellte den Fernseher an und ließ sich für ein Nickerchen zwischen den Nachrichten aufs Bett fallen. Heute war er besonders müde, weil es am gestrigen Abend mit Martha spät geworden war und er einen harten Tag auf der Arbeit hinter sich hatte. Ihn beseelte nur ein einziger Wunsch, allein zu sein und auszuspannen.

Er war gerade während der Nachrichten um halb sieben eingeschlummert, als er ein zaghaftes Klopfen an der Tür vernahm, gefolgt von einem weniger zaghaften »Brian, Brian, sind Sie da?«.

Was Joan wohl diesmal wollte?, fragte er sich und bemühte sich, richtig wach zu werden. Das eine Mal hatte sie ihm zeigen wollen, was sie gerade in ihrer Ikonenklasse gemalt hatte. Das andere Mal hatte sie ihn gebeten, ein paar schwere Kartons wegzuräumen, die sie in der ganzen Wohnung verteilt hatte.

Er hatte den Verdacht, dass sie bei aller Schrulligkeit einsam war. Ihm war aufgefallen, dass sie selten angerufen wurde, und, sofern er das mitbekommen konnte, war sie jeden Abend seit seinem Einzug allein in der Wohnung gewesen.

Vielleicht würde sie ja weggehen, wenn er nicht antwortete, dachte er. Er würde später sagen, dass er geschlafen habe.

»Brian?«, fragte Joan mit etwas mehr Nachdruck. »Sind Sie da?«

Es hatte keinen Zweck. Nun war er ganz wach. Er musste herausfinden, was sie wollte.

»Ja?«, rief er vom Bett aus.

»O, dann sind Sie also doch da«, sagte sie. »Ich wollte nur fragen, ob Sie vielleicht mit mir zu Abend essen wollen. Ich will ein paar Hühnerschlegel braten, und es ist mehr, als ich allein essen kann.«

Bei diesen Worten wurde er hellwach, bekam aber auch ein wenig ein schlechtes Gewissen. Rasch stand er auf und öffnete die Tür. Joan stand im Flur. »Sie haben doch noch nicht zu Abend gegessen, oder?«, fragte sie.

»Nein. Danke für die Einladung«, sagte er. Bisher hatte jeder für sich gegessen. Er wartete in der Regel, bis er sicher sein konnte, dass er die Küche für sich allein hatte, aber heute Abend war er so müde, dass er von Herzen dankbar war, dass sie für ihn mitkochen wollte.

Er folgte Joan durch den Korridor in die Küche.

»Die Schlegel zu braten dauert nicht lange«, sagte Joan auf dem Weg zum Herd. »Ich habe auch etwas Kopfsalat gekauft.« Sie legte die Hühnerteile in eine alte Bratpfanne.

Brian warf einen Blick in Richtung des Salatkopfs auf der Küchentheke. »Soll ich den Salat machen?«, fragte er. »Ich habe ein paar Tomaten in meinem Kühlschrank.«

»Das klingt wunderbar«, erwiderte Joan, als wäre sie nie im Leben darauf gekommen, dass man Tomaten an einen Salat tun könnte.

Brian merkte, dass ihr das Kochen schwer fiel.

Er und Joan hatten getrennte Kühlschränke. Sie standen im Flur vor Brians Zimmer. Joans war neu und weiß, Brians war älter und goldgelb. Er hatte schon mitgekriegt, dass Joan der Auffassung war, es sei gut, Sachen doppelt zu haben, und noch besser, sie dreimal zu haben.

Er kam gerade mit den Tomaten in die Küche zurück, als Joan eine Dose Mandarinen über den Hühnerschlegeln ausleerte. Um nicht bespritzt zu werden, hielt sie die Dose so weit wie möglich von sich weg. Doch als die Früchte in die Pfanne fielen, schien sie ehrlich überrascht, dass sie die Pfanne getroffen hatte. Sie blickte auf und sah, wie er sie beobachtete.

»Hühnchen à l'orange«, sagte sie. »Ich weiß, dass Dosen nicht mehr in sind, aber ich bete Mandarinen geradezu an. In dieser Jahreszeit bekommt man sie nicht frisch. Das erinnert mich an den Krieg, wo wir mit Freude alles aus Dosen aßen.«

»Meine Großmutter isst immer Dosenpfirsiche«, sagte Brian, verschwieg aber, dass er die Konsistenz des Fruchtfleisches bei Dosenobst nicht ausstehen konnte. Er wusch weiter die Salatblätter im Spülstein und beobachtete Joan aus dem Augenwinkel. Sie schob die Hühnerteile, die in dem Sirup und den zerfallenden Mandarinenscheibchen brutzelten, in der Pfanne herum. Es war wohl ein gutes Zeichen, dass es wunderbar duftete, denn der Anblick war alles andere als appetitlich.

»In den fünfziger Jahren habe ich an einer der besten Schulen in New York City kochen gelernt«, sagte Joan. »Ich bin zur selben Schule gegangen wie Craig Claiborne.« Brian bedachte die Pfanne mit einem skeptischen Blick und sagte: »Wirklich? Das ist ja toll.« Er machte sich daran, die Tomaten auf der Küchentheke in Scheiben zu schneiden. »Haben Sie je als Köchin gearbeitet?«

»Nein, nicht richtig. Peter, mein Mann, mochte nur Fleisch und Kartoffeln«, sagte sie mit einem Schulterzucken. »Bei ihm waren meine Kochkünste vergebliche Liebesmüh. Und dann kam Bobby, sodass ich nicht arbeiten gehen konnte.«

»Bobby? Sie haben einen Sohn?«, fragte Brian überrascht. Doch kaum hatte er gefragt, fürchtete er auch schon die Antwort zu hören. Wenn Bobby nun tot war? Oder in einem Heim steckte?

»Habe ich ihn noch nicht erwähnt? Sein Zimmer liegt meinem gegenüber«, sagte Joan. Brian hatte gedacht, die Tür führe nur in einen weiteren Abstellraum.

»Wo ist er zurzeit?«

»An der Uni«, erwiderte Joan. »John Reed College in Oregon. Sein Vater bezahlt es. Das ist das Wenigste, was er unter den Umständen tun kann.»

Brian nahm an, *Umstände* bezog sich auf die Scheidung von Peter und Joan, aber er war so erstaunt über Joans Sohn – eine weniger mütterliche Frau als Joan konnte er sich nicht vorstellen –, dass ihm klar war, er sollte auf jede Vermutung verzichten.

«Wie alt ist er?», fragte Brian, während er eine weitere Tomate in Scheiben schnitt. Er fragte sich, ob Bobby ein hübscher Kerl war, aber diese Art Fragen stellte man einer Mutter nicht.

«Einundzwanzig. Im kommenden Juni macht er Examen. Dann kommt er wieder hier her, hält die Hand auf und erwartet, dass ich für ihn koche. Ich sage ihm schon die ganze Zeit, er soll doch dort bleiben und seinen Master machen, aber er will nicht auf mich hören. Mich schaudert es bei dem Gedanken, dass er nach Hause kommt!» Brian war ziemlich schockiert, als er Joan so abfällig über ihren Sohn herziehen hörte. Er dachte, dass selbst seine gefühlskalte Mutter nie so über ihn sprechen würde, und schon gar nicht einem so gut wie Fremden gegenüber, selbst wenn sie – was durchaus im Bereich des Möglichen liegen konnte – ähnlich wie Joan empfand.

Notizen zur Überarbeitung der Übungstexte

Um Ihnen zu zeigen, wie dieses Kapitel aus Donalds Roman in den Gesamtzusammenhang passt, müsste ich das ganze Buch abdrucken, was unmöglich ist. Dennoch hielt ich es für nützlich, Ihnen einen Teil des Verfahrens vorzuführen. Um mich kurz zu fassen, gehe ich nur auf solche Änderungen und Hinzufügungen ein, die der Erläuterung bedürfen. Kleinere Streichungen oder geringfügige Veränderungen der Grammatik, Rechtschreibung und Interpunktion lasse ich unerwähnt.

Nachdem Donald die Übungen im Unterricht vorgelesen hatte und sich kurz die Vorschläge notiert hatte, die seine Mitschüler und ich zu machen hatten, verbesserte er die schwachen Stellen in der Reihenfolge, wie er sie vorfand. Das Überarbeiten «lieferte» einige seiner besten Stellen.

Donald begann damit, die beiden ersten Übungen genau unter die Lupe zu nehmen. Er hatte jeweils das Wort *Wiederholung* an den Rand geschrieben. Beide Übungstexte handelten von derselben Sache, nur hatten sie einen anderen Ton. Angesichts dessen, was wir eben über Brian erfahren haben, klingt der Ton in der ersten Übung unecht. Brian behauptet, er habe nichts gegen Joans Besuche, aber wir wissen bereits, dass er einen scharfen Blick, einen trockenen Witz und wenig Nachsicht mit den Schwächen anderer hat. Bestenfalls hegt er für Joan gemischte

Gefühle. Im zweiten Text spüren wir Brians Ärger, als Joan ihn weckt. Diese Reaktion ist ehrlich. Die abendlichen Störungen sind aber zu einem so frühen Zeitpunkt im Roman zu extrem. Ein Roman muss sich allmählich entwickeln. Brian wirkt unglaubwürdig, wenn Joan ihn von der ersten Minute an nicht in Ruhe lässt. Der Leser fragt sich, warum Brian sich nicht ein anderes Zimmer sucht. In der überarbeiteten Fassung bleibt der Kapitelanfang unverändert. Donald macht uns mit Brians Lebensweise vertraut, fügt aber, um Joans Auftritt vorzubereiten, den Anfang des vierten Übungstextes ein, wo es heißt, dass Brian müde ist. Der Leser erhält mehr Hintergrundinformationen durch die Bemerkung, dass Joan Brian bereits zweimal seit seinem Einzug gestört habe.

Neben der Eröffnungszeile des sehr kurzen dritten Übungstextes erscheint in Donalds Notizen wieder das Wort *Wiederholung*. Dass Joan nach einem Vorwand sucht, um mit Brian zu sprechen, hat er ja bereits erwähnt, deshalb braucht er das nicht noch einmal zu sagen. Wichtiger ist Brians Erkenntnis, dass Joan einsam ist. Die ungeschickte Wendung »griesgrämige Fassade« verändert er in »Schrulligkeit«.

Ab dem vierten Übungstext bedient sich Donald vorwiegend des Dialogs, um die Geschichte weiter voranzutreiben. In der überarbeiteten Fassung erweitert Donald die vierte Übung, indem er über Brians Zurückhaltung aufklärt, die darin zum Ausdruck kommt, dass Brian gewöhnlich wartet, bis die Küche leer ist, bevor er sein Abendessen einnimmt.

An den Rand des sechsten Übungstextes hatte Donald *ungeschickte Beschreibung* geschrieben. Der Leser konnte sich nicht wirklich vorstellen, wie Joan die Mandarinenstückchen in die Pfanne plumpsen ließ. Die Schilderung des Vorgangs ist aber wichtig, denn Brian beobachtet Joan, ohne dass sie sich dessen bewusst ist, und auf diese Weise erleben wir etwas mehr von ihrer Verschrobenheit. Aus ihren merkwürdigen Bewegungen schließt Brian, dass ihr das Kochen schwer fällt. Damit sie aber nicht zu lächerlich wird, streicht er ihr Augenrollen und den Rest.

In seinen Neufassungen der Übungstexte sieben und acht lässt Donald den Leser noch mehr an den Gefühlen und Gedanken Brians teilhaben, die er vor Joan verbirgt. Spannung wird dadurch geschaffen, dass sein Verhalten im Gegensatz zu seinem Innenleben steht. In der Überarbeitung von Übungstext sieben beobachtet Brian Joan aus dem Augenwinkel, während er den Salat wäscht. Aus dieser einfachen Geste erschließt der Leser die misstrauische und geheimniskrämerische Seite Brians. Donald macht die überarbeitete Fassung von Übungstext acht etwas witziger, indem er Brian überlegen lässt, ob Bobby wohl ein hübscher Bengel ist. Brians Schock, als er Joan über ihren Sohn reden hört, führt zu den abschließenden Zeilen über die Gefühlskälte seiner Mutter. Für den Leser eine wichtige Information über Brians Vergangenheit.

Außer dem Kontrast zwischen dem Innenleben Brians und seinem Verhalten gibt es noch den zwischen Joan und Brian. Sie hält mit ihren Gefühlen nicht hinter den Berg. Die Unterschiede verleihen den Figuren Leben und bewahren das Kapitel davor, flach zu sein, was häufig dann auftritt, wenn sich Autoren auf die oberflächliche Schilderung von Ereignissen beschränken. Deshalb ist jede Zeile wichtig, die uns zeigt, was eine Figur denkt und fühlt. Diese Überlegung berücksichtigt Donald bei der weiteren Überarbeitung seines Manuskripts.

Abschließende Überlegungen

Wie ich bereits sagte, hört Ihr Unterbewusstsein nicht auf zu arbeiten, nur weil Sie Ihren Verstand gebrauchen. Einige Ihrer besten Zeilen können sich »ereignen«, wenn Sie mittendrin sind, sich etwas zu überlegen. Selbst inmitten der anstrengendsten Probleme haben Sie die Möglichkeit, Ihre Gedanken wandern zu lassen und Ihrem Verstand eine Pause zu gönnen. Dieser Fokuswechsel ist vielleicht genau das, was Sie brauchen, um auf eine Lösung zu kommen. Je häufiger Sie diese Methode anwenden, umso besser lernen Sie, vom Unterbewusstsein zum Verstand zu wechseln.

Als ich mich dem Ende dieses Buches näherte, fragte ich einige meiner Schüler, was ihnen an der Fünf-Minuten-Methode am meisten zusage. Liz schätzte es, dass sie sowohl das Risiko eingehen konnte, sich auf ihr Unterbewusstes zu verlassen, als auch schrittweise rational und methodisch arbeiten konnte. Alle Bücher, die sie bisher zu diesem Thema gelesen hatte, betonten entweder den einen oder den anderen Ansatz. Susan, Donald und Wanda waren ihrer Meinung: Einige Bücher raten zur totalen Spontaneität, andere, dass man auch den kleinsten Schritt planen solle.

Wenn Sie nicht gerade feststecken, hat immer ein Teil Ihres Gehirns Vorrang vor dem anderen. Eine Schreibblockade tritt dann ein, wenn der bewusste Teil des Verstandes mit dem unterbewussten in Konkurrenz tritt und beide zur selben Zeit den gleichen Raum in Anspruch nehmen wollen.

Wenn Sie mit der Fünf-Minuten-Methode arbeiten, werden Sie erkennen, dass sowohl der Verstand als auch das Unterbewusstsein ihren Platz beim Schreiben haben. Sie lernen den Unterschied erkennen, und Sie lernen mit beiden zu arbeiten.

264

Register

Über die Autorin

Roberta Allen hat einige literarische Werke veröffentlicht, darunter die beiden Kurzgeschichtenanthologien *The Traveling Woman* (1986) und *Certain People* (1997), ferner mit *The Daughter* (1992) eine Novelle in Kürzestgeschichten und ihre Autobiografie *Amazon Dreams* (1993). Sie ist Dozentin an der New School for Social Research, gibt darüberhinaus Privatkurse und lehrt an der New York University und an The Writer's Voice, einem »alternativen« Literaturzentrum.
Roberta Allen ist auch eine Künstlerin von Rang.
Sie hat sich der Visual Art verschrieben und ist mit ihren Werken auf Ausstellungen in aller Welt sowie in der Sammlung des Metropolitan Museum of Art vertreten.

Bücher über das Schreiben von Büchern.
Nur bei Zweitausendeins.

DAVID MICHAEL KAPLAN

Die Überarbeitung. Ein Lehrbuch für Autoren

Wie Geschichten packender, Charaktere plastischer, Dialoge stärker und Beschreibungen anschaulicher werden

Die Überarbeitung seines Textes ist der letzte Arbeitsschritt eines Schriftstellers. Doch häufig ist dieser letzte Schritt auch das Letzte, woran Autoren denken. In den ersten Entwurf einer Erzählung oder eines Romans fließt viel kreative Energie. Ist der Text einmal fertig, glauben viele Autoren – besonders die Anfänger –, dass sie den wichtigsten Teil der Arbeit bereits hinter sich haben. Doch erfolgreiche Profis wissen: Erst in der Phase der Überarbeitung entsteht gute Literatur.

Flaubert schrieb »Madame Bovary« dreimal komplett neu, bevor er die stark überarbeitete vierte Version veröffentlichte. Tolstoi formulierte sogar acht vollständig neue Fassungen seines Riesenromans »Krieg und Frieden« und nahm in den Druckfahnen immer noch umfangreiche Änderungen vor. Joyce trieb seine Verlegerin (und die Setzer) mit unerschöpflichen Korrekturen an »Ulysses« in allen Stadien des Drucks fast zur Verzweiflung. Und in der ersten Ausgabe der berühmten »Essais« von Montaigne sind die Korrekturen für die Neuauflagen am Seitenrand oft umfangreicher als der gedruckte Text.

David Michael Kaplan, selbst preisgekrönter Autor und Professor für Creative Writing, weiß, dass die richtige Technik zur Überarbeitung literarischer Texte entscheidend ist für den Erfolg eines Autors. Er ist überzeugt, dass die meisten Schriftsteller erst in der Phase der Überarbeitung das Wesentliche, den wahren Kern ihrer Geschichte erkennen. In seinem praxisorientierten Buch begleitet Kaplan Autoren in jedem Stadium des Schreibprozesses, erklärt ihnen, wie man die Probleme des ersten Entwurfs angeht, wie man mit den Möglichkeiten spielt, etwa Charaktere, Handlungsabläufe und Erzählperspektiven ändert oder Konflikte neu definiert, wie man vermeidet, Überflüssiges zu erzählen oder abzuschweifen, er sagt ihnen, wie sie erkennen, wo in ihrem Text ein Dialog fehlt oder ein vorhandener falsch angelegt ist u.v.m.

Kaplan wird zu einem Privatlehrer, dessen Ratschläge Autoren vor den häufigsten Fehlern bewahren, der sie in allen Schaffensphasen

unterstützt und sie dazu anregt, sich niemals mit weniger als dem Besten zufrieden zu geben. Kaplans kreative Technik zur Überarbeitung literarischer Texte zeigt wie sich dieses Ziel erreichen lässt. Professor Otto Kruse, Leiter der Schreibschule Erfurt, empfiehlt:»Ich halte es für eines der nützlichsten Bücher zum Schreiben.«
Deutsche Erstausgabe. Originaltitel: *Revision. A Creative Approach to Writing and Rewriting Fiction.* Deutsch von Andreas Simon. 312 Seiten. Fadenheftung. Fester Einband. 18 €. Nummer 18424.

REBECCA McCLANAHAN
Schreiben wie gemalt
Die Kunst der Beschreibung

Viele Autor/inn/en halten Beschreibungen für Beiwerk, schenken ihnen wenig Beachtung, scheuen sich davor. Das Ergebnis sind trockene, oft langweilige Texte. Doch beschreibende Passagen sind die geheimen Kraftzentren eines jeden Romans – und auch der meisten Gedichte und Sachtexte. Sie malen Bilder in den Köpfen der Leser. Sorgfältig plazierte deskriptive Details führen Charaktere und Schauplätze schnell und organisch in den Erzählfluss ein, setzen sie bildrichtig in Szene. Sie lenken den Fortgang der Handlung und treiben ihn voran. Wer die Kunst der Beschreibung beherrscht, kann sie wie eine Art Gangschaltung einsetzen, über sie das Tempo einer Geschichte beschleunigen oder verlangsamen und so Dynamik und Spannungsaufbau steuern. In ihrem außergewöhnlichen Handbuch erklärt Rebecca McClanahan, selbst preisgekrönte Autorin und Dozentin für Creative Writing, wie Schriftsteller/innen ihren Worten mehr Ausdruck und Wirkung verleihen und die Imagination ihrer Leser/innen unmittelbar ansprechen können. In durchdachten Anleitungen und anregenden Übungen zeigt sie, wie sich die eigenen Sinne nutzen, die Beobachtungsgabe schärfen und jene sinnlich ansprechenden Worte finden lassen, die die Bilder des inneren Auges treffend nachzeichnen. Anhand zahlreicher deskriptiver Passagen von klassischen und zeitgenössischen Schriftsteller/inne/n zeigt McClanahan, wie sich der eigene deskriptive Schreibstil weiterentwickeln lässt und wie der richtige Einsatz von Beschreibungen zur Geschlossenheit eines Werkes beitragen und seine Wirkung intensivieren kann.

Rebecca McClanahan hat Kurzgeschichten, Essays und Gedichte in einigen der bedeutendsten Literaturzeitschriften Amerikas veröffentlicht. Neben drei Gedichtbänden veröffentlichte sie einen Band mit Vorträgen und Lesungen. Sie erhielt den PEN/Syndicated Fiction Award, den J. Howard and Barbara M. J. Wood Prize der Zeitschrift

Poetry, den Carter Prize for Nonfiction der Zeitschrift Shenandoah und den Governor's Award for Excellence in Education. Sie lehrt seit über 25 Jahren Creative Writing und lebt zur Zeit in New York City.

»Ein hervorragender Ratgeber sowohl für Lyriker als auch für Prosaschriftsteller. Für McClanahan sind Beschreibungen der Schlüssel zu jeder guten schriftstellerischen Arbeit.«
Doris Betts, Autorin und Professorin der University of North Carolina Chapel Hill

»Rebecca McClanahans Ratgeber ist wie ihr Schreibstil: klar, prägnant, frisch und elegant.«
Clyde Edgerton, Autorin

»Zu viele Schriftsteller sehen Beschreibungen lediglich als Hintergrund oder Verzierung ihrer Geschichten an. McClanahan demonstriert nicht nur ihre organische Notwendigkeit, sondern zeigt auch, wie sie sich vitaler, spannender und einfach erfreulicher gestalten lassen.«
Fred Chappell, Autor

Deutsche Erstausgabe. Originaltitel: *Word Painting. A Guide to Writing More Desriptively*. Deutsch von Ulrike Bischoff. 347 Seiten. Fadenheftung. Fester Einband. 17,80 €. Nummer 18408.

SOL STEIN
Über das Schreiben

Gleichgültig, ob Sie Anfänger/in oder Profi sind, ob Sie Romane, Kurzgeschichten oder Sachbücher schreiben, Sie werden in diesem Ratgeber eine Fülle praxistauglicher Tipps finden, die Sie anderswo vergeblich suchen. Denn dieses Handbuch kommt aus der Praxis. Sol Stein kennt die geschriebenen und ungeschriebenen Regeln und Techniken des Schreibens, und er weiß, wie man einen Text auch kommerziell erfolgreich macht. Anhand zahlreicher Beispiele zeigt er, wie Sie ein Buch wirkungsvoll beginnen, wie Sie faszinierende Charaktere entwickeln und einen tragfähigen Plot entwerfen. Er erklärt das für jede Handlung zentrale System des Konfliktaufbaus und zeigt die Techniken, mit denen sich ein verbaler Schlagabtausch oder einfühlsamer Dialog effektvoll gestalten lassen. Vor allem lehrt Stein, wie man Vorgänge zeigt, statt von ihnen zu erzählen. Sol Steins »wunderbares ›Über das Schreiben‹ gehört auf jedes Autorenregal« (Die Welt). Deutsche Erstausgabe. Originaltitel: *Stein on Writing*. Deutsch von Waltraud Götting. Bereits in der 7. Auflage! 443 Seiten. Fadenheftung. Fester Einband. 16,85 €. Nummer 18207.

SOL STEIN

Aufzucht und Pflege eines Romans

Die häufigsten Fehler beim Schreiben. Und wie man sie vermeidet

Haben Sie schon einmal davon geträumt, einen erfolgreichen Roman zu schreiben? Haben Sie den Traum nicht verwirklicht, weil Sie glauben, als Autor/in muss man zuallererst ein Genie sein? Sol Stein sagt: Sie irren sich. Es geht zuerst einmal um das Vermeiden einer kleinen Anzahl von Kardinalfehlern, die den Bucherfolg verhindern. Sol Stein nennt die Fehler und zeigt, wie man sie vermeidet. Ein Schüler von Stein, Jerry Jenkins, kam jüngst bis auf Platz 1 der N.Y. Times Bestsellerliste und verwies Harry Potter auf die hinteren Ränge. Stein beweist: Dass eine Geschichte ihre Leser fesselt, beruht nicht allein auf Genie und Intuition, sondern vor allem auf Fertig- und Fähigkeiten, die sich erlernen lassen. Er vermittelt sie systematisch, leicht nachvollziehbar und dazu auch noch kurzweilig. Er zeigt uns den Text als Werkstück, das sich hobeln, feilen und schmirgeln lässt, bis aus dem Rohstoff ein feines Meisterwerk geworden ist. Man»erfährt eine Menge über das Verlagsgeschäft. Auch Dinge, die einem das Autorenleben retten können ... dieses Buch ist ein Augenöffner und vor allem Autoren zu empfehlen, die mit ihren Romanen keine literarische Nische, sondern ein Massenpublikum erreichen wollen« (Autorenmagazin Federwelt).
Deutsche Erstausgabe. Originaltitel: *How to Grow a Novel*. Deutsch von Sebastian Gavajda und Waltraud Götting. 270 Seiten. Fadenheftung. Fester Einband. 16,85 €. Nummer 18360.

RONALD B. TOBIAS

20 Masterplots

Wollen Sie Drehbücher schreiben? Romane veröffentlichen? Dann brauchen Sie vor allem eines: Eine gute Geschichte. Es gibt, da sind sich die meisten Schreiber einig, nur eine sehr begrenzte Auswahl von Erzählmustern. Alles andere sind Variationen zum Thema. Und: Wer von diesen Mustern abweicht, wird meist mit Verachtung und Nichtkauf gestraft, denn der Geist liebt bewährte Denkmuster. Radikale Schreiber, von Aristoteles bis heute, behaupten sogar, es gäbe nur zwei Muster: Die Tragödie (heute auch Action-Thriller genannt) und die Komödie (heute auch Comedy genannt). Ronald B. Tobias präsentiert und analysiert 20 beispielhafte und bewährte Masterplots, zentrale Erzählstrukturen, die in der Literatur, ganz gleich, um welches Genre es sich handelt, immer wieder auftauchen. »Der beste aktuelle Ratgeber für Leute, die das Handwerk des Schreibens perfektionieren wollen« (Lübecker Nachrichten). »Die Eleganz und Anschaulichkeit, mit der der amerikanische Autor seine literarische Rasterfahndung praktiziert … wird man in Deutschlands Schreibschulen wohl vergeblich suchen … anregend und spannend« (Kölner Stadtanzeiger). Deutsche Erstausgabe. Originaltitel: *20 Master Plots (And How to Build Them)*. Deutsch von Petra Schreyer. 335 Seiten. Fadenheftung. Fester Einband. 13,80 €. Nummer 18289.

ROBERT J. RANDISI

Krimis schreiben

Ein Handbuch der Private Eye Writers of America

Krimis und Thriller gehören zu dem mit Abstand meist gelesenen und auch kommerziell erfolgreichsten Genre der Literatur. Verbrechen lohnt sich eben doch! Zumindest theoretisch. In diesem Handbuch erfahren Sie alles über die unverzichtbaren Basics für einen soliden literarischen Mordplan – von Schreibtischtäter/inne/n, die im Krimi-Geschäft bereits erfolgreich sind: Sie zeigen Ihnen, auf welch geniale Ideen, Verwicklungen und überraschende Auflösungen Sie kommen, wenn Sie über das schreiben, was Sie kennen – und noch ein bisschen dazu erfinden, gewähren Ihnen Einblick in ihre Story-Werkstatt, verraten, wie man sympathische Kommissare oder Detektive entwickelt, mit denen sich ganze Krimiserien bestreiten lassen, führen vor, wie man seine Leser vom Anfang bis zum Ende des Romans in Atem hält und schließlich auch die Lektoren mit seinen Krimis begeistert. »Behandelt gründlich, aber unterhaltsam alle Aspekte des Themas und macht außerdem Lust auf die Lektüre der genannten Krimis … Gutes Preis-Leistungs-Verhältnis« (Ekz-Infodienst). »Die hilfreichen Hinweise des Buches darf kein Krimi-Schreiber missachten« (Rheinische Post). Deutsche Erstausgabe. Originaltitel: *Writing the Private Eye Novel*. Deutsch von Frank Kuhnke. 353 Seiten. Fadenheftung. Fester Einband. 12,75 €. Nummer 18290.

ROBERT BAHR
Spannender schreiben. Dramentechnik für Prosatexte

Robert Bahr zeigt, wie wir alle gut und noch besser schreiben können – sei es einen Artikel für die Zeitung, ein Sachbuch oder einen Roman. Wie sind die großen Autor/inn/en der Weltliteratur zu ihren ersten Ideen gekommen? Wie sahen die ersten Notizen aus, aus denen sie ihre großen Geschichten entwickelt haben? Wie haben sie ihre Lebenserfahrungen eingebracht und ihre Entwürfe bearbeitet?»Interessant wie eine Erzählung, lehrreich wie eine Vorlesung und praktisch wie eine Werkstatt« (Jahrbuch für Autoren). Deutsche Erstausgabe. Originaltitel: *Dramatic Technique in Fiction.* Deutsch von Hans J. Becker. 195 Seiten. Fadenheftung. Fester Einband. 12,75 €. Nummer 18273.

ROGER A. HALL
Mein erstes Stück

Hier erfahren Sie, wie Sie zu einer guten Idee oder einem spannenden Stoff kommen. Wie Sie eine Handlung effektvoll einsetzen lassen und dann überzeugend entwickeln. Wie Sie Dialoge schreiben, die lebendig und glaubwürdig sind. Wie Sie durch Konflikte die Handlung vorantreiben und den handelnden Personen einen Charakter geben können. Wie Sie die eigene Lebenserfahrung als eine wertvolle Ressource nutzen lernen. Und was Sie tun können, damit Ihr erstes Stück auch tatsächlich auf die Bühne kommt.»Der praktische Starter, um Schreiben fürs Theater zu lernen, ein echtes Lehrbuch mit Übungsaufgaben« (Lehrbuch für Autoren). Deutsche Erstausgabe. Originaltitel: *Writing Your First Play.* Deutsch von Andreas Betten. 283 Seiten. Fadenheftung. Fester Einband. 12,75 €. Nummer 18317.

OTTO KRUSE
Die Kunst und Technik des Erzählens

Allem Erzählen ist gemeinsam: Wer eine Geschichte erzählt, klärt mit sprachlichen Mitteln, was zuvor unklar war, organisiert das Chaos, das ihn umgibt, und entwickelt so eine viel versprechende Methode, das eigene Leben erfolgreich zu gestalten. Erzählen zu können ist für das Selbstverständnis jedes Menschen und die Stabilität sozialer Gemeinschaften von enormer Bedeutung. Otto Kruses »Kunst und

Technik des Erzählens« will das Erzählen als Möglichkeit, über das Leben nachzudenken, und als Weg, das Leben zur Sprache zu bringen, wieder zugänglich machen. Sein Buch ist unseres Wissens das erste Trainingsprogramm für literarisches Schreiben und anspruchsvolles Erzählen eines deutschen Autors. Es zeigt, wie man Aufmerksamkeit gewinnt, Spannung erzeugt, wie man Helden aufbaut und den Leser mit dem Helden identifiziert, wie man die tieferen Gefühle der Lesenden anspricht. Das Buch nennt die 9 stärksten Kreativitäts-Bremsen und zeigt, wie man die eigene Erzählkreativität entwickeln kann. Auf dem Weg dorthin müssen Schreibende aber auch solide Kenntnisse über Erzähltechnik und Komposition lernen und trainieren. Deswegen wird an praktischen Beispielen geübt, geübt und nochmals geübt. Denn:»Erzählen lernt man, indem man es tut« (Otto Kruse). Originalausgabe. 325 Seiten. Fadenheftung. Fester Einband. 18 €. Nummer 18362.

JOHN VORHAUS

Handwerk Humor

John Vorhaus ist Comedy-Altmeister mit jahrelanger Hollywood-Erfahrung (er schreibt u.a. für Serien wie»Al Bundy« und ist erfahrener Leiter von Drehbuchseminaren). Er weiß, worauf es auf der Bühne und vor der Kamera ankommt und hat die Grundbausteine und kleinen Geheimnisse der hohen Kunst des abgrundtiefen Unsinns zusammengestellt. Bei ihm lernt man zum einen, wie man Witze erfindet und wie man sie aufbaut. Vor allem lernen wir, dass die augenscheinlich chaotische Welt des Witzes voller kleiner praktischer Regeln steckt.»Genau das, was jeder braucht, der Comedys schreibt« (Peter Bergman).»Wunderbar geschrieben ... alles über Typologie, Aufbau und Figuren komischer Geschichten« (Medium Magazin). Deutsche Erstausgabe. Originaltitel: *The Comic Toolbox*. Deutsch von Peter Robert. 302 Seiten. Fadenheftung. Fester Einband. 12,75 €. Nummer 18371.